"十二五"职业教育国家规划教材

经全国职业教育教材审定委员会审定

普通高等教育"十一五"国家级规划教材

修订版

报关与报检实务

第3版

主　编　张援越　邢　丽

副主编　屠立昆　纪新霞

参　编　王　莉　冯子蓉　马　涛

牛淑梅　史成全

机械工业出版社

CHINA MACHINE PRESS

本书是“十二五”职业教育国家规划教材的修订版。本书认真贯彻《国家职业教育改革实施方案》精神，对接《报关员国家职业标准》和报检行业作业规范，对接关务水平测试和全国职业院校技能大赛关务赛项重点、难点，在报关和报检教学中将知识、能力、素质培养与训练有机结合起来，突出岗位核心技能要求，加强岗位对学生职业素养要求的训练，为学生胜任职业岗位和今后的职业发展奠定基础。

本书注重内容的实用性和岗位需求的针对性，内容设计符合高职高专学生的认知规律和就业要求，符合外经贸服务行业从业人员职业岗位能力的需求。

本书内容包括报关实务和报检实务两大部分：报关实务部分，重点描写了报关从业人员必备的报关程序操作技能、报关单填制技术、进出口商品归类技术；报检实务部分，重点描写了报关从业人员必备的报检工作程序操作技能、特殊商品报检技能。

本书由院校、行业协会、行业主管和企业四方人员参与编写，作为高职高专报关报检专业“校企合作”的教学教材，适合作为高职高专学校报关与国际货运、报检、国际经济与贸易、国际商务、国际物流、商务英语等专业的教学用书、教辅参考书，同时也可作为报关报检从业人员培训用书。

图书在版编目（CIP）数据

报关与报检实务/张援越，邢丽主编．—3版．—北京：机械工业出版社，2021.6（2024.7重印）

“十二五”职业教育国家规划教材：修订版

ISBN 978-7-111-68117-5

Ⅰ．①报…　Ⅱ．①张…　②邢…　Ⅲ．①进出口贸易—海关手续—中国—高等职业教育—教材　②国境检疫—中国—高等职业教育—教材　Ⅳ．①F752.5　②R185.3

中国版本图书馆CIP数据核字（2021）第080247号

机械工业出版社（北京市百万庄大街22号　邮政编码100037）

策划编辑：孔文梅　　责任编辑：孔文梅　董宇佳

责任校对：王　欣　　封面设计：鞠　杨

责任印制：常天培

北京机工印刷厂有限公司印刷

2024年7月第3版第5次印刷

184mm×260mm · 16.5印张 · 347千字

标准书号：ISBN 978-7-111-68117-5

定价：49.80元

电话服务　　网络服务

客服电话：010-88361066　　机　工　官　网：www.cmpbook.com

010-88379833　　机　工　官　博：weibo.com/cmp1952

010-68326294　　金　书　网：www.golden-book.com

机工教育服务网：www.cmpedu.com

Preface

前言

随着我国对外开放新格局和跨境电商新业态的发展，我国外贸企业迎来新的机遇与挑战。十九大以后，我国海关牢牢把握新时代赋予的使命，坚持政治建关、改革强关、依法把关、科技兴关、从严治关，进行了“关检合一”“无纸化通关”“两步申报”等多项重大改革举措，步入了中国特色社会主义“新海关”的建设时代。

本书在原有内容基础上，根据海关最新变革和政策调整进行了修订，力求注重内容的实用性、岗位需求的针对性和监管政策的时效性。此次修订有以下七个重点：①根据关检融合后海关职责和报关单位注册备案的变化进行相关内容修订；②按照无纸化报关、特定减免税申请无纸化以及进出口许可证件、征免税证明海关电子数据联网核查等海关规定进行相关修订；③新增国际贸易单一窗口申报操作，结合“两步申报”改革，对进出口货物流程进行修订；④根据保税货物的政策调整，如取消加工贸易银行保证金台账制度、采用金关二期加工贸易管理系统、采用保税核注清单、以企业为单元以自主报核等，调整保税货物相关内容；⑤根据特定减免税货物和暂时进出境货物的政策调整做出修订，单独增加了跨境电子商务零售进出口商品报关程序；⑥根据海关总署要求对进出口货物报关单填制技术进行全面更新，并增加保税核注清单填制技术；⑦根据“关检合一”修订报检工作程序，更新相关检验检疫要求。此外，本次修订新增了微课视频，可扫码观看，丰富教学内容，加强学生理解。

本书内容设计符合高职高专学生的认知规律，符合财经类应用技能型人才的岗位能力需求，主要特色如下：

1. 产教融合、校企双元开发

本书将企业业务经理和人力资源经理等企业骨干员工纳入了编写团队，内容按企业报关、报检业务的实际操作而设计，满足了企业对新员工的入职要求，突出了教材的适用性和实用性。

2. 突出基础性与操作性

报关与报检作业复杂多变，其各环节主题各有特点，本书根据业务流程的基础性与重要性，重点讲解报关与报检申报技术、商品归类技术等从业人员必备的技能，有助于职业院校学生顺利面试及入职，突出了基础性和操作性。

3. 证、赛、课三者有机结合

本书编者集合了行业著名企业专家、全国职业院校技能大赛关务赛项冠军队指导教师等各方优秀人士，使教材内容紧贴报关及报检职业水平测试和报关技能大赛要求，突出了教材与技能证书、技能大赛和课堂授课的有机结合。

在本书编写过程中得到了有关专家、学者及相关业务公司的鼎力支持和密切合作，在此深表感谢。

由于水平所限，书中疏漏和不妥之处在所难免，恳切希望得到资深专家和广大读者的批评指正。

本书配置了丰富的教学资源，使用者可登录并注册“国家级报关资源库”查找并使用。网址：https://www.icve.com.cn/portalproject/themes/default/qr7gai-mk55jtlvyf8z3hg/sta_page/index.html?projectId=qr7gai-mk55jtlvyf8z3hg。为方便教学，凡选用本书作为教材的教师还可登录机械工业出版社教育服务网www.cmpedu.com免费下载本书配备的电子课件等教学资源，如有问题请致电010-88379375，服务QQ：945379158。

编 者

二维码索引 Index

（续）

序号	名称	二维码	页码	序号	名称	二维码	页码
21	减免税货物流向		52	29	深圳海关业务大厅		82
22	暂时进出境货物流向		54	30	集装箱装船		95
23	暂时进出境ATA单证册		57	31	九大归类要素		122
24	退运货物报关程序		58	32	归类总规则		122
25	一般退运货物流向		58	33	税率和监管条件		198
26	直接退运货物流向		59	34	学习政策法规-限制进口固体废物（废电机）		226
27	无代价抵偿货物流向		62	35	原产地证书		237
28	海关监管区		80				

Contents 目录

Part one

第一部分

报关实务

在整个报关活动中，报关程序、报关单填制和商品归类的相关知识和技术，是从业人员必备的知识和技能。对职业院校有志于从事报关工作的学生而言，准确掌握报关程序、正确掌握报关单填制技术和商品归类技术更是成功求职的关键。

Module 1

模块一

报 关 程 序

➲ 职业素养 // 爱国

海关是我国进出境监督管理机关，需履行监管、征税、缉私、统计等传统职能，又承担着知识产权保护、贸易安全与便利、口岸一体化管理等越来越多的非传统职能。海关是国家的“把门人”，将危害国家安全、社会稳定和人民生命健康的威胁拒于境外，验放的每一票货物、审核的每一份单证、办理的每一起案件，都事关人民群众福祉和进出口企业的切身利益，事关国家主权、安全和发展利益。

报关从业者必须遵纪守法，且有义务配合海关做好相关工作，而在报关作业中，从业者只有始终坚守爱国情怀，才能更好地保障国门安全。

爱国是从业者对祖国的一种积极支持的态度，是对国家以及民族和文化的归属感、认同感、尊严感与荣誉感的统一，要渗透到报关作业的各个环节。从业者要提高思想觉悟、道德水准、文明素养，提高文明程度，弘扬民族精神和时代精神，加强爱国主义、集体主义、社会主义教育，树立正确的历史观、民族观、国家观、文化观。要着眼国家安全大局，坚决抵制和防范各种渗透颠覆破坏、暴力恐怖、民族分裂、宗教极端活动，把各类违禁物资和有害物品拒于境外。

单元一　报关程序概述

报关是指进出口货物收发货人、运输工具负责人、物品所有人或其代理人按照海关的规定，办理货物、物品、运输工具进出境及相关海关事务的手续和步骤。

货物的进出境要经过海关审单、查验、征税、放行四个作业环节。与之相适应，进出口货物收发货人或其代理人应当按照程序办理相应的如实申报、配合查验、缴纳税费、提取或转运货物等手续，货物才能进出境。对于某些加工贸易原材料或暂时进出境货物的进口，海关要求事先备案，应该有一个前期办理备案手续的阶段；而上述原材料进口加工得到的成品或暂时进出境货物的出口，应该有一个后期办理核销等手续的阶段。也就是说，报关程序按时间先后可以分为三个阶段：备案阶段、进出境阶段、核销阶段。

一、备案阶段

备案阶段是指根据海关对保税货物、特定减免税货物、暂时进出境货物、其他进出境货物的监管要求，进出口货物收发货人或其代理人在货物进出境之前，向海关办理备案手续的过程。该阶段主要包括：

（1）保税货物中除出口加工区和保税区以外的保税加工货物进境之前，进口货物收货人或其代理人应当办理加工贸易备案手续，申请建立加工贸易电子账册或者申领加工贸易纸质手册。

（2）特定减免税货物在进境之前，进口货物收货人或其代理人应当办理企业的减免税申请和申领减免税证明手续。

（3）暂时进出境货物中的展览品实际进境之前，进境货物收货人或其代理人应当办理展览品进境备案申请手续。

（4）其他进出境货物中的出料加工货物实际出境之前，出境货物发货人或其代理人应当办理出料加工的备案手续。

二、进出境阶段

进出境阶段是指根据海关对进出境货物的监管制度，进出口货物收发货人或其代理人在一般进出口货物、保税加工货物、保税物流货物、特定减免税货物、暂时进出境货物、其他进出境货物进出境时向海关办理如实申报、配合查验、缴纳税费、提取或装运货物手续的过程。

在进出境阶段中，进出口货物收发货人或其代理人应当完成以下四个环节的工作：

1. 如实申报

如实申报即指进出口货物收发货人或其代理人在海关规定的期限内，按照海关规定的形式，向海关报告进出口货物的情况，提请海关按其申报的内容放行进出口货物。

为贯彻落实国务院“放管服”改革要求，进一步优化营商环境，促进贸易便利化，海关总署决定开展进口货物“两步申报”改革。

（1）“两步申报”平台。进口收货人或代理人可通过“国际贸易单一窗口”（https://www.singlewindow.cn）或“互联网+海关”一体化网上办事平台（http://online.customs.gov.cn），开展进口货物“两步申报”，也可通过“掌上海关”APP开展非涉证、非涉检、非涉税情况下的概要申报。

（2）“两步申报”境内收发货人信用等级要求。境内收发货人信用等级为一般信用及以上，实际进境的货物均可采用“两步申报”。

（3）“两步申报”通关模式。第一步，企业概要申报后经海关同意即可提离货物；第二步，企业在规定时间内完成完整申报。对应税货物，企业需提前向注册地直属海关关税职能部门提交税收担保备案申请，担保额度可根据企业税款缴纳情况循环使用。

1）概要申报。企业向海关申报进口货物是否属于禁限管制、是否依法需要检验或检疫（是否属法检目录内商品及法律法规规定需检验或检疫的商品）、是否需要缴纳税款。

不属于禁限管制且不属于依法需检验或检疫的，申报9个项目，并确认涉及物流的2个项目，应税的需选择符合要求的担保备案编号；属于禁限管制的需增加申报2个项目；依法需检验或检疫的需增加申报5个项目。

2）完整申报。企业自运输工具申报进境之日起14日内完成完整申报，办理缴纳税款等其他通关手续。税款缴库后，企业担保额度自动恢复。如概要申报时选择不需要缴纳税款，完整申报时经确认为需要缴纳税款的，企业应当按照进出口货物报关单撤销的相关规定办理。

加工贸易和海关特殊监管区域内企业以及保税监管场所的货物申报在使用金关二期系统开展“两步申报”时，第一步概要申报环节不使用保税核注清单，第二步完整申报环节报关单按原有模式，由保税核注清单生成。

（4）时限要求。概要申报与完整申报均需在自运输工具申报进境之日起14日内完成。概要申报可以实施“提前申报”。

（5）申报项目。

1）概要申报项目：境内收发货人、运输方式/运输工具名称及航次号、提运单号、监管方式、商品编号（6位）、商品名称、数量及单位、总价、原产国（地区）。

其中，商品编号（6位）填报《中华人民共和国进出口税则》（以下简称《进出口税则》）和《中华人民共和国海关统计商品目录》（以下简称《商品目录》）确定编码的前6位；数量及单位填报成交数量、成交计量单位；总价填报同一项号下进口货物实际成交的商品总价格和币制，如果无法确定实际成交商品总价格则填报预估总价格。其他项目按照《中华人民共和国海关进出口货物报关单填制规范》（以下简称《报关单填制规范》）要求填写。

2）货物物流项目：毛重、集装箱号。

3）属于禁限管制需增加的申报项目：许可证号/随附证件代码及随附证件编号、集装箱商品项号关系。

4）属于依法需要检验或检疫需增加的申报项目：产品资质（产品许可/审批/备案）、商品编号（10位）+检验检疫名称、货物属性、用途、集装箱商品项号关系。

（6）其他注意事项。

1）申报前企业需要注意的事项。在概要申报阶段，企业必须按照货物的实际情况，如实选择是否需检验或检疫、是否涉及监管证件、是否需要缴纳税款，并且承诺在规定时限内进行完整申报。对于一线进境特殊监管区域货物或者加工贸易进口货物，在完整申报时，需采用区港联动核注清单。企业先从金关二期加工贸易管理系统录入或导入核注清单，在核注清单表头填写已放行的报关单号。核注清单预审核通过后，将自动生成报关单草稿数据，企业可在国际贸易“单一窗口”中查询核注清单生成的完整申报的报关单草稿进行补充修改，提交完整申报。

小贴士

一线进出口与二线进出口

一线进出口，亦称直接进出口，是指货物在境内海关特殊监管区域（包括保税监管场所）与境外之间的流转。

二线进出口，亦称间接进出口，是指货物在境内海关特殊监管区域（包括保税监管场所）与境内区外之间的流转。

2）与其他申报模式互不冲突。“两步申报”是海关为企业提供的一种提供多元化通关服务，推广“两步申报”改革的同时仍保留原有申报模式，企业可根据实际需求自行选择一种模式进行申报。

“两步申报”可以叠加提前申报。企业可以在“两步申报”的“概要申报”阶段，采用提前申报模式：先取得提（运）单或载货清单（舱单）数据，于装载货物的进境运输工具启运后、运抵海关监管场所前进行概要申报即可，其他操作步骤与“两步申报”一般操作要求相同。

3）“两步申报”容错机制。改革推广期间，对使用“两步申报”通关模式的进口货物，收货人或其代理人自行发现申报数据有误并提出修改/撤销报关单申请的，不予记录报关差错；已经记录报关差错的，企业可以向海关申请返还。

2. 配合查验

申报进出口的货物经海关决定查验时，进出口货物的收发货人或者办理如实申报具体手续的报关员到达查验现场，配合海关查验货物，按照海关要求搬移货物，开拆包装以及重新封装货物。

3. 缴纳税费

进出口货物的收发货人或其代理人接到海关发出的税费缴纳通知书后，向海关指定的银行办理税费款项的缴纳手续，通过银行将有关税费款项缴入海关专门账户。

4. 提取或装运货物

提取货物是指提取进口货物，即进口货物的收货人或其代理人在办理了进口申报、配合查验、缴纳税费等手续，海关决定放行后，凭海关加盖放行章的进口提货凭证或凭海关通过计算机发送的放行通知书，提取进口货物。

装运货物是指装运出口货物，即出口货物的发货人或其代理人在办理了出口申报、配合查验、缴纳税费等手续，海关决定放行后，凭海关加盖放行章的出口装货凭证或凭海关通过计算机发送的放行通知书，通知港区、机场、车站及其他有关单位装运出口货物。

三、核销阶段

核销阶段是指根据海关对保税货物、特定减免税货物、暂时进出境货物、部分其他进出境货物的监管要求，进出口货物收发货人或其代理人在货物进出境储存、加工、装配、使用、维修后，在规定的期限内，按照规定的要求，向海关办理上述进出口货物核销、销案、申请解除监管等手续的过程。

（1）对于保税货物，无论是保税加工货物还是保税物流货物，进口货物收货人或其代理人应当在规定期限内办理申请核销的手续。

（2）对于特定减免税货物，进口货物收货人或其代理人应当在海关监管期满，或者在海关监管期内经海关批准出售、转让、退运、放弃并办妥有关手续后，向海关申请办理解除海关监管的手续。

（3）对于暂时进境货物，收货人或其代理人应当在暂时进境规定期限内，或者在经海关批准延长暂时进境期限到期前，办理复运出境手续或正式进口手续，然后申请办理销案手续；对于暂时出境货物，发货人或其代理人应当在暂时出境规定期限内，或者在经海关批准延长暂时出境期限到期前，办理复运进境手续或正式出口手续，然后申请办理销案手续。

（4）对于其他进出境货物中的出料加工货物、修理货物、部分租赁货物等，进出境货物收发货人或其代理人应当在规定的期限内办理销案手续。

单元二　一般进出口货物报关程序

根据进出口商品用途的不同，海关以国际贸易中进出口商品的交易方式为基础，结合海关对进出口货物监督管理的综合设定，将进出口商品分为五大类监管方式：一般进出口货物、保税货物、特定减免税货物、暂时进出境货物和其他监管货物。

海关监管方式体现在报关单的“备案号”“贸易方式”“征免性质”“用途”和“征免”等栏目。

一、一般进出口货物概述

一般进出口货物是指在进出境环节缴纳了应征的进出口税费并办结了所有必要的海

关手续，海关放行后不再进行监管，可以直接进入生产和流通领域的进出口货物。

一般进出口货物有以下特征：

（1）进出境时缴纳进出口税费。

（2）进出口时提交相关的许可证件。

（3）海关放行即办结了海关手续。

对一般进出口货物来说，海关放行就意味着海关手续已经全部办结，海关不再监管，可以直接进入生产和流通领域。

二、一般进出口货物报关

一般
进出口环节

一般进出口货物的报关程序由四个环节构成，即如实申报、配合查验、缴纳税费、提取或装运货物。

（一）如实申报

申报是指进出口货物收发货人、受委托的报关企业，依照《中华人民共和国海关法》（以下简称《海关法》）以及有关法律、行政法规的要求，在规定的期限、地点，采用电子数据报关单和纸质报关单形式，向海关报告实际进出口货物的情况，并接受海关审核的行为。

进口货物应当由收货人或其代理人在货物的进境地海关申报；出口货物应当由发货人或其代理人在货物的出境地海关申报。

经收发货人申请，海关同意，进口货物的收货人或其代理人可以在设有海关的货物指运地申报，出口货物的发货人或其代理人可以在设有海关的货物启运地申报。

申报进口已保税、特定减免税或暂时进境的货物，因故需改变使用目的从而改变货物性质转为一般进口时，进口货物的收货人或其代理人应当在货物所在地的主管海关申报。

（二）配合查验

1. 海关查验

查验所需文件

海关查验是指海关为确定进出口货物收发货人向海关申报的内容是否与进出口货物的真实情况相符，或者为确定商品的归类、价格、原产地等，依法对进出口货物进行实际核查的执法行为。

海关通过查验，检查报关单位是否伪报、瞒报、申报不实，同时也为海关的征税、统计、后续管理提供可靠的资料。

查验应当在海关监管区内实施。

因货物易受温度、静电、粉尘等自然因素影响，不宜在海关监管区内实施查验，或者因其他特殊原因，需要在海关监管区外查验的，经进出口货物收发货人或其代理人书面申请，海关可以派员到海关监管区外实施查验。

2. 查验方式

海关实施查验可以彻底查验，也可以抽查。彻底查验是指对一票货物逐件开拆包装、验核货物实际状况；抽查是指按照一定比例有选择地对一票货物中的部分货物验核实际状况。

查验操作可以分为人工查验和设备查验。

人工查验，包括外形查验、开箱查验。外形查验是指对外部特征直观、易于判断基本属性的货物的包装、运输标志和外观等状况进行验核；开箱查验是指将货物从集装箱、货柜车箱等箱体中取出并拆除外包装后对货物实际状况进行验核。

设备查验，是指利用技术检查设备为主对货物实际状况进行验核。

海关可以根据货物情况以及实际执法需要，确定具体的查验方式。

当海关决定查验时，即将查验的决定以书面通知的形式通知进出口货物收发货人或其代理人，约定查验的时间。查验时间一般约定在海关正常工作时间内。

在一些进出口业务繁忙的口岸，海关也可接受进出口货物收发货人或其代理人的请求，在海关正常工作时间以外安排实施查验。

对于危险品或者鲜活、易腐、易烂、易失效、易变质等不宜长期保存的货物，以及因其他特殊情况需要“紧急验放”的货物，经进出口货物收发货人或其代理人申请，海关可以优先安排实施查验。

3. 复验

海关可以对已查验货物进行复验。

有下列情形之一的，海关可以复验：

（1）经初次查验未能查明货物的真实属性，需对已查验货物的某些性状做进一步确认的。

（2）货物涉嫌走私违规，需要重新查验的。

（3）进出口货物收发货人对海关查验结论有异议，提出复验要求并经海关同意的。

（4）其他海关认为必要的情形。

已经参加过查验的查验人员不得参加对同一票货物的复验。

4. 径行开验

径行开验是指海关在进出口货物收发货人或其代理人不在场的情况下，对进出口货物进行开拆包装查验。

有下列情形之一的，海关可以径行开验：

（1）进出口货物有违法嫌疑的。

（2）经海关通知查验，进出口货物收发货人或其代理人届时未到场的。

海关径行开验时，存放货物的海关监管场所经营人、运输工具负责人应当到场协助，并在查验记录上签名确认。

5. 到场配合海关查验

海关查验货物时，进出口货物收发货人或其代理人应当到场，配合海关查验。

海关派单

进出口货物收发货人或其代理人应配合海关查验应当做好如下工作：

（1）负责按照海关要求搬移货物，开拆包装以及重新封装货物。

（2）预先了解和熟悉所申报货物的情况，如实回答查验人员的询问以及提供必要的资料。

（3）协助海关提取需要做进一步检验、化验或鉴定的货样，收取海关出具的取样清单。

（4）查验结束后，认真阅读查验人员填写的“海关进出境货物查验记录单”，注意以下情况的记录是否符合实际：

1）开箱的具体情况。

2）货物残损情况及造成残损的原因。

3）提取货样的情况。

4）查验结论。

查验记录准确清楚的，应立即签名确认。配合查验人员如不签名的，查验人员应当在查验记录中予以注明，并由货物所在监管场所的经营人签名证明。

因进出口货物所具有的特殊属性，容易因开启、搬运不当等原因导致货物损毁，需要查验人员在查验过程中予以特别注意的，进出口货物收发货人或其代理人应当在海关实施查验前申明。

公司内部查验信息录入

6. 货物损坏责任划分

在查验过程中，或者证实海关在径行开验过程中，因为查验人员的责任造成被查验货物损坏的，进出口货物的收发货人或其代理人可以要求海关赔偿。海关赔偿的范围仅限于在实施查验过程中，由于查验人员的责任造成被查验货物损坏的直接经济损失。直接经济损失的金额根据被损坏货物及其部件的受损程度确定，或者根据修理费确定。

以下情况不属于海关赔偿范围：

（1）进出口货物收发货人或其代理人搬移、开拆、封装货物或保管不善造成的损失。

（2）易腐、易失效货物在海关正常工作程序所需时间内（含扣留或代管期间）所发生的变质或失效。

（3）海关正常查验时产生的不可避免的磨损。

（4）在海关查验之前已发生的损坏和海关查验之后发生的损坏。

（5）由于不可抗拒的原因造成货物的损坏、损失。

进出口货物收发货人或其代理人在海关查验时对货物是否受损坏未提出异议，事后发现货物有损坏的，海关不负赔偿责任。

（三）缴纳税费

海关开具税款缴款书和收费票据后，进出口货物收发货人或其代理人在规定时间内，持缴款书或收费票据向指定银行办理税费交付手续，然后报请海关办理货物放行手续。

进出口税款的计算公式为

$$进出口税款 = 完税价格 \times 相关税率$$

从公式中可以看出，完税价格的确定和相关税率的适用是计算税款金额的关键。

1. 进出口税的种类

（1）关税。关税包括进口关税和出口关税。

进口关税，是指海关以进境货物和物品为课税对象所征收的关税。在国际贸易中，它一直被各国公认为是一种重要的经济保护手段。

出口关税，是指海关以出境货物、物品为课税对象所征收的关税。征收出口关税的主要目的是限制、调控某些商品的过度、无序出口，特别是防止本国一些重要自然资源和原材料的无序出口。为鼓励出口，世界各国一般不征收出口税或仅对少数商品征收出口税。

（2）进口环节海关代征税（简称进口环节代征税）。进口货物、物品在办理海关手续放行后，进入国内流通领域，与国内货物同等对待，所以应缴纳应征的国内税。进口货物、物品的一些国内税依法由海关在进口环节征收。目前，进口环节代征税主要有增值税、消费税两种。

1）增值税，是以商品的生产、流通和劳务服务各个环节所创造的新增价值为课税对象的一种流转税。进口环节增值税是在货物、物品进口时，由海关依法向进口货物的法人或自然人征收的一种增值税。

2）消费税，是以消费品或消费行为的流转额作为课税对象而征收的一种流转税。我国开征消费税的目的是调节我国的消费结构，引导消费方向，确保国家财政收入。它是在对货物普遍征收增值税的基础上，选择少数消费品再予征收的税。

2. 进出口货物税费计算

进口关税计征方法包括从价税、从量税、复合税、滑准税等。

（1）从价税。从价税是以货物、物品的价格作为计税标准，以应征税额占货物价格的百分比为税率，价格和税额成正比例关系的关税。从价税是包括中国在内的大多数国家使用的主要计税标准。

我国对进口货物征收进口关税主要采用从价税计税标准。

（2）从量税。从量税是以货物和物品的计量单位（如重量、数量、容量等）作为计税标准，按每一计量单位的应征税额征收的关税。

我国目前对冻鸡、石油原油、啤酒、胶卷等类进口商品征收从量税。

（3）复合税。复合税是在《进出口税则》中，一个税目中的商品同时使用从价、从量两种标准计税，计税时按两者之和作为应征税额征收的关税。

我国目前对录像机、放像机、摄像机、非家用型摄录一体机、部分数字照相机等进口商品征收复合关税。

（4）滑准税。滑准税是在《进出口税则》中预先按产品的价格高低分档制定若干不同的税率，然后根据进口商品价格的变动而增减进口税率的一种关税。当商品价格上涨时采用较低税率，当商品价格下跌时则采用较高税率，其目的是使该种商品的国内市场价格保持稳定。

3. 进出口货物完税价格的确定

完税价格，指海关在计征关税时使用的计税价格。

（1）进口货物完税价格审定。进口货物的完税价格，由海关以该货物的成交价格为基础审查确定，并应当包括货物运抵我国境内输入地点起卸前的运输及其相关费用、保险费。

海关在确定进口货物的完税价格时，首先适用成交价格估价方法，如果进口货物的成交价格不符合成交价格估价方法规定，或者成交价格不能确定的，海关经了解有关情况，并与纳税义务人进行价格磋商后，依次以下列方法审查确定该货物的完税价格：

1）相同货物成交价格估价方法。

2）类似货物成交价格估价方法。

3）倒扣价格估价方法。

4）计算价格估价方法。

5）合理方法。

纳税义务人向海关提供有关资料后，可以提出申请，颠倒第3）项和第4）项的适用次序。

（2）出口货物完税价格的审定。出口货物的完税价格由海关以该货物的成交价格为基础审查确定，并应当包括货物运至我国境内输出地点装载前的运输及其相关费用、保险费。

出口货物的成交价格，是指该货物出口销售时，卖方为出口该货物应当向买方直接收取和间接收取的价款总额。

下列税收、费用不计入出口货物的完税价格：①出口关税。②在货物价款中单独列明的货物运至我国境内输出地点装载后的运输及其相关费用、保险费。③在货物价款中单独列明由卖方承担的佣金。

出口货物的成交价格不能确定的，海关经了解有关情况，并与纳税义务人进行价格磋商后，依次以下列价格审查确定该货物的完税价格：

1）同时或者大约同时向同一国家或者地区出口的相同货物的成交价格。

2）同时或者大约同时向同一国家或者地区出口的类似货物的成交价格。

3）根据境内生产相同或者类似货物的成本、利润和一般费用（包括直接费用和间接费用）、境内发生的运输及其相关费用、保险费计算所得的价格。

4）按照合理方法估定的价格。

小贴士

完税价格确定中的概念

购货佣金，指买方为购买进口货物向自己的采购代理人支付的劳务费用。

经纪费，指买方为购买进口货物向代表买卖双方利益的经纪人支付的劳务费用。

相同货物，指与进口货物在同一国家或者地区生产的，在物理性质、质量和信誉等所有方面都相同的货物，但是表面的微小差异允许存在。

类似货物，指与进口货物在同一国家或者地区生产的，虽然不是在所有方面都相同，但是却具有相似的特征、相似的组成材料、相同的功能，并且在商业中可以互换的货物。

大约同时，指海关接受货物申报之日前后45日内。按照倒扣价格法审查确定进口货物的完税价格时，如果进口货物、相同或者类似货物没有在海关接受进口货物申报之日前后45日内在境内销售，可以将在境内销售的时间延长至接受货物申报之日前后90日内。

特许权使用费，指进口货物的买方为取得知识产权权利人及权利人有效授权人关于专利权、商标权、专有技术、著作权、分销权或者销售权的许可或者转让而支付的费用。

技术培训费用，指基于卖方或者与卖方有关的第三方对买方派出的技术人员进行与进口货物有关的技术指导，进口货物的买方支付的培训师资及人员的教学、食宿、交通、医疗保险等相关费用。

4. 进口货物完税价格中的运输及其相关费用、保险费的计算

进口货物的运费，应当按照实际支付的费用计算。如果进口货物的运费无法确定的，海关应当按照该货物的实际运输成本或者该货物进口同期运输行业公布的运费率（额）计算运费。

运输工具作为进口货物，利用自身工具进境的，海关在审查确定完税价格时，不再另行计入运费。

进口货物的保险费，应当按照实际支付的费用计算。如果进口货物的保险费无法确定或者未实际发生，海关应当按照“货价加运费”两者总额的3‰计算保险费，其计算公式为

$$保险费=（货价+运费）\times 3‰$$

5. 税款滞纳金

税款滞纳金是指应纳税的单位或个人因逾期向海关缴纳税款而依法应缴纳的款项。按照规定，关税、进口环节增值税、进口环节消费税、船舶吨税等的纳税义务人或其代理人，应当自海关填发税款缴款书之日起15日内向指定银行缴纳税款，逾期缴纳的，

海关依法在原应纳税款的基础上，按日加收滞纳税款 0.5‰的滞纳金。

滞纳金起征点为人民币 50 元。因完税价格调整等原因需补征滞纳金的，滞纳金金额应当按照调整后的完税价格重新计算，补征金额不足人民币 50 元的，免予征收。

6. 原产地规则与标准

（1）原产地规则。进口关税设置最惠国税率、协定税率、特惠税率、普通税率、关税配额税率、暂定税率等税率。只有判定进口货物的原产地，才能正确适用对应的税率。

1）优惠原产地规则。这是指一国（地区）为了实施国别（地区）优惠政策而制定的法律、法规，是以优惠贸易协定通过双边、多边协定形式或者是由本国（地区）自主形式制定的一些特殊原产地认定标准，因此也称为协定原产地规则。优惠原产地规则具有很强的排他性，优惠范围以原产地为受惠国（地区）的进口产品为限，其目的是促进协议方之间的贸易发展。

2）非优惠原产地规则。这是一国（地区）根据实施其海关税则和其他贸易措施的需要，由本国（地区）立法自主制定的，因此也称为自主原产地规则。按照 WTO 的规定，适用于非优惠性贸易政策措施的原产地规则，其实施必须遵守最惠国待遇原则，即必须普遍地、无差别地适用于所有原产地为最惠国（地区）的进口货物。

（2）确定原产地标准。

1）完全获得标准。

①产品完全是受惠国（地区）生产和制造，不含有进口的和产地不明的原材料和部件。

②完全在一国（地区）生产的产品包括：在该国（地区）领土、领水或其海底开采的矿产品；在该国（地区）生长、收获的植物产品、动物产品及其制品；在其国（地区）内渔猎所获的产品；该国（地区）船舶在公海上捕获的海产品和用这些捕获物在该国（地区）海上加工、船上加工制造的产品；国（地区）内收集的生产和加工后的剩料和废料及废旧物品；完全用以上物品在该国（地区）内生产的商品。

2）实质性改变标准。该标准适用于确定有两个或两个以上国家（地区）参与生产的产品的原产国（地区）的标准。

货物必须在出口国（地区）经过最后一道实质性加工生产，使货物得到其特有的性质，该出口国（地区）才认为是该货物的原产国（地区）。实质性改变标准在实践中可以通过以下方法确定：

①税则号列改变。按照这一规定，在税则商品分类目录中，经过出口国（地区）加工或制造的产品应归入的税号必须不同于所使用的进口原材料或部件的税号。

“税则归类改变”标准通常是指在某一国家（地区）对非该国（地区）原产材料进行制造、加工后，所得货物在《进出口税则》中的四位数级税目归类发生了变化。

②从价百分比标准（又称增值百分比标准或增值标准）。即出口产品在出口国（地

区）生产中所使用的生产国（地区）的本国（地区）原材料或部件费用和生产费用的总和，在该产品价格中所占的比例必须达到或超过一定的百分比；或者出口产品在出口国（地区）生产中所使用的外国（地区）进口原材料或部件价值，在该产品的出厂价格所占的比例不得超过规定的百分比。

“从价百分比”通常是在某一国家（地区）对非该国（地区）原产材料进行制造、加工后的增值部分超过了所得货物价值的30%，可用公式表示为

$$\frac{\text{工厂交货价}-\text{非该国（地区）原产材料价值}}{\text{工厂交货价}}\times 100\% \geqslant 30\%$$

3）“制造、加工工序”标准。该标准是指在某一国家（地区）进行的赋予制造、加工后所得货物基本特征的主要工序。

7. 税率适用

进口税则分设最惠国税率、协定税率、特惠税率、普通税率、关税配额税率等税率，对进口货物在一定期限内可以实行暂定税率。

出口税则按进口税则列目方式确定出口税率，对部分出口商品实行暂定出口税率。

（1）进口税率。对于同时适用多种税率的进口货物，在选择适用的税率时，基本的原则是“从低适用”，特殊情况除外。

1）原产于共同适用最惠国待遇条款的WTO成员的进口货物，原产于与我国签订含有相互给予最惠国待遇条款的双边贸易协定的国家或者地区的进口货物，以及原产于我国境内的进口货物，适用最惠国税率。

原产于与我国签订含有关税优惠条款的区域性贸易协定的国家或者地区的进口货物，适用协定税率。

原产于与我国签订含有特殊关税优惠条款的贸易协定的国家或者地区的进口货物，适用特惠税率。

上述之外的国家或者地区的进口货物，以及原产地不明的进口货物，适用普通税率。

2）适用最惠国税率的进口货物有暂定税率的，应当适用暂定税率；适用协定税率、特惠税率的进口货物有暂定税率的，应当从低适用税率；适用普通税率的进口货物，不适用暂定税率。对于无法确定原产国（地区）的进口货物，按普通税率征税。

3）按照国家规定实行关税配额管理的进口货物，关税配额内的，适用关税配额税率；关税配额外的，其税率的适用按其所适用的其他相关规定执行。

4）按照有关法律、行政法规的规定对进口货物采取反倾销、反补贴、保障措施的，其税率的适用按照《中华人民共和国反倾销条例》《中华人民共和国反补贴条例》和《中华人民共和国保障措施条例》的有关规定执行。

5）任何国家或地区违反与我国签订或者共同参加的贸易协定及相关协定，对我国在贸易方面采取禁止、限制、加征关税或者其他影响正常贸易的措施的，对原产于该国家或地区的进口货物可以征收报复性关税，适用报复性关税税率。征收报复性关税的货

物、适用国别（地区）、税率、期限和征收办法，由国务院关税税则委员会决定并公布。

6）凡进口原产于与我国达成优惠贸易协定的国家或地区并享受协定税率的商品，同时该商品又属于我国实施反倾销或反补贴措施范围内的，应按照优惠贸易协定税率计征进口关税；凡进口原产于与我国达成优惠贸易协定的国家或地区并享受协定税率的商品，同时该商品又属于我国采取保障措施范围内的，应在该商品全部或部分中止、撤销、修改关税减让义务后所确定的适用税率基础上计征进口关税。

7）执行国家有关进出口关税减征政策时，首先应当在最惠国税率基础上计算有关税目的减征税率，然后根据进口货物的原产地及各种税率形式的适用范围，将这一税率与同一税目的特惠税率、协定税率、进口暂定最惠国税率进行比较，税率从低执行，但不得在暂定最惠国税率基础上再进行减免。同时适用多种税率汇总表见表 1–1。

表 1–1　同时有两种及以上税率可适用的进口货物最终适用的税率汇总表

进口货物可选用的税率	税率适用的规定
同时适用最惠国税率、进口暂定税率	应当适用暂定税率
同时适用协定税率、特惠税率、进口暂定税率	应当从低适用税率
同时适用国家优惠政策、进口暂定税率	以优惠政策计算确定的税率与暂定税率两者取低计征关税，但不得在暂定税率基础上再进行减免
适用普通税率的进口货物，存在进口暂定税率	适用普通税率的进口货物不适用暂定税率
适用关税配额税率、其他税率	关税配额内的，适用关税配额税率；关税配额外的，适用其他税率
反倾销税、反补贴税、保障措施关税、报复性关税	适用反倾销税率、反补贴税率、保障措施税率、报复性关税税率

（2）出口税率。对于出口货物，在计算出口关税时，出口暂定税率的执行优先于出口税率。

（3）税率的实际运用。《中华人民共和国关税条例》（以下简称《关税条例》）规定，进出口货物应当适用海关接受该货物申报进口或者出口之日实施的税率。

在实际运用时应区分以下不同情况：

1）进口货物到达前，经海关核准先行申报的，应当适用装载该货物的运输工具申报进境之日实施的税率。

2）进口转关运输货物，应当适用指运抵海关接受该货物申报进口之日实施的税率；货物运抵指运地前，经海关核准先行申报的，应当适用装载该货物的运输工具抵达指运地之日实施的税率。

3）出口转关运输货物，应当适用起运地海关接受该货物申报出口之日实施的税率。

4）经海关批准，实行集中申报的进出口货物，应当适用每次货物进出口时海关接受该货物申报之日实施的税率。

5）因超过规定期限未申报而由海关依法变卖的进口货物，其税款计征应当适用装载该货物的运输工具申报进境之日实施的税率。

6）因纳税义务人违反规定需要追征税款的进出口货物，应当适用违反规定的行为发生之日实施的税率；行为发生之日不能确定的，适用海关发现该行为之日实施的税率。

7）已申报进境并放行的保税货物、减免税货物、租赁货物或者已申报进出境并放行的暂时进出境货物，有下列情形之一需缴纳税款的，应当适用海关接受纳税义务人再次填写报关单申报办理纳税及有关手续之日实施的税率：

①保税货物经批准不复运出境的。

②保税仓储货物转入国内市场销售的。

③减免税货物经批准转让或者移作他用的。

④可暂不缴纳税款的暂时进出境货物，经批准不复运出境或者进境的。

⑤租赁进口货物，分期缴纳税款的。

（四）提取或装运货物

1. 海关进出境现场放行和货物结关

（1）海关进出境现场放行。这是指海关接受进出口货物的申报、审核电子数据报关单和纸质报关单及随附单证、查验货物、征免税费或接受担保以后，对进出口货物做出结束海关进出境现场监管决定，允许进出口货物离开海关监管现场的工作环节。

海关进出境现场放行一般由海关在进口货物提货凭证或者出口货物装货凭证上加盖海关放行章。进出口货物收发货人或其代理人签收进口提货凭证或者出口装货凭证，凭以提取进口货物或将出口货物装运到运输工具上离境。

（2）货物结关。货物结关是进出境货物办结海关手续的简称。进出境货物由收发货人或其代理人向海关办理完所有的海关手续，履行了法律规定的与进出口有关的一切义务，就办结了海关手续，海关不再进行监管。

海关进出境现场放行有两种情况：一种情况是货物已经结关，对于一般进出口货物，放行时进出口货物收发货人或其代理人已经办理了所有海关手续，因此海关进出境现场放行即等于结关；另一种情况是货物尚未结关，对于保税货物、特定减免税货物、暂时进出境货物、部分其他进出境货物，放行时进出境货物的收发货人或其代理人并未全部办完所有的海关手续，海关在一定期限内还需进行监管，因此该类货物的海关进出境现场放行不等于结关。

2. 提取货物或装运货物

进口货物收货人或其代理人签收海关加盖海关放行章戳记的进口提货凭证（提单、运单、提货单等），凭以到货物进境地的港区、机场、车站、邮局等地的海关监管仓库办理提取进口货物的手续。

出口货物发货人或其代理人签收海关加盖海关放行章戳记的出口装货凭证（运单、

装货单、场站收据等），凭以到货物出境地的港区、机场、车站、邮局等地的海关监管仓库，办理将货物装上运输工具离境的手续。

单元三 保税加工货物报关程序

一、保税加工货物概述

（一）保税加工相关概念

保税货物，是指经海关批准来办理纳税手续进境，在境内储存、加工、装配后复运出境的货物。保税货物分为保税加工货物和保税物流货物两类。

保税加工货物

保税加工货物（亦称加工贸易保税货物），是指经海关批准未办理纳税手续进境，在境内加工、装配后复一年出境的货物。

保税物流货物（亦称保税仓储货物），是指经海关批准未办理纳税手续进境，在境内储存后复运出境的货物。

海关对保税加工货物的监管模式主要表现为过程监管和手册管理两个方面，这一监管模式在海关对保税加工业务的监管上体现得尤为明显。

以特殊监管区域外的加工贸易为例，保税加工海关监管的基本模式可以概括为：前期——手（账）册设立，中期——进出口通关，后期——手（账）册核销。

特殊监管区域外的加工贸易监管模式，具体包括加工贸易手册、加工贸易账册和以企业为单元的监管。其中，加工贸易手册就是通常所说的电子化手册，加工贸易账册则是电子账册的一种（因特殊监管区域内也采用电子账册管理）。由于金关二期加工贸易管理系统的子系统分别为加工贸易手册系统和加工贸易账册系统，因此本单元的称法与其保持一致。

1. 加工贸易手册

加工贸易手册以合同管理为基础，实行电子身份认证，在加工贸易手册设立、通关、核销结案等环节采用“电子手册＋自动核算”的模式取代纸质手册，并通过与其他相关管理部门的联网逐步取消其他的纸质单证作业，最终实现电子申报、网上备案、无纸通关。

2. 加工贸易账册

海关对加工贸易企业实施联网监管，是指加工贸易企业通过数据交换平台或者其他计算机网络方式向海关报送能满足海关监管要求的物流、生产经营等数据，海关对数据进行核对、核算，并结合实物进行核查的一种加工贸易海关监管方式。加工贸易账册就是海关为联网监管企业所建立的电子底账。加工贸易账册体现了“以企业为单元”的管理思路，每家联网监管企业只设立一本加工贸易账册，海关根据联网监管企业的生产情况和海关的监管需要确定核销周期，并按照该核销周期对联网监管企业的加工贸易账册进行核销。

加工贸易账册与加工贸易手册的区别主要体现在：

（1）加工贸易账册适用于规模较大、信息化程度较高的企业；加工贸易手册适用于规模小、信息化管理水平不高的企业。

（2）加工贸易账册体现“以企业为单元”的管理思路；加工贸易手册体现“以合同为单元”的管理思路。

（3）加工贸易账册的进出口数量是根据企业最大生产周转金额来核定的；加工贸易手册的进出口数量与合同一致。

（4）加工贸易账册不区分来料加工和进料加工账册；加工贸易手册区分来料加工和进料加工手册。

3. 以企业为单元

2018年6月21日，在2017年和2018年年初试点基础上，海关总署发布2018年第59号公告，决定在全国范围内全面推广以企业为单元的加工贸易监管改革。该模式的特点是以企业为单元、以账册为主线，以与企业物料编码对应的商品编码（料号）或经企业自主归并后形成的商品编码（项号）为基础，企业自主选择确定核销周期、单耗申报时间，以自主核报方式定期办理核销手续。

严格来说，以企业为单元的加工贸易监管是介于加工贸易手册和加工贸易账册之间的一种监管模式，其初衷是通过由企业自主确定核销周期、单耗自核简化深加工结转、外发加工、集中内销等作业手续，为原先使用加工贸易手册的企业减负松绑。随着海关总署2019年218号公告的实施，以企业为单元的加工贸易监管模式在深加工结转、外发加工、集中内销等作业手续方面的简化已与加工贸易手册趋同。

保税加工货物的报关程序与一般进出口货物相比，除进出境阶段需要经过如实申报、配合查验、提取或装运货物等环节外，由于该类货物进境时暂缓纳税（即保税），因此需要事先办理海关批准手续，即前期备案阶段；与之相配的就是后期核销阶段，即办理解除监管手续。

保税加工货物报关的基本程序为：手册（账册）设立、进出口报关和手册（账册）核销。

手册（账册）设立，是指加工贸易企业持合法的加工贸易合同到主管海关备案，申请保税并领取加工贸易手册或其他准予备案凭证的行为。

手册（账册）核销，是指加工贸易企业在加工贸易合同履行完毕或终止合同并按规定对用来出口的货物进行处理后，按照规定的期限和规定的程序，向加工贸易主管海关申请核销、结案的行为。

（二）保税加工货物基本特征

（1）备案保税。国家规定，加工贸易料件经海关批准才能保税进口。海关批准保税是通过受理备案来实现的。凡是准予备案的加工贸易料件一律可以不办理纳税手续，即保税进口。

（2）纳税暂缓。国家规定专为加工出口产品而进口的料件，按实际加工复出口成品所耗用料件的数量准予免缴进口关税和进口环节增值税、消费税。

（3）监管延伸。从地点上说，保税加工的料件离开进境地口岸海关监管场所后进行加工、装配的地方，都是海关监管的场所；从时间上说，保税加工的料件在进境地被提取，不是海关监管的结束，而是海关保税监管的开始，海关一直要监管到加工、装配后复运出境或者办结正式进口手续为止。

（4）核销结关。保税加工货物（出口加工区的除外）经过海关核销后才能“结关”。

（三）加工贸易形式

1. 来料加工

来料加工是指由境外企业提供料件，经营企业不需要付汇进口，按照境外企业的要求进行加工或装配，只收取加工费，制成品由境外企业销售的经营活动。

进料来料加工流向

2. 进料加工

进料加工是指经营企业用外汇购买料件进口，制成成品后外销出口的经营活动。

（四）相关企业和个人

1. 经营企业

加工贸易的经营企业是指负责对外签订加工贸易进出口合同的各类进出口企业和外商投资企业，以及经批准获得来料加工经营许可的对外加工装配服务公司。

2. 加工企业

加工贸易的加工企业是指接受经营企业委托，负责对进口料件进行加工或者装配，且具有法人资格的生产企业，以及由经营企业设立的虽不具有法人资格，但实行相对独立核算并已经办理工商营业证（执照）的工厂。

3. 承揽者

承揽者是指与经营企业签订加工合同，承接经营企业委托的外发加工业务的企业或者个人。

二、加工贸易手册监管模式下的报关程序

（一）手册设立

1. 金关二期加工贸易管理系统

2020年金关二期加工贸易管理系统全面上线以后，企业办理加工贸易业务不再使用QP系统，建通过登录“单一窗口”或“互联网+海关”一体化网上办事平台，使用金关二期加工贸易管理系统。

金关二期加工贸易管理系统已具备随附单证无纸化功能，企业在办理加工贸易各项业务时，根据需要上传电子化随附单证，无须提交纸质单证。由于该系统随附单证无纸化上传只接受PDF文件，因此企业应确保企业端已安装相应的PDF阅读软件。

2. 加工贸易企业经营状况及生产能力信息表

商务部、海关总署2018年第109号公告规定：

（1）自2019年1月1日起，企业从事加工贸易业务不再申领加工贸易企业经营状况及生产能力证明，商务主管部门也不再为加工贸易企业出具加工贸易企业经营状况及生产能力证明。

（2）企业开展加工贸易业务，须具备相应生产经营能力。经营企业应具有进出口经营权，加工企业应具有与业务范围相适应的工厂、加工设备和工人。企业应自觉履行安全生产、节能低碳、环境保护等社会责任。

（3）企业开展加工贸易业务，须登录加工贸易企业经营状况及生产能力信息系统（网址：https://ecomp.mofcom.gov.cn/），自主填报加工贸易企业经营状况及生产能力信息表（以下简称“信息表”），并对信息真实性做出承诺。信息表有效期为自填报（更新）之日起1年，到期后或相关信息发生变化，企业应及时更新信息表。

（4）已网上填报信息表的企业到主管海关办理加工贸易手（账）册设立（变更）手续，无须提交纸质信息表。

3. 规范性申报

加工贸易企业在办理手册前，应该全面掌握有关加工贸易料件、成品、单损耗等情况，对本企业加工贸易料件和成品的中文品名、商品税号、规格型号及单价等物料信息进行汇总整理，根据规范性申报的要求，对照《进出口税则》条目注释，按照《中华人民共和国进出口商品规范申报目录》（以下简称《规范申报目录》）中相应商品所列申报要素的各项内容，如实申报加工贸易料件或成品的品名、规格、型号、成分、含量、等级、用途、功能等信息。

加工贸易料件或成品的品名必须以明确、具体、规范的学名或行业认可的商品中文名称申报，如果以不规范的俗称或一类商品的统称申报（如塑料粒子、板材、混纺布、服装辅料、打印机成套散件等），一般是不允许的。

4. 手册设立手续

经营企业应当向加工企业所在地主管海关办理加工贸易货物的手册设立手续。但是在金关二期加工贸易管理系统全面应用的背景下，不少直属海关实施加工贸易集中作业，在这种情况下，经营企业应按照信息表内容和海关监管要求，通过“单一窗口”或“互联网＋海关”一体化网上办事平台，向承担集中作业的隶属海关传输纸质单证的电子化数据，申请办理手册设立手续。

需要上传的单证包括但不限于以下几种：

（1）经营企业对外签订的合同。属来料加工的，提交来料加工协议或合同；属进料加工的，提交进料加工进口合同。

（2）海关认为需要提交的其他证明文件和材料，如企业营业执照复印件、生产流程介绍、单耗资料等。

（3）备案的加工贸易料件、成品如果属管制商品的，还须提交归口主管部门的监管证件。特别需要注意的是，在金关二期加工贸易管理系统中，已经取消备案资料库环节，企业可直接办理手册设立手续。

海关应当自接受企业手册设立申报之日起5个工作日内完成加工贸易手册设立手续。经海关审核通过予以设立手册的，在金关二期加工贸易管理系统中建立12位编号的手册底账，手册编号的规则如下：

第1位是“B”或“C”，表示手册类型分别为来料加工手册或进料加工手册。

第2～5位为主管海关关区代码。

第6、7位为年份，如2020年即为“20”。

第8位为手册性质代码“A”。

第9～12位为顺序号，从0001开始计数。

根据海关总署2016年第56号公告的要求，企业应按照合同有效期申报手册有效期，原则上不得超过1年。开展飞机、船舶等大型装备制造的加工贸易企业，经主管海关确认，可参照合同实际有效期确定手册有效期。

加工贸易企业有下列情形之一的，不得办理手册设立手续：

（1）进口料件或者出口成品属于国家禁止进出口的。

（2）加工产品属于国家禁止在我国境内加工生产的。

（3）进口料件不宜实行保税监管的。

（4）经营企业或者加工企业属于国家规定不允许开展加工贸易的。

（5）经营企业未在规定期限内向海关报核已到期的加工贸易手册，又重新申报设立手册的。

5. 单耗管理

单耗是加工贸易监管的重心，单耗管理的目的就是确保加工贸易企业将保税进口的料件真实合理地用在出口成品上。尽管以企业为单元的监管模式允许企业采用单耗、耗料清单和工单三种核算方式来计算所耗用的保税进口料件，但是单耗核算仍然是加工贸易手册最基本的核算方式。加工贸易单耗管理的法律依据是《中华人民共和国海关加工贸易单耗管理办法》，它对加工贸易企业如何申报单耗、海关如何审核单耗进行了明确规定。

对于不同类型的加工贸易企业、不同种类的加工贸易商品，单耗的计算和申报方式不一样，大致可以分为以下四类：

（1）排版类。如进口布料生产成衣、进口铜箔进行裁切等，需要根据排版图、裁剪图等计算所耗用的保税料件。

（2）称重类。如进口塑料粒子生产注塑件、进口不锈钢板材生产冲压件等，需要通过实际称重确定净耗、工艺损耗，进而计算出单耗。

（3）装配类。如进口电子元器件生产手机、进口零配件组装机器等，需要根据BOM、组装图等确定所耗用的保税料件。

（4）化工类。如进口石油炼化各种石油衍生品等，需要根据化学反应式等计算料件和成品以及副产品的投入产出关系。

6. 加工贸易担保

加工贸易担保是海关事务担保的一种。根据海关总署2018年第18号公告规定，由于国务院取消了加工贸易银行保证金台账制度，保证金台账“实转”管理事项转为海关事务担保事项。即现行的加工贸易担保制度涵盖了原先加工贸易“实转”保证金与风险担保金两部分内容。在手册设立环节，加工贸易企业必须提供担保的情况包括以下两种：

（1）涉嫌走私，已经被海关立案侦查，案件尚未审结的。

（2）由于管理混乱被海关要求整改，在整改期内的。

此外，根据企业分类、商品分类及其他具体情形，企业也有可能在手册设立环节被要求提供相应的担保。

加工贸易手册通过审批后，金关二期加工贸易管理系统会根据参数，对须征收担保的自动生成征收担保指令，生成担保征收单。企业可在“单一窗口”企业端加工贸易担保系统模块进行征收单查询，对被担保单位、企业信息、缴款单位、缴款账号等具体的征收单信息进行修改、补充录入，并缴纳相应的保证金或提供保函，待海关在金关二期加工贸易管理系统内确认完毕才可正常使用手册。

7. 手册变更

加工贸易手册变更是指企业由于自身管理和经营生产的需要，向海关申请对已备案手册的表头、料件表、成品表或单耗表中的内容进行新增、修改或者删除，海关予以审核的过程。

企业申请变更加工贸易手册，经海关审核，对需要征收担保的，通过金关二期加工贸易管理系统产生担保征收单，并发送至企业端，企业缴纳完毕并经海关确认后，系统才能通过企业的手册变更申请。

需要注意的是，加工贸易手册延期也是变更的一种。经主管海关确认，加工贸易手册可予以延期，最长不超过 2 年。

（二）进出口报关

1. 进出口申报

（1）进口加工贸易货物。加工贸易企业可以通过以下几种方式进口加工贸易货物：从境外直接进口；从保税区、出口加工区、保税港区，综合保税区、保税物流园区等海关特殊监管区域进口；从保税仓库、保税物流中心等保税监管场所进口；通过深加工结转方式购买另一加工贸易企业生产的成品（或半成品）。

保税加工货物流向

（2）出口加工贸易货物。加工贸易企业可以通过以下几种方式出口加工贸易货物：直接将货物出口至境外；将货物出口至保税区、出口加工区、保税港区、综合保税区、保税物流园区等海关特殊监管区域；将货物出口至出口监管仓库、保税物流中心等保税监管场所；通过深加工结转方式销售给另一加工贸易企业。

2. 保税核注清单

保税核注清单是金关二期保税底账核注的专用单证，属于办理加工贸易及保税监管业务的相关单证。在金关二期加工贸易管理系统中，企业申报进出口时，必须录入并申报相应的保税核注清单。

保税核注清单启用后，加工贸易企业的进出口流程有以下变化：

（1）加工贸易企业在办理货物进出境、进出海关特殊监管区域、保税监管场所，以及开展加工贸易企业间保税货物流转业务的（如深加工结转），相关企业应按照系统设定的格式和填制要求向海关报送保税核注清单数据信息，再根据实际业务需要办理报关手续。

（2）为简化保税货物报关手续，企业办理加工贸易货物余料结转、加工贸易货物销毁（处置后未获得收入）、加工贸易不作价设备结转手续的，可不再办理报关单申报手续。

（3）企业报送保税核注清单后需要办理报关单申报手续的，报关单申报数据由保税核注清单数据归并生成。

3. 深加工结转

深加工结转

深加工结转是指加工贸易企业将保税进口料件加工的产品转至另一加工贸易企业进一步加工后复出口的经营活动。

根据海关总署 2019 年第 218 号公告，海关大幅简化了加工贸易企业对深加工结转业务的申报手续。即海关对加工贸易深加工结转业务不再进行事前审核，企业真正实现深加工结转一次申报、收发货记录自行留存备查。具体来说，就是企业通过金关二期加工贸易管理系统办理深加工结转业务时，不再向海关申报深加工结转申报表和收发货记录，只需在规定的时间内直接向海关申报保税核注清单及报关单，办理结转手续。

4. 外发加工

外发加工是指经营企业委托承揽者对加工贸易货物进行加工，在规定期限内将加工后的产品最终复出口的行为。承揽者可以是企业，也可以是个人。

外发加工与深加工结转的区别在于：

（1）外发加工主体只有加工贸易经营企业一家企业，所外发的加工贸易货物物权始终属于加工贸易经营企业；深加工结转主体则是处于产业链上下游的两家加工贸易企业，所结转的加工贸易货物物权发生了变化。

（2）外发加工不需要向海关申报保税核注清单及报关单；而深加工结转需要。

根据海关总署2019年第218号公告，海关大幅简化了加工贸易企业对外发加工业务的申报手续。具体来说，就是企业通过金关二期加工贸易管理系统办理外加工业务时，只需在规定的时间内向海关申报外发加工申报表，不再向海关申报外发加工收发货登记，实现企业外发加工一次申报、收发货记录自行留存备查。

企业应如实填写并向海关申报外发加工申报表，对于需要全工序外发的，应在申报表中勾选“全工序外发”项，并按规定提供担保后才可以开展外发加工业务。

5. 内销征税

加工贸易保税货物内销简称“内销”，是指加工贸易企业因故不能按规定加工复出口，而需将全部或者部分保税料件、制成品在境内销售，或者转用于生产内销产品的行为。内销的范围包括但不限于保税料件和制成品，还包括将加工贸易项下产生的半成品、边角料、残次品、副产品及受灾保税货物等转为境内销售的行为。

企业申请内销加工贸易货物，除了根据内销货物种类分别按照原进口料件或者报验状态依法征税以外，还须缴纳缓税利息；属于国家对进口有限制性规定的，还应当向海关提交进口许可证件；同时需要根据《中华人民共和国海关审定进出口货物完税价格办法》接受海关对内销货物价格的审查确定。

根据海关总署2019年第218号公告，海关优化了加工贸易货物内销征税手续，企业通过金关二期加工贸易管理系统办理加工贸易货物内销业务时，直接通过保税核注清单生成内销征税报关单，并办理内销征税手续，不再向海关申报内销征税联系单。

同时，海关总署2019年第218号公告还统一了特殊监管区域外加工贸易企业集中办理内销征税手续的申报时限：符合集中办理内销征税手续条件的加工贸易企业，应于每月15日前对上月内销情况进行保税核注清单及报关单的集中申报，但集中申报不得超过加工贸易手册有效期或核销截止日期，且不得跨年申报。

6. 余料结转

余料结转是指加工贸易企业申请将剩余料件结转到另一个加工贸易合同中使用，限同一经营单位、同样进口料件和同一加工贸易方式。

根据海关总署2019年第218号公告，海关简化了加工贸易企业余料结转业务申报手续。海关对加工贸易余料结转业务不再进行事前审核，即企业通过金关二期加工贸易管理系统办理加工贸易余料结转业务时，不再向海关申报余料结转申报表，企业应在规定的时间内向海关申报保税核注清单办理余料结转手续，实现企业余料结转一次申报。

同时，海关总署2019年第218号公告还取消了企业办理余料结转手续须征收担保的相关规定：对同一经营企业申报将剩余料件结转到另一加工企业的、剩余料件转出金额达到该加工贸易合同项下实际进口料件总额50%及以上的、剩余料件所属加工贸易合同办理两次及两次以上延期手续的等情形，企业不再需要提供担保。

（三）手册核销

加工贸易手册核销是指加工贸易经营企业加工复出口或者办理内销等海关手续后，凭规定单证向海关报核，海关按照规定进行核查以后办理解除监管手续的行为。具体来说，就是企业根据加工贸易货物进、销、存、转等情况，将加工贸易手册有效期限内的料件进口、成品出口、生产加工、货物库存、深加工结转、内销征税，以及边角料、残次品、副产品、剩余料件等的处理情况向海关申报，海关予以审核、核销、结案的过程。

企业应自加工贸易手册项下最后一批成品出口或者加工贸易手册到期之日起30日内向海关报核。经营企业对外签订的合同提前终止的，应当自合同终止之日起30日内向海关报核。经营企业单证齐全、正确、有效，数据规范完整的，海关自受理报核之日起30日内予以核销，完成核销结案手续。特殊情况需要延长的，经直属海关关长或者其授权的隶属海关关长批准可以延长30日。

三、加工贸易账册监管模式下的报关程序

加工贸易账册管理，是海关以企业为管理单元并实施计算机联网，企业通过数据交换平台或其他计算机网络方式向海关报送能满足海关监管要求的物流、生产经营等数据，海关对数据进行核对、核算，并结合实物进行核查的一种监管模式。

（一）账册设立

1. 联网监管企业应当具备的条件

（1）具有加工贸易经营资格，即对外贸易经营者备案登记表或者外商投资企业批准证书、台港澳侨投资企业批准证书的经营范围包括开展加工贸易或来料加工、进料加工等业务。

（2）在海关注册，并已在主管海关加工贸易监管部门备案。

（3）属于生产型企业，具有加工生产加工贸易货物的设备、厂房、工人等基本条件。

具备上述基本条件的企业向海关申请实施联网监管的，应先填制“加工贸易联网监管企业申请表”，提交主管海关加工贸易监管部门。

2. 账册设立手续

联网监管企业申请设立加工贸易账册，首先需要通过“单一窗口”或“互联网＋海关”一体化网上办事平台登录金关二期加工贸易管理系统的加工贸易账册子系统。该系统中的加工贸易账册设立包括企业资质申请备案和加工贸易账册备案两部分，其中企业资质申请备案相当于H2010系统中的经营范围账册的备案，加工贸易账册备案相当于H2010系统中的便捷通关账册的备案。

（1）企业资质申请备案。联网监管企业需登录商务部“加工贸易企业经营状况及生产能力信息系统”，自主填报信息表，并对信息真实性做出承诺。信息表有效期为自填报（更新）之日起1年，到期后或相关信息发生变化，企业应及时更新信息表。联网监管企业根据信息表的相关内容，录入包括经营单位名称及代码、加工单位名称及代码、加工生产能力、保税加工进出口料件和成品范围（商品编码前4位）等在内的企业资质申请表头和表体内容。

金关二期加工贸易管理系统海关端接到企业通过网络传送的资质申请数据后，经审核通过的，将产生12位的档案库号码，其中第1、2位为标记代码“IE”，第3～6位为关区代码，第7～8位为年份，第9～12位为顺序号。

（2）加工贸易账册备案。企业资质申请经海关审核通过后，才可进行加工贸易账册备案。企业通过金关二期加工贸易管理系统加工贸易账册子系统中的“加工贸易账册”模块录入加工贸易账册设立数据。企业向海关发送数据后，应通知主管海关加工贸易部门予以审核。

企业向海关申报加工贸易账册设立数据并经过海关审核通过后，由海关确定账册的最大周转金额和核销周期，金关二期加工贸易管理系统会产生12位加工贸易账册号码，其中第1位为标记代码“E”，第2～5位为关区代码，第6～7位为年份，第8位为账册类型代码，第9～12位为顺序号。

3. 账册变更

加工贸易账册变更包括企业资质申请变更和加工贸易账册变更两部分。企业通过金关二期加工贸易管理系统加工贸易账册子系统的数据查询模块，可以直接选择要变更的记录，并对拟变更数据进行相应的操作。企业资质申请变更、加工贸易账册变更的基本录入规范与备案录入基本一致。

办理加工贸易账册变更手续时，根据情况需要上传的单证包括但不限于：

（1）申请变更商品编码、商品品名、规格型号、核销周期等项目的，应说明变更的具体原因。

（2）新增商品涉及铜精矿、生皮、卫星电视接收设施、成品油、易制毒化学品等根据有关规定设定了企业资质或数量等限制条件的商品，需提供商务部为企业出具的涉及禁止或限制开展加工贸易商品的核准文件。

（3）新增进口保税消耗性物料的，需提供经主管海关签章确认的加工贸易项下进口消耗性物料申报表。

（4）商品编码涉及禁止类、出口应税商品等加工贸易政策要求的，需提供说明材料。

（5）变更成品商品编码涉及单耗标准的企业，需上传是否适用单耗标准或者是否超单耗标准的说明，包括计量单位的换算过程、料件和成品的规格型号、归并情况等，仅数量增减除外。

4. 保税货物库存盘点

加工贸易账册项下的保税货物库存盘点是指企业在加工贸易账册核销周期到期时，由企业、海关或所委托的中介机构对保税货物进行盘点，并确认盘点结果的过程。

主要业务办理流程：确定核销截止日期及盘核方式——企业（海关、中介）实施盘点——确认“联网监管企业保税货物库存盘点清册”（以下简称盘点清册）——海关予以审核。

企业在加工贸易账册核销周期到期前，由主管海关确定加工贸易账册核销截止日期，企业根据海关确定的截止日期进行数据准备和盘点工作。主管海关可根据企业实际情况，确定对企业的盘核方式，具体可分为企业自盘、海关盘核、中介盘核三种方式。

对海关确定实施企业自盘或海关盘核方式的，企业应在加工贸易账册核销截止日期前的规定时限内，将盘点工作计划报送主管海关，包括盘点日期、盘点数据截止日期、盘点货物内容等，并于核销截止日期当天开展盘点，具体时限应依据各主管海关规定。对海关确定实施中介盘核的，按海关总署和主管海关的有关规定和要求处理。盘点结束后，企业应向主管海关报送盘点清册，内容包括原材料库存、成品折料库存、半成品折料库存、在线料件数量等。

（二）进出口报关

加工贸易账册的单耗管理和使用加工贸易账册进行进出口申报的流程与加工贸易手册基本相同，这里不再赘述。

（三）账册核销

加工贸易账册核销是指企业根据保税货物进、销、转、存等情况，将加工贸易账册核销周期内的料件进口、成品出口、生产加工、货物库存、深加工结转等情况向海关申报，海关予以审核、核销的过程。

联网企业必须在海关确定的加工贸易账册核销期结束之日起规定时限内完成报核手续。

金关二期加工贸易管理系统取消了预报核，因此加工贸易账册的报核时限要求与加工贸易手册一致，应在核销周期到期之日起30日内完成，最长不得超过60日。企业通过金关二期加工贸易管理系统加工贸易账册子系统中的“加工贸易账册报核”模块直接申报报核数据。

四、加工贸易不作价设备的报关程序

（一）不作价设备概述

加工贸易不作价设备是指与加工贸易经营企业开展加工贸易的外商，免费（无须经营单位付汇进口，也无须用加工费或差价偿还）向经营企业提供的加工生产所需设备。

不作价设备是减免税设备的有益补充，也是加工贸易企业降低运营成本的有效手段之一。不作价设备是加工贸易业务中出现较早的分支之一，主要管理依据是《国务院关于调整进口设备税收政策的通知》。因此在2009年，作为增值税转型改革的配套项目，不作价设备和减免税设备都列入了调整范围。除我国《禁止进口货物目录》和《外商投资项目不予免税的进口商品目录》所列商品外，均可向海关申请办理保税进口。

（二）不作价设备主要政策规定

（1）不作价设备应由外商免费、无偿提供使用，无须经营单位付汇进口，也无须用加工费或差价偿还。

（2）加工贸易企业应设有独立专门从事加工贸易（即不从事内销产品加工生产）的工厂或车间，并且不作价设备仅限在该工厂或车间使用。

（3）对未设有独立专门从事加工贸易的工厂或车间、以现有加工生产能力为基础开展加工贸易的项目，使用不作价设备的加工生产企业，在加工贸易合同（协议）期限内，其每年加工产品必须是70%以上属出口产品。

（4）加工贸易企业进口的加工贸易不作价设备可以在享受同等税收待遇的不同企业之间结转。

（5）加工贸易不作价设备自进口之日起至退运出口或按海关规定解除监管之日止，属于海关监管货物，海关监管期限为5年。在海关监管期限内，不作价设备不得擅自在境内销售、串换、转让、抵押或移作他用。

（三）不作价设备手册设立

金关二期加工贸易管理系统上线之后，企业办理不作价设备手册设立、结转、解除监管及年审等各项手续，根据规范申报要求上传随附单证进行在线申报即可。

（四）不作价设备解除监管

根据海关总署2019年第218号公告，海关简化了不作价设备解除监管的流程。

对于监管期限已满的不作价设备，企业不再向海关提交书面申请等纸质单证，通过申报监管方式为“BBBB”的设备解除监管专用保税核注清单，向主管海关办理设备解除监管手续。保税核注清单审核通过后，企业如有需要，可自行打印解除监管证明。

不作价设备监管期限未满，企业申请提前解除监管的，由企业根据现有规定办理复运出境或内销手续。

单元四　保税物流货物报关程序

一、保税物流货物概述

（一）保税物流货物的含义

保税物流货物是指经海关批准未办理纳税手续进境，在境内进行分拨、配送或储存后后复运出境的货物，也称作保税仓储货物。

已办结海关出口手续尚未离境，经海关批准存放在海关保税监管场所或特殊监管区域的货物，带有保税物流货物的性质。

（二）保税物流货物的特征

保税物流货物具有以下特征：

（1）进境时暂缓缴纳进口关税及进口环节海关代征税，复运出境免税，内销应当缴纳进口关税和进口环节海关代征税，不征收缓税利息。

（2）进出境时除国家另有规定外免于交验进出口许可证件。

（3）进境海关现场放行不是结关，进境后必须进入海关保税监管场所或特殊监管区域，运离这些场所或区域必须办理结关手续。

（三）保税物流货物的范围

保税物流货物包括：

（1）进境经海关批准进入海关保税监管场所或特殊监管区域，保税储存后转口境外的货物。

（2）已经办理出口报关手续尚未离境，经海关批准进入海关保税监管场所或特殊监管区域储存的货物。

（3）经海关批准进入海关保税监管场所或特殊监管区域保税储存的加工贸易货物，供应国际航行船舶和航空器的油料、物料和维修用零部件，供维修外国产品所进口寄售的零配件，外商进境暂存货物。

（4）经海关批准进入海关保税监管场所或特殊监管区域保税的其他未办结海关手续的进境货物。

（四）保税物流货物的管理

海关对保税物流货物的监管模式有两大类：一类是非物理围网的监管模式，包括保税仓库、出口监管仓库；另一类是物理围网的监管模式，包括保税物流中心、保税物流园区、保税区、保税港区、综合保税区。对各种监管形式的保税物流货物的管理，主要可以归纳为以下五点：

1. 设立审批

保税物流货物必须存放在经过法定程序审批设立的保税监管场所或者特殊监管区域。保税仓库、出口监管仓库、保税物流中心要经过海关审批，并核发批准证书，凭批准证书设立及存放保税物流货物；保税物流园区、保税区、保税港区、综合保税区要经过国务院审批，凭国务院同意设立的批复设立，并经海关等部门验收合格才能进行保税物流货物的运作。

未经法定程序审批同意设立的任何场所或者区域都不得存放保税物流货物。

2. 准入保税

保税物流货物通过准予进入保税监管场所或特殊监管区域来实现保税。海关对于保税物流货物的监管通过对保税监管场所和特殊监管区域的监管来实现，海关应当依法监管这些场所或者区域，按批准存放范围准予货物进入这些场所或者区域，不符合规定存放范围的货物不准进入。

3. 纳税暂缓

凡是进境运入保税物流监管场所或特殊监管区域的保税物流货物在进境时都可以暂不办理进口纳税手续，等到运离海关保税监管场所或特殊监管区域时才办理纳税手续，或者征税，或者免税。在这一点上，保税物流监管制度与保税加工监管制度是一致的，但是保税物流货物在运离海关保税监管场所或特殊监管区域征税时不需同时征收缓税利息，而保税加工货物（特殊监管区域内的加工贸易货物和边角料除外）内销征税时要征收缓税利息。

4. 监管延伸

（1）监管地点延伸。进境货物从进境地海关监管现场，已办结海关出口手续尚未离境的货物从出口申报地海关现场，分别延伸到保税监管场所或者特殊监管区域。

（2）监管时间延伸。

1）保税仓库存放保税物流货物的时间是 1 年，可以申请延长，最长可延长 1 年；特殊情况下，延期后货物存储期超过 2 年的，由直属海关审批。

2）出口监管仓库存放保税物流货物的时间是 6 个月，可以申请延长，最长可延长 6 个月。

3）保税物流中心存放保税物流货物的时间是 2 年，可以申请延长，最长可延长 1 年。

4）保税物流园区、保税区、保税港区、综合保税区存放保税物流货物的时间没有限制。

5. 运离结关

除暂准运离（维修、测试、展览等）需要继续监管以外，每一批货物运离保税监管场所或者特殊监管区域，都必须根据货物的实际流向办结海关手续。

各种监管形式下的保税物流货物的某些管理要点比较可见表 1–2。

表 1–2　管理要点

<table>
<tr><th>监管场所区域名称</th><th>存货范围</th><th>储存期限</th><th>服务功能</th><th>审批权限</th><th>入区退税</th></tr>
<tr><td>保税仓库</td><td>进口</td><td>1 年 +1 年</td><td>储存</td><td rowspan="2">直属海关</td><td>否</td></tr>
<tr><td>出口监管仓库</td><td>出口</td><td>半年 + 半年</td><td>储存 / 出口配送 / 国内结转</td><td>否</td></tr>
<tr><td>保税物流中心</td><td>进出口</td><td>1 年 +1 年</td><td>储存 / 全球采购配送 / 国内结转 / 转口 / 中转</td><td>海关总署</td><td>是</td></tr>
<tr><td>保税物流园区</td><td rowspan="3">进出口</td><td rowspan="3">无期限</td><td>储存 / 贸易 / 全球采购配送 / 中转 / 展示</td><td rowspan="3">国务院</td><td>是</td></tr>
<tr><td>保税区</td><td>物流园区功能 + 维修 / 加工</td><td>离境退税</td></tr>
<tr><td>保税港区、综合保税区</td><td>保税区功能 + 港口功能</td><td>是</td></tr>
</table>

二、保税仓库进出货物报关程序

（一）保税仓库概述

1. 保税仓库的含义及类型

保税仓库是指经海关批准设立的专门存放保税货物及其他未办结海关手续货物的仓库。我国的保税仓库根据使用对象分为公用型和自用型两种。

（1）公用型保税仓库。公用型保税仓库由主营仓储业务的我国境内独立企业法人经营，专门向社会提供保税仓储服务。

（2）自用型保税仓库。自用型保税仓库由特定的我国境内独立企业法人经营，仅存储供本企业自用的保税货物。

据所存货物的特定用途，公用型保税仓库和自用型保税仓库下面还衍生出一种专用型保税仓库，即专门用来存储具有特定用途或特殊种类商品的保税仓库，包括液体危险品保税仓库、备料保税仓库、寄售维修保税仓库和其他专用保税仓库。其中，液体危险品保税仓库是指符合国家关于危险化学品存储规定的，专门提供石油、成品油或者其他散装液体危险化学品保税仓储服务的保税仓库。

2. 保税仓库的功能

保税仓库的功能就是仓储，而且只能存放进境货物。经海关批准可以存入保税仓库的进境货物有下列几种：

（1）加工贸易进口货物。

（2）转口货物。

（3）供应国际航行船舶和航空器的油料、物料和维修用零部件。

（4）供维修外国产品所进口寄售的零配件。

（5）外商进境暂存货物。

（6）未办结海关手续的一般贸易进口货物。

（7）经海关批准的其他未办结海关手续的进境货物。

保税仓库不得存放国家禁止进境货物，不得存放未经批准的影响公共安全、公共卫生或健康、公共道德或秩序的国家限制进境货物以及其他不得存入保税仓库的货物。

3. 保税仓库的管理

（1）保税仓库所存货物的储存期限为1年。需要延长储存期限，应向主管海关申请延期，经海关批准可以延长，无特殊情形，延长的期限最长不超过1年。特殊情况下，延期后货物存储期超过2年的，由直属海关审批。

保税仓库货物超出规定的存储期限未申请延期或海关不批准延期申请的，经营企业应当办理超期货物的退运、纳税、放弃、销毁等手续。

（2）保税仓库所存货物，是海关监管货物，未经海关批准并按规定办理有关手续，任何人不得出售、转让、抵押、质押、留置、移作他用或者进行其他处置。

（3）货物在仓库储存期间发生损毁或者灭失，除不可抗力原因外，保税仓库应当依法向海关缴纳损毁、灭失货物的税款，并承担相应的法律责任。

（4）保税仓库货物可以进行分级分类、分拆分拣、分装、计量、组合包装、打膜、加刷或刷贴运输标志、改换包装、拼装等辅助性简单作业。在保税仓库内从事上述作业必须事先向主管海关提出书面申请，经主管海关批准后方可进行。

（5）保税仓库经营企业应于每月前5个工作日内，向海关提交月报关单报表、库存总额报表及其他海关认为必要的月报单证，将上月仓库货物入、出、转、存、退等情况以计算机数据和书面形式报送仓库主管海关。

（二）保税仓库进出货物报关

1. 进仓报关

保税仓库货物进境入仓，经营企业应当在仓库主管海关办理报关手续，经主管海关批准，也可以直接在进境口岸海关办理报关手续。保税仓库货物进境入仓，除国家另有规定外，免领进口许可证件。

如果仓库主管海关与进境口岸海关不是同一直属海关，经营企业可以按照“提前报关转关”的方式，先到仓库主管海关申报，再到口岸海关办理转关手续，货物运到仓库，由主管海关验放入仓；或者按照“直接转关”的方式，先到口岸海关转关，货物运到仓库，向主管海关申报，验放入仓。

如果仓库主管海关与进境口岸海关是同一直属海关，经直属海关批准，可不按照转关运输方式办理，由经营企业直接在口岸海关办理报关手续，口岸海关放行后，企业自行提取货物入仓。

2. 出仓报关

保税仓库货物出仓可能出现进口报关和出口报关两种情况，可以逐一报关，也可以集中报关。

（1）出口报关。保税仓库出仓复运出境货物，应当按照转关运输方式办理出仓手续。仓库主管海关和口岸海关是同一直属海关的，经直属海关批准，可以不按照转关运输方式，由企业自行提取货物出仓到口岸海关办理出口报关手续。

（2）进口报关。保税仓库货物出仓运往境内其他地方转为正式进口的，必须经主管海关保税监管部门审核同意。货物收货人或其代理人按实际进口监管方式填制进口报关单，由保税仓库经营企业填制“L 账册”核注清单核扣账册数据，核注清单与进口报关单的货名、数量、商品编码、计量单位、规格型号、价格等必须一致。

进口手续可分为：

1）保税仓库货物出仓用于加工贸易的，由加工贸易企业或其代理人按保税加工货物的报关程序办理进口报关手续。

2）保税仓库货物出仓用于可以享受特定减免税的特定地区、特定企业和特定用途的，由享受特定减免税的企业或其代理人按特定减免税货物的报关程序办理进口报关手续。

3）保税仓库货物出仓进入国内市场或使用于境内其他方面，包括保修期外维修，按一般进口货物的报关程序办理进口报关手续。

4）保税仓库内的寄售维修零配件申请以保修期内免税出仓的，由保税仓库经营企业办理进口报关手续，填制进口货物报关单，贸易方式栏填“无代价抵偿货物”（代码 3100），并确认免税出仓的维修件在保修期内且不超过原设备进口之日起 3 年，维修件由外商免费提供，更换下的零部件合法处理。

（3）集中报关。保税货物出仓批量少、批次频繁的，经海关批准可以办理定期集中报关手续。集中报关出仓的，保税仓库经营企业应当向主管海关提出书面申请，写明集中报关的商品名称、发货流向、发货频率、合理理由。

集中报关由主管海关的分管关长审批，并按以下要求办理手续：

1）仓库主管海关可以根据企业资信状况和风险度收取保证金。

2）集中报关的时间根据出货的频率和数量、价值合理设定。

3）为保证海关有效监管，企业当月出仓的货物最迟应在次月前 5 个工作日内办理报关手续，并且不得跨年度申报。

3. 流转报关

保税仓库与海关特殊监管区域或其他海关保税监管场所往来流转的货物，按转关运输的有关规定办理相关手续。

保税仓库和特殊监管区域或其他海关保税监管场所在同一直属关区内的，经直属海关批准，可不按转关运输方式办理。

保税仓库货物转往其他保税仓库的，应当各自在仓库主管海关报关，报关时应先办理进口报关，再办理出口报关。

三、出口监管仓库进出货物报关程序

（一）出口监管仓库概述

1. 出口监管仓库的含义

出口监管仓库是指经海关批准设立，对已办结海关出口手续的货物进行存储、保税货物配送，提供流通性增值服务的海关专用监管仓库。

出口监管仓库分为出口配送型仓库和国内结转型仓库。出口配送型仓库是指存储以实际离境为目的的出口货物的仓库；国内结转型仓库是指存储用于国内结转的出口货物的仓库。

2. 出口监管仓库的功能

出口监管仓库的功能也只有仓储，主要用于存放出口货物。经海关批准可以存入出口监管仓库的货物有以下几种：

（1）一般贸易出口货物。

（2）加工贸易出口货物。

（3）从其他海关特殊监管区域、场所转入的出口货物。

（4）其他已办结海关出口手续的货物。

出口配送型仓库还可以存放为拼装出口货物而进口的货物。

出口监管仓库不得存放下列货物：

（1）国家禁止进出境货物。

（2）未经批准的国家限制进出境货物。

（3）海关规定不得存放的货物。

3. 出口监管仓库的管理

（1）出口监管仓库必须专库专用，不得转租、转借给他人经营，不得下设分库。

（2）出口监管仓库经营企业应当如实填写有关单证、仓库账册，真实记录并全面反映其业务活动和财务状况，编制仓库月度进、出、转、存情况表和年度财务会计报告，并定期报送主管海关。

（3）出口监管仓库所存货物的储存期限为 6 个月。如因特殊情况需要延长储存期限，应在到期之前 10 日内向主管海关申请延期，经海关批准可以延长，延长的期限最长不超过 6 个月。

货物存储期满前，仓库经营企业应当通知发货人或其代理人办理货物的出境或者进口手续。

（4）出口监管仓库所存货物，是海关监管货物，未经海关批准并按规定办理有关手续，任何人不得出售、转让、抵押、质押、留置、移作他用或者进行其他处置。

（5）货物在仓库储存期间发生损毁或者灭失，除不可抗力原因外，出口监管仓库应当依法向海关缴纳损毁、灭失货物的税款，并承担相应的法律责任。

（6）经主管海关同意，可以在出口监管仓库内进行品质检验、分级分类、分拣分装、印刷运输标志、改换包装等流通性增值服务。

4. 出口监管仓库的分类

出口监管仓库分为出口配送型仓库和国内结转型仓库。

出口配送型仓库是指仓库是存储以实际离境为目的的出口货物的仓库；国内结转型仓库是指用于结转的出口货物的仓库。

（二）出口监管仓库进出货物报关

出口监管仓库货物报关，大体可以分为进仓报关、出仓报关、结转报关和更换报关。

1. 进仓报关

出口货物存入出口监管仓库时，发货人或其代理人应当向主管海关办理出口报关手续，填制出口货物报关单。按照国家规定应当提交出口许可证件和缴纳出口关税的，发货人或其代理人必须提交许可证件和缴纳出口关税。

发货人或其代理人按照海关规定提交报关必需单证和仓库经营企业填制的“出库监管仓库货物入仓清单”。

对经批准享受入仓即退税政策的出口监管仓库，海关在货物入仓办结出口报关手续后予以签发出口货物报关单退税证明联；对不享受入仓即退税政策的出口监管仓库，海关在货物实际离境后签发出口货物报关单退税证明联。

经主管海关批准，对批量少、批次频繁的入仓货物，可以办理集中报关手续。

2. 出仓报关

出口监管仓库货物出仓会有出口报关和进口报关两种情况。

（1）出口报关。出口监管仓库货物出仓出境时，仓库经营企业或其代理人应当向主管海关申报。仓库经营企业或其代理人按照海关规定提交报关必需的单证，并提交仓库经营企业填制的“出口监管仓库货物出仓清单”。

出仓货物出境口岸不在仓库主管海关的，经海关批准，可以在口岸所在地海关办理相关手续，也可以在主管海关办理相关手续。

入仓没有签发出口货物报关单退税证明联的，出仓离境海关按规定签发出口货物报关单退税证明联。

（2）进口报关。出口监管仓库货物转进口的，应当经海关批准，按照进口货物的有关规定办理相关手续：

1）用于加工贸易的，由加工贸易企业或其代理人按保税加工货物的报关程序办理进口报关手续。

2）用于可以享受特定减免税的特定地区、特定企业和特定用途的，由享受特定减免税的企业或其代理人按特定减免税货物的报关程序办理进口报关手续。

3）进入国内市场或用于境内其他方面，由收货人或代理人按进口货物的报关程序办理进口报关手续。

3. 结转报关

经转入、转出方所在地主管海关批准，并按照转关运输的规定办理相关手续后，出口监管仓库之间，出口监管仓库与保税区、出口加工区、珠海园区、保税物流园区、保税港区、保税物流中心、保税仓库等特殊监管区域、保税监管场所之间可以进行货物流转。

4. 更换报关

对已存入出口监管仓库因质量等原因要求更换的货物，经仓库所在地主管海关批准，可以进行更换。被更换货物出仓前，更换货物应当先行入仓，并应当与原货物的商品编码、品名、规格型号、数量和价值相同。

四、保税物流中心进出货物报关程序

（一）保税物流中心概述

1. 保税物流中心的含义

保税物流中心，是指经海关批准，由中国境内一家企业法人经营、多家企业进入并专门从事保税仓储物流业务的海关集中监管场所。

2. 保税物流中心的功能

保税物流中心的功能是保税仓库和出口监管仓库功能的叠加，既可以存放进口货物，也可以存放出口货物，还可以开展多项增值服务。

（1）存放货物的范围。

保税物流中心可以存放以下货物：

1）国内出口货物。

2）转口货物和国际中转货物。

3）外商暂存货物。

4）加工贸易进出口货物。

5）供应国际航行船舶和航空器的物料、维修用零部件。

6）供维修外国产品所进口寄售的零配件。

7）未办结海关手续的一般贸易进口货物。

8）经海关批准的其他未办结海关手续的货物。

（2）业务范围。

保税物流中心可以开展以下业务：

1）保税存储进出口货物及其他未办结海关手续货物。

2）对所存货物开展流通性简单加工和增值服务。

3）全球采购和国际分拨、配送。

4）转口贸易和国际中转业务。

5）经海关批准的其他国际物流业务。

保税物流中心不得开展以下业务：

1）商业零售。

2）生产和加工制造。

3）维修、翻新和拆解。

4）存储国家禁止进出口货物，以及危害公共安全、公共卫生或者健康、公共道德或者秩序的国家限制进出口货物。

5）存储法律、行政法规明确规定不能享受保税政策的货物。

6）其他与物流中心无关的业务。

3. 保税物流中心的管理

（1）物流中心经营企业应当设立管理机构负责物流中心的日常工作，制定完善的物流中心管理制度，协助海关实施对进出物流中心的货物及中心内企业经营行为的监管。

（2）物流中心经营企业不得在本中心内直接从事保税仓储物流的经营活动。

（3）物流中心内货物保税存储期限为 2 年；确有正当理由的，经主管海关同意可以予以延期，除特殊情况外，延期不得超过 1 年。

（4）企业根据需要经主管海关批准，可以分批进出货物，月度集中报关，但集中报关不得跨年度办理。实行集中申报的进出口货物，应当适用每次货物进出口时海关接受申报之日实施的税率、汇率。

（5）未经海关批准，保税物流中心不得擅自将所存货物抵押、质押、留置、移作他用或者进行其他处置。

物流中心内货物可以在中心内企业之间进行转让、转移，但必须办理相关海关手续。

（6）保税仓储货物在存储期间发生损毁或者灭失的，除不可抗力外，物流中心经营企业应当依法向海关缴纳损毁、灭失货物的税款，并承担相应的法律责任。

（二）保税物流中心进出货物报关

1. 物流中心与境外之间进出货物报关

保税物流中心报关流程

中心内企业填报进出口报关单向保税物流中心主管海关申报，监管方式为“6033”（保税物流中心进出境货物）。同时，企业需在各保税物流中心主管海关开发的业务管理系统中录入相同的数据，并记入该企业的电子底账。

货物在此环节不实行进出口配额、许可证件管理（特殊规定除外），享受进口全额保税政策（企业自用设备按现行规定办理）。

根据需要，海关在此环节签发进口付汇报关单证明联给企业，但不需要企业提供出口收汇核销单。

该环节中货物是实际进出境的，如果保税物流中心主管海关不是口岸海关，则需按进出口转关运输办法办理有关手续或者根据全国通关一体化模式采用跨关区通关的方式申报进出境。

2. 物流中心与境内之间进出货物报关

物流中心内货物运往所在关区外，或者跨越关区提取物流中心内货物，可以在物流中心主管海关办理进出中心的报关手续，也可以按照境内监管货物转关运输的方式办理相关手续。

物流中心与境内之间的进出货物报关按下列规定办理：

（1）出中心。

1）出中心进入关境内的其他地区。物流中心货物出中心进入关境内的其他地区视同进口，按照货物进入境内的实际流向和实际状态填制进口货物报关单，办理进口报关手续；属于许可证件管理的商品，企业还应当向海关出具有效的许可证件。

进口申报手续同保税仓库出库进入境内货物的报关手续一样，具体手续见保税仓库有关内容。

从物流中心进入境内用于在保修期限内免费维修有关外国产品并符合无代价抵偿货物有关规定的零部件或者用于国际航行船舶和航空器的物料或者属于国家规定可以免税的货物，免征进口关税和进口环节海关代征税。

2）出中心运往境外。物流中心货物出中心运往境外填制出口货物报关单，办理出口报关手续，具体手续同保税仓库和出口监管仓库出库运往境外货物的报关手续一样。

（2）进中心。货物从境内进入物流中心视同出口，办理出口报关手续。如需缴纳出口关税的，应当按照规定纳税；属于许可证件管理的商品，还应当向海关出具有效的出口许可证件。

从境内运入物流中心的原进口货物，境内发货人应当向海关办理出口报关手续，经主管海关验放；已经缴纳的关税和进口环节海关代征税，不予退还。

从境内运入物流中心已办结报关手续的货物或者从境内运入中心，供中心企业自用的国产机器设备、装卸设备、管理设备、检测检验设备等以及转关出口货物（起运地海关在已收到物流中心主管海关确认转关货物进入物流中心的转关回执后），海关签发出口货物报关单退税证明联。

从境内运入物流中心的下列货物，海关不签发出口货物报关单退税证明联：

1）供中心企业自用的生活消费品、交通运输工具。

2）供中心企业自用的进口的机器设备、装卸设备、管理设备、检测检验设备等。

3）物流中心之间，物流中心与出口加工区、保税物流园区和已实行国内货物入仓环节出口退税政策的出口监管仓库等海关特殊监管区域或者海关保税监管场所往来的货物。

3. 保税物流中心之间进出货物报关

保税物流中心之间，或保税物流中心与海关特殊监管区域、其他保税监管场所之间往来的货物应向海关申报，转入、转出企业应填制进出口货物报关单或保税核注清单。申报核注清单时，应按以下要求办理：

（1）转入、转出企业应对保税货物流转（设备结转）情况协商一致后报送保税核注清单，其中下列栏目应符合：

1）清单类型填报普通清单。

2）关联清单编号由转出企业填报对应转入企业的进口保税核注清单编号。

3）关联备案编号填写对方手（账）册备案号。

4）设备结转时，监管方式应填设备进出区（代码 5300）。

（2）转入、转出保税核注清单按 10 位商品编码进行汇总比对，商品编码比对一致且法定数量相同的，双方核注清单比对成功；系统比对不成功的，按双方核注清单商品编码前 8 位进行汇总比对，商品编码比对一致且法定数量相同的，转人工比对。商品编码比对不一致或法定数量不同的，对转出保税核注清单予以退单，由转入、转出双方协商，并根据协商结果对保税核注清单进行相应修改或撤销。

流转双方对同一商品的商品编码协商不一致时，应按转入地海关依据商品归类的有关规定认定的商品编码确定。

转入、转出保税核注清单均已审核通过的，企业进行实际收发货，并按相关要求办理卡口核放手续。

五、保税物流园区进出货物报关程序

（一）保税物流园区概述

1. 保税物流园区的含义

保税物流园区是指经国务院批准，在保税区规划面积内或者毗邻保税区的特定港区内设立的、专门发展现代国际物流的海关特殊监管区域。

2. 保税物流园区的功能

保税物流园区的主要功能是保税物流，可以开展以下保税物流业务：

（1）存储进出口货物及其他未办结海关手续的货物。

（2）对所存货物开展流通性简单加工和增值服务，如分级分类、分拆分拣、分装、计量、组合包装、打膜、印刷运输标志、改换包装、拼装等具有商业增值的辅助性服务。

（3）进出口贸易，包括转口贸易。

（4）国际采购、分配和配送。

（5）国际中转。

（6）商品展示。

（7）经海关批准的其他国际物流业务。

3. 保税物流园区的管理

保税物流园区是海关监管的特定区域。园区与境内其他地区之间应当设置符合海关监管要求的卡口、围网隔离设施、视频监控系统及其他海关监管所需的设施。

海关在园区派驻机构，依照有关法律、行政法规，对进出园区的货物、运输工具、个人携带物品以及园区内相关场所实行24小时监管。

（1）禁止事项。

1）除安全人员和相关部门、企业值班人员外，其他人员不得在园区内居住。

2）园区内不得建立工业生产加工场所和商业性消费设施。

3）园区内不得开展商业零售、加工制造、翻新、拆解及其他与园区无关的业务。

4）法律、行政法规禁止进出口的货物、物品不得进出园区。

（2）企业管理。

1）保税物流园区行政机构及其经营主体、在保税物流园区内设立的企业等单位的办公场所应当设置在园区规划面积内、围网外的园区综合办公区内。

2）海关对园区企业实行电子账册监管制度和计算机联网管理制度。

3）园区行政管理机构或者其经营主体应当在海关指导下通过电子口岸建立供海

关、园区企业及其他相关部门进行电子数据交换和信息共享的计算机公共信息平台。

4）园区企业建立符合海关监管要求的电子计算机管理系统，提供海关查阅数据的终端设备，按照海关规定的认证方式和数据标准与海关进行联网。

5）园区企业须依照法律、行政法规的规定，规范财务管理，设置符合海关监管要求的账簿、报表，记录本企业的财务状况和有关进出园区货物、物品的库存、转让、转移、销售、简单加工、使用等情况，如实填写有关单证、账册，凭合法、有效的凭证记账核算。

（二）保税物流园区进出货物报关

1. 保税物流园区与境外之间进出货物报关

海关对园区与境外之间进出货物，除园区自用的免税进口货物、国际中转货物外，实行备案制管理，适用进出境备案清单。

园区与境外之间进出货物应当向园区主管海关申报。园区货物的进出境口岸不在园区主管海关管辖区域的，经主管海关批准，可以在口岸海关办理申报手续。

园区内开展整箱进出、二次拼箱等国际中转业务的，由开展此项业务的企业向海关发送电子舱单数据，园区企业向园区主管海关申请提箱、集运等，提交舱单等单证，办理进出境申报手续。

保税物流园区与境外之间进出货物的报关程序如下：

（1）境外运入园区。境外货物到港后，园区企业及其代理人可以先提交舱单将货物直接运到园区，再提交进境货物备案清单向园区主管海关办理申报手续。除法律、行政法规另有规定的外，境外运入园区的货物不实行许可证件管理。

境外运入园区的下列货物保税：

1）园区企业为开展业务所需的货物及其包装物料。

2）加工贸易进口货物。

3）转口贸易货物。

4）外商暂存货物。

5）供应国际航行船舶和航空器的物料、维修用零部件。

6）进口寄售货物。

7）进境检测、维修货物及其零配件。

8）看样订货的展览品、样品。

9）未办结海关手续的一般贸易货物。

10）经海关批准的其他进境货物。

境外运入园区的下列货物免税：

1）园区的基础设施建设项目所需的设备、物资等。

2）园区企业为开展业务所需机器、装卸设备、仓储设施、管理设备及其维修用消耗品、零配件及工具。

3）园区行政机构及其经营主体、园区企业自用合理数量的办公用品。

境外运入园区的园区行政机构及其经营主体、园区企业自用交通运输工具、生活消费品，按一般进口货物的有关规定和程序办理申报手续。

（2）园区运往境外。从园区运往境外的货物除法律、行政法规另有规定外，免征出口关税，不实行许可证件管理。

进境货物未经流通性简单加工，需原状退运出境的，园区企业可以向园区主管海关申请办理退运手续。

2. 保税物流园区与境内区外之间进出货物报关

园区与区外之间进出的货物，由区内企业或者区外的收发货人或其代理人在园区主管海关办理申报手续。

园区企业在区外从事进出口贸易且货物不实际进出园区的，可以在收发货人所在地的主管海关或者货物实际进出境口岸的海关办理申报手续。

除法律、行政法规规定不得集中申报的货物外，园区企业少批量、多批次进出货物的，经主管海关批准可以办理集中申报手续，并适用每次货物进出口时海关接受该货物申报之日实施的税率、汇率。集中申报的期限不得超过1个月，且不得跨年度办理。

保税物流园区与区外之间进出货物的报关程序如下：

（1）园区货物运往区外。园区货物运往区外视同进口，由园区内企业或者区外收货人或其代理人按照进口货物的有关规定向园区主管海关申报，海关按照货物出园区时的实际监管方式办理相关手续：

1）进入国内市场的，按一般进口货物报关，提供相关的许可证件，照章缴纳进口关税、进口环节的增值税、消费税。

2）用于加工贸易的，按保税加工货物报关，提供加工贸易手册（包括纸质的或电子的），继续保税。

3）用于可以享受特定减免税的特定企业、特定地区或有特定用途的，按特定减免税货物报关，提供“进出口货物征免税证明”和相应的许可证件，免缴进口关税、进口环节的增值税。

园区企业跨关区配送货物或者异地企业跨关区到园区提取货物的，可以在园区主管海关办理申报手续，也可以按照海关规定办理进口转关手续。

供区内行政管理机构及其经营主体和区内企业使用的机器、设备和办公用品等需要运往区外进行检测、维修的，应当向园区主管海关提出申请，经主管海关核准、登记后方可运往区外。

运往区外检测、维修的机器、设备和办公用品等不得留在区外使用，并自运出之日起60日内运回区内。因特殊情况不能如期运回的，园区行政管理机构及其经营主体和园区内企业应当于期满前10日内，以书面形式向园区主管海关申请延期，延长期限不得超过30天。

检测、维修完毕运进园区的机器、设备等应当为原物。有更换新零配件或者附件的，原零配件或者附件应当一并运回园区。

对在区外更换的国产零配件或者附件，如需退税，由区内企业或者区外企业提出申请，园区主管海关按照出口货物的有关规定办理，并签发出口货物报关单退税证明联。

园区企业在区外其他地方举办商品展示活动的，应当比照海关对暂时进境货物的管理规定办理有关手续。

（2）区外货物运入园区。区外货物运入园区视同出口，由区内企业或者区外的发货人或其代理人向园区主管海关申报。属于应当缴纳出口关税的商品，应当照章缴纳；属于许可证件管理的商品，应当同时向海关出具有效的许可证件。

用于办理出口退税的出口货物报关单证明联的签发手续，按照下列规定办理：

1）从区外运入园区，供区内企业开展业务的国产货物及其包装材料，由区内企业或者区外发货人及其代理人填写出口货物报关单，海关按照对出口货物的有关规定办理，签发出口货物报关单退税证明联；货物从异地转关进入园区的，起运地海关在收到园区主管海关确认转关货物已进入园区的电子回执后，签发出口货物报关单退税证明联。

2）从区外运入园区，供区内行政管理机构及其经营主体和区内企业使用的国产基建物资、机器、装卸设备、管理设备等，海关按照对出口货物的有关规定办理，除属于取消出口退税的基建物资外，其他的予以签发出口货物报关单退税证明联。

3）从区外运入园区，供区内行政管理机构及其经营主体和区内企业使用的生活消费品、办公用品、交通运输工具等，海关不予签发出口货物报关单退税证明联。

4）从区外运入园区的原进口货物、包装物料、设备、基建物资等，区外企业应当向海关提供上述货物或者物品的清单，按照出口货物的有关规定办理申报手续，海关不予签发出口货物报关单退税证明联，原已缴纳的关税、进口环节增值税和消费税不予退还。

5）除已经流通性简单加工的货物外，区外运入园区的货物，因质量、规格型号与合同不符等原因，需原状返还出口企业进行更换的，园区企业应当在货物申报进入园区之日起1年内向园区主管海关申请办理退换手续。更换的货物进入园区时，可以免领出口许可证件，免征出口关税，但海关不予签发出口货物报关单退税证明联。

（3）保税物流园区与其他特殊监管区域、保税监管场所之间往来货物。海关对于园区与海关其他特殊监管区域或者保税监管场所之间往来的货物继续实行保税监管，不予签发出口货物报关单退税证明联。但货物从未实行国内货物入区、入仓环节出口退税制度的海关特殊监管区域或者保税监管场所转入园区的，按照货物实际离境的有关规定办理申报手续，由转出地海关签发出口货物报关单退税证明联。

园区与其他特殊监管区域、保税监管场所之间的货物交易、流转，不征收进出口环节和国内流通环节的有关税收。

六、保税区进出货物报关程序

（一）保税区概述

1. 保税区的含义

保税区是指经国务院批准在我国境内设立的由海关进行监管的特定区域。

2. 保税区的功能

保税区具有出口加工、转口贸易、商品展示、仓储运输等功能，也就是说既有保税加工的功能，又有保税物流的功能。

3. 保税区的管理

保税区与境内其他地区之间，设置符合海关监管要求的隔离设施。

从非保税区进入保税区的货物，按照出口货物办理手续。企业在办结海关手续后，可办理结汇、核销、加工贸易核销等手续。出口退税必须在货物实际报关离境后才能办理。

保税区现场查验

保税区内的转口货物可以在区内仓库或者区内其他场所进行分级、挑选、印刷运输标志、改换包装等简单加工。

保税区企业开展加工贸易，除进口易制毒化学品、监控化学品、消耗臭氧层物质要提供进口许可证件，生产激光光盘要主管部门批准外，其他加工贸易料件进口免予交验许可证件。

区内加工企业加工的制成品及其在加工过程中产生的边角余料运往境外时，应当按照国家有关规定向海关办理手续，除法律、行政法规另有规定外，免征出口关税。

区内加工企业将区内加工贸易料件及制成品，在加工过程中产生的副产品、残次品、边角料，运往非保税区时，应当依照国家有关规定向海关办理进口报关手续，并依法纳税，免交缓税利息。

保税区货物流向

（二）保税区进出货物报关

保税区货物报关分进出境报关和进出区报关。

1. 进出境报关

进出境报关采用报关制和备案制相结合的运行机制。保税区进出境货物，属自用的，采取报关制，填写进出口货物报关单；属非自用的，包括加工出口、转口、仓储和展示，采取备案制，填写进出境货物备案清单。也就是说，保税区内企业的加工贸易料件、转口贸易货物、仓储货物进出境，由收货人或其代理人填写进出境货物备案清单向海关报关；对保税区内企业进口自用合理数量的机器设备、管理设备、办公用品及工作人员所需自用合理数量的应税物品以及货样，由收货人或其代理人填写进口货物报关单向海关报关。

保税区与境外之间进出货物，除易制毒化学品、监控化学品、消耗臭氧层物质等国家规定的特殊货物外，不实行进出口许可证件管理，免予交验许可证件。

为保税加工、保税仓储、转口贸易、展示而从境外进入保税区的货物可以保税。从境外进入保税区的以下货物可以免税：

（1）区内生产性的基础设施建设项目所需的机器、设备和其他基建物资。

（2）区内企业自用的生产、管理设备和自用合理数量的办公用品及其所需的维修零配件，生产用燃料，建设生产厂房、仓储设施所需的物资、设备，交通车辆和生活用品除外。

（3）保税区行政管理机构自用合理数量的管理设备和办公用品及其所需的维修零配件。

免税进入保税区的进口货物，海关按照特定减免税货物进行监管。

2. 进出区报关

进出区报关要根据不同的情况按不同的报关程序报关。

（1）保税区与境外之间进出的货物：

1）海关对保税区与境外之间进出的货物实施简便、有效的监管。

2）海关对保税区与境外之间进出的货物实行备案制管理，由货物的收货人、发货人或其代理人向海关备案。

3）对保税区与境外之间进出的货物，除实行出口被动配额管理的外，不实行进出口配额、许可证管理。

4）企业按照保税区相关规定填制相应单证，相关监管方式有：

①保税区进出境仓储、转口货物填报“保税区仓储转口”（代码 1234）。

②保税区进出境加工贸易货物根据性质填报区外加工贸易货物相应的监管方式。

③保税区进出境减免税货物根据性质填报区外减免税货物相应的监管方式。

（2）保税区与境内区外之间进出的货物：

1）从保税区进入非保税区的货物，按照进口货物办理手续；从非保税区进入保税区的货物，按照出口货物办理手续，海关在货物实际离境后，签发用于出口退税的出口货物报关单证明联。

2）从非保税区进入保税区供区内使用的机器、设备、基建物资和物品，使用单位应当向海关提供上述货物或者物品的清单，经海关查验后放行。有关货物或者物品，已经缴纳进口关税和进口环节税收的，已纳税款不予退还。

3）保税区的货物需从非保税区口岸进出口或者保税区内的货物运往另一保税区的，应当事先向海关提出书面申请，经海关批准后，按照海关转关运输及有关规定办理。

4）企业按照保税区相关规定填制相应单证，相关监管方式有：

①按成品征税的保税区进料加工成品转内销货物，填报“保区进料成品”（代码0444）。

②按成品征税的保税区来料加工成品转内销货物，填报“保区来料成品”（代码0445）。

③按料件征税的保税区进料加工成品转内销货物，填报“保区进料料件”（代码0544）。

④按料件征税的保税区来料加工成品转内销货物，填报“保区来料料件”（代码0545）。

⑤其他货物根据性质填报区外相应监管方式。

七、保税港区、综合保税区进出货物报关程序

（一）保税港区、综合保税区概述

1. 保税港区、综合保税区的含义

保税港区是指经国务院批准，设立在国家对外开放的口岸港区和与之相连的特定区域内，具有口岸、物流、加工等功能的海关特殊监管区域。

综合保税区是指经国务院批准，设立在内陆地区的具有保税港区功能的海关特殊监管区域。综合保税区的政策、功能、管理模式等均与保税港区相同。

2. 保税港区、综合保税区的功能

保税港区（综合保税区）具备目前中国海关所有特殊监管区域具备的全部功能，可以开展下列业务：

（1）存储进出口货物和其他未办结海关手续的货物。

（2）对外贸易，包括国际转口贸易。

（3）国际采购、分销和配送。

（4）国际中转。

（5）检测和售后服务维修。

（6）商品展示。

（7）研发、加工、制造。

（8）港口作业。

（9）经海关批准的其他业务。

3. 保税港区、综合保税区的管理

保税港区（综合保税区）实行封闭式管理。保税港区（综合保税区）与我国关境内的其他地区之间设置符合海关监管要求的卡口、围网、视频监控系统以及海关监管所需的其他设施。

保税港区（综合保税区）享受保税区、出口加工区相关的税收和外汇管理政策。主要税收政策为：国外货物入区保税；货物出区进入国内销售按货物进口的有关规定办理报关，并按货物实际状态征税；国内货物入区视同出口，实行退税；区内企业之间的货物交易不征增值税和消费税。

经保税港区（综合保税区）主管海关批准，区内企业可以在保税港区综合办公区专用的展示场所举办商品展示活动。展示的货物应当在海关备案，并接受海关监管。

保税港区（综合保税区）内货物可以自由流转。区内企业转让、转移货物的，双方企业应当及时向海关报送转让、转移货物的品名、数量、金额等电子数据信息。

保税港区（综合保税区）货物不设存储期限。但存储期限超过 2 年的，区内企业应当每年向海关备案。

经海关核准，区内企业可以办理集中申报手续。实行集中申报的区内企业应当对 1 个自然月内的申报清单数据进行归并，填制进出口货物报关单，在次月底前向海关办理集中申报手续。集中申报适用报关单集中申报之日实施的税率、汇率。集中申报不得跨年度办理。

区内企业不实行加工贸易银行保证金台账和合同核销制度，海关对区内加工贸易货物不实行单耗标准管理。区内企业应当自开展业务之日起，定期向海关报送货物的进区、出区和储存情况。

（二）保税港区、综合保税区进出货物报关

保税港区企业向海关申报货物进出境、进出区，以及在同一区域内或者不同特殊区域之间流转货物的双方企业，应填制海关进（出）境货物备案清单。保税港区与境内（区外）之间进出的货物，区外企业应同时填制进（出）口货物报关的，向保税港区主管海关办理进出口报关手续。

保税港区货物流向

货物在同一保税港区企业之间、不同特殊区域企业之间或保税港区与区外之间流转的，应先办理进口报关手续，后办理出口报关手续。

综合保税区及被整合到国务院新批准设立的综合保税区或保税区内的出口加工区、保税物流园区、保税区或保税物流中心，按照保税港区模式运作。

具体程序如下：

1. 保税港区与境外之间进出货物报关

保税港区与境外之间进出的货物应当在保税港区主管海关办理海关手续；进出境口

岸不在保税港区主管海关辖区内的，经保税港区主管海关批准，可以在口岸海关办理海关手续。

海关对保税港区与境外之间进出的货物实行备案制管理，对从境外进入保税港区的货物予以保税。货物的收发货人或者代理人应当如实填写进出境货物备案清单，向海关备案。

下列货物从境外进入保税港区，海关免征进口关税和进口环节海关代征税：

（1）区内生产性的基础设施建设项目所需的机器、设备和建设生产厂房、仓储设施所需的基建物资。

（2）区内企业生产所需的机器、设备、模具及其维修用零配件。

（3）区内企业和行政管理机构自用合理数量的办公用品。

从境外进入保税港区，供区内企业和行政管理机构自用的交通运输工具、生活消费用品，按进口货物的有关规定办理报关手续，海关按照有关规定征收进口关税和进口环节海关代征税。

从保税港区运往境外的货物免征出口关税。

保税港区与境外之间进出的货物，除法律、行政法规和规章另有规定的外，不实行进出口配额、许可证件管理。

对于同一配额、许可证件项下的货物，海关在进区环节已经验核配额、许可证件的，在出境环节不再要求企业出具配额、许可证件原件。

2. 保税港区与区外非特殊监管区域或场所之间进出货物报关

保税港区与区外之间进出的货物，区内企业或者区外收发货人按照进出口货物的有关规定向保税港区主管海关办理申报手续。需要征税的，区内企业或者区外收发货人按照货物进出区时的实际状态缴纳税款；属于配额、许可证件管理商品的，区内企业或者区外收货人还应当向海关出具配额、许可证件。对于同一配额、许可证件项下的货物，海关在进境环节已经验核配额、许可证件的，在出区环节不再要求企业出具配额、许可证件原件。

（1）出区。

1）一般贸易货物出区。一般贸易货物出区直接进入生产或消费领域流通的，按一般进口货物的报关程序办理海关手续，属于优惠贸易协定项下货物，符合海关总署相关原产地管理规定的，按协定税率或者特惠税率办理海关征税手续。

一般贸易货物出区符合保税或者特定减免税条件的，可以按保税货物或者特定减免税货物的报关程序办理海关手续。

2）加工贸易货物出区。区内企业生产的加工贸易成品以及在加工生产过程中产生的残次品、副产品出区内销的，按进口货物办理进口手续，海关按内销时的实际状态征税。属于进口配额、许可证件管理的，企业应当向海关出具进口配额、许可证件。

区内企业在加工生产过程中产生的边角料、废品，以及加工生产、储存、运输等过程中产生的包装物料，区内企业提出书面申请并且经海关批准的，可以运往区外，海关按出区时的实际状态征税。属于进口配额、许可证件管理的，免领进口配额、许可证件；列入我国《禁止进口固体废物目录》的废物以及其他危险废物需出区进行处置的，有关企业凭保税港区行政管理机构以及所在地的市级环保部门批件等材料，向海关办理出区手续。

区内企业生产的加工贸易成品出区深加工结转按出口加工区深加工结转程序办理海关手续。

（2）进区。区外货物进入保税港区的，按照货物出口的有关规定办理缴税手续，并按照下列规定签发用于出口退税的出口货物报关单证明联：

1）从区外进入保税港区供区内企业开展业务的国产货物及其包装物料，海关按照对出口货物的有关规定办理，签发出口货物报关单证明联。货物转关出口的，起运地海关在收到保税港区主管海关确认转关货物已进入保税港区的电子回执后，签发出口货物报关单证明联。

2）从区外进入保税港区供保税港区行政管理机构和区内企业使用的国产基建物资、机器、装卸设备、管理设备、办公用品等，海关按照对出口货物的有关规定办理，除属于取消出口退税的基建物资外，签发出口货物报关单证明联；从区外进入保税港区的原进口货物、包装物料、设备、基建物资等，区外企业应当向海关提供上述货物或者物品的清单，按照出口货物的有关规定办理申报手续，海关不予签发出口货物报关单退税证明联，原已缴纳的关税、进口环节海关代征税不予退还。

3. 保税港区与其他海关特殊监管区域或者保税监管场所之间进出口货物报关

海关对于保税港区与其他海关特殊监管区域或者保税监管场所之间往来的货物，实行保税监管，不予签发用于办理出口退税的出口货物报关单证明联。但货物从未实行国内货物入区（仓）环节出口退税制度的海关特殊监管区域或者保税监管场所转入保税港区的，视同货物实际离境，由转出地海关签发出口货物报关单退税证明联。

保税港区与其他海关特殊监管区域或者保税监管场所之间的流转货物，不征收进出口环节的有关税收。

承运保税港区与其他海关特殊监管区域或者保税监管场所之间往来货物的运输工具，应当符合海关监管要求。

单元五　特定减免税货物报关程序

一、特定减免税货物概述

（一）特定减免税的含义

特定减免税亦称政策性减免税，是指根据国家政治、经济政策的需要，经国务院批准，对特定地区、特定企业或者特定用途的进出口货物，给予减免进出口税收的优惠政策，包括基于特定目的实行的临时减免税政策。

这里“特定”的含义体现在：特定减免税货物是根据国家的政策规定准予减免税进口后，用于特定地区、特定企业、特定用途的货物。其中，特定地区是指我国关境内由行政法规规定的某一特别限定区域，享受减免税优惠的进口货物只能在这一特别限定的区域内使用；特定企业是指由国务院制定的行政法规专门规定的企业，享受减免税优惠的进口货物只能由这些专门规定的企业使用；特定用途是指国家规定可以享受减免税优惠的进口货物只能用于行政法规专门规定的用途。

（二）减免税货物的管理

1. 监管期限

除海关总署另有规定外，在海关监管年限内，减免税申请人应当按照海关规定保管、使用进口减免税货物，并依法接受海关监管。

进口减免货物的监管年限为：①船舶、飞机，8 年；②机动车辆，6 年；③其他货物，3 年。

监管期限自货物进口放行之日起计算。

（1）科学研究机构、技术开发机构和学校免税进口的用品，在海关监管年限内，未经海关审核同意，不得擅自转让、抵押、质押、移作他用或者进行其他处置。

（2）在海关监管年限内，经主管海关审核同意，科研机构、技术开发机构和学校可将免税进口用品用于其他单位的科研等活动，但一般不得移出本单位。确需移出的，需经海关审核同意，使用结束后应及时运回并向主管海关报告。

（3）医药类院校、科研机构为从事科学研究或教学活动，将“进口科学研究、科技开发和教学用品免税清单”（以下简称“免税清单”）第十项所列有关医疗检测、分析仪器及其附件，放置于其附属、所属医院临床使用的，应事先提出申请并经主管海关审核同意。减免税申请人应对上述货物进行登记管理，并在每年一季度向主管海关递交“减免税货物使用状况报告书”时，应同时提交 3 年内放置于相关医院临床使用情况的说明材料。

（4）有关出版物进口单位应在每年 3 月 31 日前，结合上一年度免税进口图书、资料的种类、进口额、销售流向、使用单位等情况进行自查，并将自查结果书面报告主管海关以备核查。

（5）经有关部门核定，取消免税资格、撤销资格，免税资格复审不合格或未申请复审的单位，在停止其享受政策之日（含）后，向海关申报进口并已享受政策的有关科研科技开发和教学用品，应补缴相关税款。

2. 减免税申请

申请人首次办理进口减免税手续时，一并向海关提交主体资格、免税额度（数量）、项目资质等情况（简称“政策项目信息”）的备案手续，也可在办理减免税手续前，先期提交政策项目信息，海关审核确认。

（1）申请人首次填报政策项目信息时，对征免性质为“789”的，应将“国家鼓励发展的内外资项目确认书”（简称“项目确认书”）中编号填入减免税申请表；无“项目确认书”的，将主管海关提供的项目编号填入。

其他征免性质的政策项目编号由系统自动生成。编号规则为4位关区代码+4位年份+3位征免性质代码+4位流水号，其中4位流水号为全国海关统一的流水号。

（2）申请人为同一政策或项目进口货物办理减免税手续时，应将该政策项目信息编号填入所有申请表中。

（3）对于同时提交政策项目信息和进口货物信息的申请表，先将涉及政策项目信息的电子数据发送主管海关审核，审核通过后，再将进口货物信息的电子数据发送主管海关审核。主管海关认为政策项目信息不符合规定的，一并做退单处理。

3. 减免税申请的办理

除海关总署有明确规定外，减免税申请人可自主选择“无纸申报”或者“有纸申报”方式向海关提交减免税申请。选择“无纸申报”方式的，申请人应将填报的减免税申请表及随附单证电子数据上传；选择“有纸申报”方式的，仍按现行规定办理。上传随附单证有以下几种：

（1）申请人主体资格、免税额度（数量）及进口商业发票等，全文上传。

（2）进口合同的基本信息，进口货物的名称、规格型号、技术参数、单价及总价、生产国别（地区），商品清单，运输方式及付款条件，价格组成条款，双方签字等内容页面应当上传。

（3）上传进口合同的PDF格式文件，同时上传纸质合同的第一页和所有签章页。进口合同为外文的，应同时上传合同关键条款翻译成中文的、加盖申请人签章的译文。

（4）进口货物相关技术资料和说明文件。办理境外慈善捐赠物资减免税应提交以下材料：境外捐赠函（正本）、由受赠人出具的“受赠人接受境外慈善捐赠物资进口证明”及“捐赠物资分配使用清单”（均为正本）、国家社会组织管理局出具的符合受赠条件的证明文件（正本）。

海关在办理已凭税款担保先予放行的、投资总额在5 000万元及以上的内资鼓励类项目下进口自用设备减免税手续时，依据国家发展改革委复函及所附“项目信息汇总表”和项目单位提交的其他相关材料，按规定进行减免税审核确认。

4. 纸质单证核查

主管海关定期对申请人保存的纸质单证原件进行核查；发现申请人未按规定对纸质

单证管理的，应当限期整改，整改达不到要求或有遗失、伪造、变造相关单证档案等情形的，暂停申请人“无纸申报”资格。

二、减免税货物报关

1. 凭“征免税证明”通关

进口货物申报时，减免税申请人应按规定将“征免税证明”编号填写在进口货物报关单“备案号”栏目中。“征免税证明”编号可通过中国电子口岸减免税申报系统查询。减免税申请人应当在“征免税证明”有效期内办理有关货物通关手续。“征免税证明”可以延期一次，延期手续应在到期之日前办理，延长期限不超过6个月。海关总署批准的特殊情况除外。

2. 凭“税款担保证明”通关

对于下列情形，有关单位申请办理进口“免税清单”内有关用品的凭税款担保放行手续的，主管海关按有关规定办理：

（1）新批准成立的高等学校，在教育部公布其名单前；教育部公布名单内高等学校发生分立、合并、更名（以下统称变更）等情形、持凭教育部或者省级政府批准文件，主管海关提出申请的。

（2）新批准成立的科研院所，在海关总署转发科技部函告或省区市科技主管部门函告直属海关其名单前；已经核定的科研院所，发生变更的，在有关部门变更确认函告海关前，持凭主管部门批准成立的文件、“事业单位法人证书”及相关材料，向主管海关提出申请的。

（3）经认定的国家企业技术中心，自其所在企业发生更名、重组等变更之日起，至国家相关部门确认变更结果并通报直属海关前，向主管海关提出申请的。

（4）具备免税资格的科技民办非企业单位，发生变更的，在相关部门确认其变更结果并函告直属海关前，向主管海关提出申请的。

（5）具备免税资格的示范平台发生更名，在相关部门确认变更结果前；以及具备免税资格的示范平台，自相关部门联合公布其名单之日起满2年，至联合公布其免税资格复审结果名单前，向主管海关提出申请的。

（6）具备免税资格的外资研发中心，发生更名或其所在企业发生变更的，在审核部门确认其变更结果并函告直属海关前；以及具备免税资格的外资研发中心，自审核部门公告名单之日起，或函告直属海关免税资格复审结果名单之日起满2年，至审核部门函告直属海关新的免税资格复审结果名单前，向主管海关提出申请的。

（7）在国家有关部门制定出台相关免税进口管理办法和明确转制科研机构名单前，属于国家有关部门确认的名单范围内的转制科研机构向主管海关提出申请的。

（8）在海关总署转发科技部函告，或省区市科技主管部门函告直属海关的新批准成立科研院所名单前，以及在教育部公布或函告新批准成立高等学校名单前，出版物进口单位为上述新批准成立单位进口“免税清单”第五条所列有关用品，向主管海关提出申请的。

减免税申请人需要办理税款担保手续的，应当在货物申报进口前向主管海关提出申请，并按照有关税收优惠政策的规定向海关提交相关材料。主管海关在受理申请之日起7个工作日内，做出是否准予担保的决定。进出口地海关凭主管海关出具的“准予担保证明”（联网核查电子信息），办理货物的税款担保和验放手续。国家对进出口货物有限制性规定，应当提供许可证件而不能提供的，以及法律、行政法规规定不得担保的其他情形，进出口地海关不予办理减免税货物凭税款担保放行手续。

3. 进口捐赠物资属贸易管制商品的凭证验放

进口捐赠物资按国家规定属于配额、特定登记和进口许可证管理的商品的，受赠人应当向有关部门申请配额、登记证明和进口许可证，进口地海关凭证验放。

三、减免税设备的处置

1. 减免税设备不可擅自转让

一些企业由于产业规划调整等需要，为盘活资产，想要将减免税设备进行转让。实际上，企业在向海关办理相关的审批手续后，减免税设备也是可以转让的。

如果受让企业与转让企业同样享有减免税资格，经海关审批同意后，受让企业向所在地海关办理减免税设备的审批手续，转让企业向所在地海关办理减免税设备的结转手续。如果受让企业不享受减免税资格，由转让企业向所在地海关补缴税款，提前解除减免税设备的海关监管。

2. 减免税设备不可擅自抵押

有些企业想要用减免税设备抵押贷款，他们认为这样做既没有使减免税设备离开企业，也没有改变其使用用途，对海关的监管没有构成实质影响，因而就出现了企业擅自用减免税设备抵押贷款的违规情况。其实，如果企业需要将减免税货物进行抵押贷款，经审核符合有关规定的，海关可以批准其办理贷款抵押手续。

3. 减免税设备不可擅自移作他用

一些企业对海关的法律法规不够了解，擅自将减免税设备移作他用，构成了违规的情况。关于减免税设备的移作他用，《海关法》第五十七条第二款规定，减免税设备只能用于特定地区、特定企业或者特定用途，未经海关许可并补缴关税，不得移作他用。

在海关监管年限内，减免税申请人需要将减免税货物移作他用的，应当事先向主管海关提出申请。经海关批准，减免税申请人可以按照海关批准的使用地区、用途、企业将减免税货物移作他用。除海关总署另有规定外，按照规定将减免税货物移作他用的，减免税申请人还应当按照移作他用的时间补缴相应税款；移作他用时间不能确定的，应当提交相应的税款担保，税款担保不得低于剩余监管年限应补缴税款总额。

单元六 暂时进出境货物报关程序

一、暂时进出境货物概述

（一）暂时进出境货物的含义

暂时进出境货物流向

暂时进出境货物是暂时进境货物和暂时出境货物的合称。

暂时进境货物是指为了特定的目的，经海关批准暂时进境，按规定的期限原状复运出境的货物。

暂时出境货物是指为了特定的目的，经海关批准暂时出境，按规定的期限原状复运进境的货物。

（二）暂时进出境货物的范围

（1）在展览会、交易会、会议以及类似活动中展示或者使用的货物。

（2）文化、体育交流活动中使用的表演、比赛用品。

（3）进行新闻报道或者摄制电影、电视节目使用的仪器、设备以及用品。

（4）开展科研、教学、医疗活动使用的仪器、设备和用品。

（5）在本款第（1）项至第（4）项所列活动中使用的交通工具以及特种车辆。

（6）货样。

（7）慈善活动使用的仪器、设备以及用品。

（8）供安装、调试、检测、修理设备时使用的仪器以及工具。

（9）盛装货物的包装材料。

（10）旅游用自驾交通工具及其用品。

（11）工程施工中使用的设备、仪器以及用品。

（12）测试用产品、设备、车辆。

（13）海关总署规定的其他暂时进出境货物。

使用货物暂准进口单证册（以下称“ATA单证册”）暂时进境的货物限于我国加入的有关货物暂准进口的国际公约中规定的货物。

（三）暂时进出境货物的特征

（1）暂时进出境货物的税收征管依照《关税条例》的有关规定执行。

（2）免予提交进出口许可证件。除我国缔结或者参加的国际条约、协定以及国家法律、行政法规和海关总署规章另有规定外，暂时进出境货物免予交验许可证件。

（3）按原状复运进出境。暂时进出境货物除因正常使用而产生的折旧或者损耗外，应当按照原状复运出境、复运进境。

（4）按货物实际使用情况办结海关手续。暂时进出境货物都必须在规定期限内，由货物的收发货人根据货物不同的情况向海关办理结关手续。

二、暂时进出境货物的监管

（1）ATA 单证册持证人、非 ATA 单证册项下暂时进出境货物收发货人（以下简称“持证人、收发货人”）可以在申报前向主管地海关提交“暂时进出境货物确认申请书”，申请对有关货物是否属于暂时进出境货物进行审核确认，并且办理相关手续，也可以在申报环节直接向主管地海关办理暂时进出境货物的有关手续。

（2）ATA 单证册持证人应当向海关提交有效的 ATA 单证册以及相关商业单据或者证明材料。

（3）ATA 单证册项下暂时出境货物，由中国国际贸易促进委员会（中国国际商会）向海关总署提供总担保。

除另有规定外，非 ATA 单证册项下暂时进出境货物收发货人应当按照有关规定向主管地海关提供担保。

（4）暂时进出境货物应当在进出境之日起 6 个月内复运出境或者复运进境。因特殊情况需要延长期限的，持证人、收发货人应当向主管地海关办理延期手续，延期最多不超过 3 次，每次延长期限不超过 6 个月。延长期届满应当复运出境、复运进境或者办理进出口手续。

国家重点工程、国家科研项目使用的暂时进出境货物以及参加展期在 24 个月以上展览会的展览品，在前款所规定的延长期届满后仍需要延期的，由主管地直属海关批准。

（5）暂时进出境货物需要延长复运进境、复运出境期限的，持证人、收发货人应当在规定期限届满前向主管地海关办理延期手续，并且提交“货物暂时进/出境延期办理单”以及相关材料。

（6）暂时进出境货物可以异地复运出境、复运进境，由复运出境地、复运进境地海关调取原暂时进出境货物报关单电子数据办理有关手续。

ATA 单证册持证人应当持 ATA 单证册向复运出境地、复运进境地海关办理有关手续。

（7）暂时进出境货物需要进出口的，暂时进出境货物收发货人应当在货物复运出境、复运进境期限届满前向主管地海关办理进出口手续。

（8）暂时进出境货物收发货人在货物复运出境、复运进境后，应当向主管地海关办理结案手续。

（9）海关通过风险管理、信用管理等方式对暂时进出境业务实施监督管理。

（10）暂时进出境货物因不可抗力的原因受损，无法原状复运出境、复运进境的，持证人、收发货人应当及时向主管地海关报告，可以凭有关部门出具的证明材料办理复运出境、复运进境手续；因不可抗力的原因灭失的，经主管地海关核实后可以视为该货物已经复运出境、复运进境。

暂时进出境货物因不可抗力以外其他原因受损或者灭失的，持证人、收发货人应当按照货物进出口的有关规定办理海关手续。

三、暂时进出境展览品的监管

（1）境内展览会的办展人以及出境举办或者参加展览会的办展人、参展人（以下简称“办展人、参展人”）可以在展览品进境或者出境前向主管地海关报告，并且提交展览品清单和展览会证明材料，也可以在展览品进境或者出境时，向主管地海关提交上述材料，办理有关手续。

对于申请海关派员监管的境内展览会，办展人、参展人应当在展览品进境前向主管地海关提交有关材料，办理海关手续。

（2）展览会需要在我国境内两个或者两个以上关区内举办的，对于没有向海关提供全程担保的进境展览品应当按照规定办理转关手续。

（3）下列在境内展览会期间供消耗、散发的用品（以下简称“展览用品”），由海关根据展览会的性质、参展商的规模、观众人数等情况，对其数量和总值进行核定，在合理范围内的，按照有关规定免征进口关税和进口环节税：

1）在展览活动中的小件样品，包括原装进口的或者在展览期间用进口的散装原料制成的食品或者饮料的样品。

2）为展出的机器或者器件进行操作示范被消耗或者损坏的物料。

3）布置、装饰临时展台消耗的低值货物。

4）展览期间免费向观众散发的有关宣传品。

5）供展览会使用的档案、表格以及其他文件。

上述第1）项所列货物，应当符合以下条件：①由参展人免费提供并且在展览期间专供免费分送给观众使用或者消费的；②单价较低，作广告样品用的；③不适用于商业用途，并且单位容量明显小于最小零售包装容量的；④食品以及饮料的样品虽未按照第3）项规定的包装分发，但是确实在活动中消耗掉的。

（4）上述第1）项所列展览用品超出限量进口的，超出部分应当依法征税；第2）项、第3）项、第4）项所列展览用品，未使用或者未被消耗完的，应当复运出境，不复运出境的，应当按照规定办理进口手续。

展览用品中的酒精饮料、烟草制品以及燃料不适用有关免税的规定。

（5）海关派员进驻展览场所的，经主管地海关同意，展览会办展人可以就参展的展览品免予向海关提交担保。展览会办展人应当提供必要的办公条件，配合海关工作人员执行公务。

（6）未向海关提供担保的进境展览品在非展出期间应当存放在海关监管作业场所。因特殊原因需要移出的，应当经主管地海关同意，并且提供相应担保。

（7）为了举办交易会、会议或者类似活动而暂时进出境的货物，按照规定对展览品监管的有关规定进行监管。

四、ATA 单证册的管理

暂时进出境
ATA单证册

（1）中国国际贸易促进委员会（中国国际商会）是我国 ATA 单证册的出证和担保机构，负责签发出境 ATA 单证册，向海关报送所签发单证册的中文电子文本，协助海关确认 ATA 单证册的真伪，并且向海关承担 ATA 单证册持证人因违反暂时进出境规定而产生的相关税费、罚款。

（2）海关总署设立 ATA 核销中心，履行以下职责：

1）对 ATA 单证册进行核销、统计以及追索。

2）应成员国担保人的要求，依据有关原始凭证，提供 ATA 单证册项下暂时进出境货物已经进境或者从我国复运出境的证明。

3）对全国海关 ATA 单证册的有关核销业务进行协调和管理。

（3）海关只接受用中文或者英文填写的 ATA 单证册。

（4）ATA 单证册发生损坏、灭失等情况的，ATA 单证册持证人应当持原出证机构补发的 ATA 单证册到主管地海关进行确认。补发的 ATA 单证册所填项目应当与原 ATA 单证册相同。

（5）ATA 单证册项下暂时进出境货物在境内外停留期限超过 ATA 单证册有效期的，ATA 单证册持证人应当向原出证机构续签 ATA 单证册。续签的 ATA 单证册经主管地海关确认后可以替代原 ATA 单证册。

续签的 ATA 单证册只能变更单证册有效期限和单证册编号，其他项目应当与原单证册一致。续签的 ATA 单证册启用时，原 ATA 单证册失效。

（6）ATA 单证册项下暂时进境货物未能按照规定复运出境或者过境的，ATA 核销中心应当向中国国际贸易促进委员会（中国国际商会）提出追索。自提出追索之日起 9 个月内，中国国际贸易促进委员会（中国国际商会）向海关提供货物已经在规定期限内复运出境或者已经办理进口手续证明的，ATA 核销中心可以撤销追索；9 个月期满后未能提供上述证明的，中国国际贸易促进委员会（中国国际商会）应当向海关支付税费和罚款。

（7）ATA 单证册项下暂时进境货物复运出境时，因故未经我国海关核销、签注的，ATA 核销中心凭由另一缔约国海关在 ATA 单证上签注的该批货物从该国进境或者复运进境的证明，或者我国海关认可的能够证明该批货物已经实际离开我国境内的其他文件，作为已经从我国复运出境的证明，对 ATA 单证册予以核销。

五、有关用语的含义

（1）展览会、交易会、会议以及类似活动是指：

1）贸易、工业、农业、工艺展览会，以及交易会、博览会。

2）因慈善目的而组织的展览会或者会议。

3）为促进科技、教育、文化、体育交流，开展旅游活动或者民间友谊而组织的展览会或者会议。

4）国际组织或者国际团体组织代表会议。

5）政府举办的纪念性代表大会。

在商店或者其他营业场所以销售国外货物为目的而组织的非公共展览会不属于上述所称展览会、交易会、会议以及类似活动。

（2）展览品是指：

1）展览会展示的货物。

2）为了示范展览会展出机器或者器具所使用的货物。

3）设置临时展台的建筑材料以及装饰材料。

4）宣传展示货物的电影片、幻灯片、录像带、录音带、说明书、广告、光盘、显示器材等。

5）其他用于展览会展示的货物。

（3）包装材料，是指按原状用于包装、保护、装填或者分离货物的材料以及用于运输、装卸或者堆放的装置。

（4）主管地海关，是指暂时进出境货物进出境地海关。境内展览会、交易会、会议以及类似活动的主管地海关为其活动所在地海关。

单元七　其他监管货物报关程序

一、退运货物报关程序

退运货物
报关程序

退运货物是指原出口货物或进口货物因各种原因造成退运进口或者退运出口的货物。退运货物包括一般退运货物和直接退运货物。

（一）一般退运货物报关程序

一般退运
货物流向

一般退运货物是指已办理申报手续且海关已放行出口或进口，因各种原因造成退运进口或退运出口的货物。

1. 一般退运进口货物报关

（1）进口报关。一般退运进口货物的报关分以下两种情况：

1）原出口货物已收汇。原出口货物退运进境时，当事人应交验原出口货物报关单，海关凭税务部分出具的“出口商品退运已补税证明”，保险公司证明或承运人溢装、漏卸的证明等有关资料，办理退运进口手续。

2）原出口货物未收汇。原出口货物退运进口时，当事人应交验原出口货物报关单、税务部门出具的“出口货物未退税证明”等证明，向海关申报退运进口。

（2）税收。因品质或者规格原因，出口货物自出口之日起1年内原状退货复运进境的，经海关核实后不予征收进口税，原出口时已经征收出口关税的，只要重新缴纳因出口而退还的国内环节税，自缴纳出口税款之日起1年内准予退还。

2. 一般退运出口货物报关

（1）出口报关。因故退运出口的进口货物，原收货人或其代理人应填写出口货物报关单申报出境，并提供原货物进口时的进口货物报关单、保险公司证明或承运人溢装、漏卸的证明等有关资料，经海关核实无误后，验放有关货物出境。

（2）税收。因品质或者规格原因，进口货物自进口之日起1年内原状退货复运出境的，经海关核实后可以免征出口关税，已征收的进口关税和进口环节海关代征税，自缴纳进口税款之日起1年内准予退还。

（二）直接退运货物报关程序

直接退运货物流向

直接退运货物是指在进境后、办结海关放行手续前，进口货物收发货人、原运输工具负责人或者其代理人（以下统称当事人）申请直接退运境外，或者海关根据国家有关规定责令直接退运境外的全部或者部分货物。

进口转关货物在进境地海关放行后，当事人申请办理退运手续的，不属于直接退运货物，应当按照一般退运货物办理退运手续。

1. 当事人申请直接退运的货物报关

（1）范围。在货物进境后、办结海关放行手续前，有下列情形之一的，当事人可以向海关申请办理直接退运手续：

1）因国家贸易管理政策调整，收货人无法提供相关证件的。

2）属于错发、误卸或者溢卸货物，能够提供发货人或者承运人书面证明文书的。

3）收发货人双方协商一致同意退运，能够提供双方同意退运的书面证明文书的。

4）有关贸易发生纠纷，能够提供法院判决书、仲裁机构仲裁决定书或者无争议的有效货物所有权凭证的。

5）货物残损或者国家检验检疫不合格，能够提供国家检验检疫部门根据收货人申请而出具的相关检验证明文书的。

对在当事人申请直接退运前，海关已经确定查验或者认为有走私违规嫌疑的货物，不予办理直接退运，待查验或者案件处理完毕后，按照海关有关规定处理。

（2）报关程序。当事人向海关申请直接退运，应当按照海关要求提交“进口货物直接退运申请书”、证明进口实际情况的合同、发票、装箱清单、已报关货物的原报关单、提运单或者载货清单等相关单证、符合申请条件的相关证明文书以及海关要求当事人提供的其他文件。海关按行政许可程序受理或者不予受理，受理并批准直接退运的，制发“准予直接退运决定书”。

办理进口货物直接退运手续，应当按照《报关单填制规范》填制进出口货物报关单，并符合下列要求：

1）“标记唛码及备注”栏填写“准予直接退运决定书”编号。

2）“贸易方式”栏填写“直接退运”（代码 4500）。

当事人办理进口货物直接退运的申报手续时，应当先填写出口货物报关单向海关申报，再填写进口货物报关单，并在进口货物报关单的“标记唛码及备注”栏填报关联报关单（出口报关单）号。

因进口货物收发货人或者承运人的责任造成货物错发、误卸或者溢卸，经海关批准直接退运的，当事人免予填制报关单，凭“准予直接退运决定书”向海关办理直接退运手续。

经海关批准直接退运的货物不需要交验进出口许可证或者其他监管证件，免予征收各种税费及滞报金，不列入海关统计。

对货物进境申报后经海关批准直接退运的，在办理进口货物直接退运出境申报手续前，海关应当将原进口货物报关单或者转关单数据予以撤销。

进口货物直接退运应当从原进境地口岸退运出境。对因运输原因需要改变运输方式或者由另一口岸退运出境的，应当经由原进境地海关批准后，以转关运输方式出境。

2. 海关责令直接退运的货物报关

（1）范围。在货物进境后、办结海关放行手续前，有下列情形之一，依法应当退运的，由海关责令当事人将进口货物直接退运境外：

1）进口国家禁止进口的货物，经海关依法处理后的。

2）违反国家检验检疫政策法规，经国家检验检疫部门处理并且出具“检验检疫处理通知书”或者其他证明文书后的。

3）经许可擅自进口属于限制进口用做原料的固体废物，经海关依法处理后的。

4）违反国家有关法律、行政法规，应当责令直接退运的其他情形。

对需要责令进口货物直接退运的，由海关根据相关政府行政主管部门出具的证明文书，向当事人制发“中华人民共和国海关责令进口货物直接退运通知书”。

（2）报关程序。办理进口货物直接退运手续，应当按照报关单填制规范填制进出口货物报关单，并符合下列要求：

1）“标记唛码及备注”栏填写“责令直接退运通知书”编号。

2）“贸易方式”栏填写“直接退运”（代码 4500）。

当事人办理进口货物直接退运的申报手续时，应当先填写出口货物报关单向海关申报，再填写进口货物报关单，并在进口货物报关单的“标记唛码及备注”栏填报关联报关单（出口报关单）号。

因进口货物收发货人或者承运人的责任造成货物错发、误卸或者溢卸，经海关责令直接退运的，当事人免予填制报关单，凭“责令直接退运通知书”向海关办理直接退运手续。

经海关责令直接退运的货物不需要交验进出口许可证或者其他监管证件；免予征收各种税费及滞报金，不列入海关统计。

进口货物直接退运应当从原进境地口岸退运出境。对因运输原因需要改变运输方式或者由另一口岸退运出境的，应当经由原进境地海关批准后，以转关运输方式出境。

二、无代价抵偿货物报关程序

（一）无代价抵偿货物概述

1. 无代价抵偿货物的含义

无代价抵偿货物是指进出口货物在海关放行后，因残损、短少、品质不良或者规格不符，由进出口货物的发货人、承运人或者保险公司免费补偿或者更换的与原货物相同或者与合同规定相符的货物。

收发货人申报进出口的无代价抵偿货物，与退运出境或者退运进境的原货物不完全相同或者与合同规定不完全相符的，经收发货人说明理由，海关审核认为理由正当且税则号列未发生改变的，仍属于无代价抵偿货物范围。

收发货人申报进出口的免费补偿或者更换的货物，其税则号列与原进出口货物的税则号列不一致的，不属于无代价抵偿货物范围，属于一般进出口货物范围。

2. 无代价抵偿货物的特征

无代价抵偿货物海关监管的基本特征如下：

（1）进出口无代价抵偿货物免予交验进出口许可证件。

（2）进口无代价抵偿货物，不征收进口关税和进口环节海关代征税；出口无代价抵偿货物，不征收出口关税。但是进出口与原货物或合同规定不完全相符的无代价抵偿货物，应当按规定计算与原进出口货物的税款差额，高出原征收税款数额的应当征收超出部分的税款；低于原征收税款，原进出口货物的发货人、承运人或者保险公司同时补偿货款的，应当退还补偿货款部分的税款，未补偿货款的，不予退还。

（3）现场放行后，海关不再按照无代价抵偿货物进行监管。

无代价抵偿货物流向

（二）无代价抵偿货物报关

无代价抵偿大体上可以分为两种，一种是短少抵偿，另一种是残损、品质不良或规格不符抵偿。对两种抵偿引起的两类进出口无代价抵偿货物在报关程序上有所区别。

1. 残损、品质不良或规格不符引起的无代价抵偿货物报关手续

残损、品质不良或规格不符引起的无代价抵偿货物，进出口前应当先办理被更换的原进出口货物中残损、品质不良或规格不符货物的有关海关手续。

（1）原进口货物退运出境，以及原出口货物退运进境。

1）原进口货物的收货人或其代理人应当办理被更换的原进口货物中残损、品质不良或规格不符货物的退运出境的报关手续。被更换的原进口货物退运出境时不征收出口关税。

2）原出口货物的发货人或其代理人应当办理被更换的原出口货物中残损、品质不良或规格不符货物的退运进境的报关手续。被更换的原出口货物退运进境时不征收进口关税和进口环节海关代征税。

（2）原进口货物不退运出境，放弃交由海关处理。被更换的原进口货物中残损、品质不良或规格不符货物不退运出境，但原进口货物的收货人愿意放弃，交由海关处理的，海关应当依法处理并向收货人提供依据，凭以申报进口无代价抵偿货物。

（3）原进口货物不退运出境，也不放弃，以及原出口货物不退运进境。

1）被更换的原进口货物中残损、品质不良或规格不符货物不退运出境且不放弃交由海关处理的，原进口货物的收货人应当按照海关接受无代价抵偿货物申报进口之日适用的有关规定申报进口，并按照海关对原进口货物重新估定的价格计算的税额缴纳进口关税和进口环节海关代征税；属于许可证件管理的商品还应当交验相应的许可证件。

2）被更换的原出口货物中残损、品质不良或规格不符货物不退运进境，原出口货物的发货人应当按照海关接受无代价抵偿货物申报出口之日适用的有关规定申报出口，并按照海关对原出口货物重新估定的价格计算的税额缴纳出口关税；属于许可证件管理的商品还应当交验相应的许可证件。

2. 向海关申报办理无代价抵偿货物报关手续的期限

向海关申报进出口无代价抵偿货物应当在原进出口合同规定的索赔期内，而且不超过原货物进出口之日起 3 年。

3. 无代价抵偿货物报关应提供的单证

收发货人向海关申报无代价抵偿货物进出口时除应当填制报关单和提供基本单证

外，还应当提供其他特殊单证。

1. 进口申报需要提交的特殊单证

（1）原进口货物报关单。

（2）原进口货物退运出境的出口货物报关单，或者原进口货物交由海关处理的货物放弃处理证明，或者已经办理纳税手续的单证（短少抵偿的除外）。

（3）原进口货物税款缴纳书或者进出口货物征免税证明。

（4）买卖双方签订的索赔协议。

海关认为需要时，纳税义务人还应当提交具有资质的商品检验机构出具的原进口货物残损、短少、品质不良或者规格不符的检验证明书或者其他有关证明文件。

2. 出口申报需要提交的特殊单证

（1）原出口货物报关单。

（2）原出口货物退运进境的进口货物报关单或者已经办理纳税手续的单证（短少抵偿的除外）。

（3）原出口货物税款缴纳书。

（4）买卖双方签订的索赔协议。

海关认为需要时，纳税义务人还应当提交具有资质的商品检验机构出具的原出口货物残损、短少、品质不良或者规格不符的检验证明书或者其他有关证明文件。

三、进出境修理货物报关程序

（一）进出境修理货物概述

1. 进出境修理货物的含义

进境修理货物是指运进境进行维护修理后复运出境的机械器具、运输工具或者其他货物以及为维修这些货物需要进口的原材料、零部件。出境修理货物是指运出境进行维护修理后复运进境的机械器具、运输工具或者其他货物以及为维修这些货物需要出口的原材料、零部件。

进境修理包括原出口货物运进境修理和其他货物运进境修理。出境修理包括原进口货物运出境修理和其他货物运出境修理。

其中，原进口货物出境修理又分为原进口货物在保修期内运出境修理和原进口货物在保修期外运出境修理。

2. 进出境修理货物的特征

进出境修理货物的海关监管特征如下：

（1）进境维修货物免予缴纳进口关税和进口环节海关代征税，但要向海关提供担保，并接受海关后续监管。对于一些进境维修的货物，也可以申请按照保税货物办理进境手续。

（2）出境修理货物进境时，在保修期内并由境外免费维修的，可以免征进口关税和进口环节海关代征税；在保修期外或者在保修期内境外收取维修费用的，应当按照境外修理费和材料费审定完税价格计征进口关税和进口环节海关代征税。

（3）进出境修理货物免予交验许可证件。

（二）进出境修理货物报关

1. 进境修理货物报关

货物进境后，收货人或其代理人持维修合同或者含有保修条款的原出口合同及申报进口需要的所有单证办理货物进口申报手续，并提供进口税款担保。

货物进口后在境内维修的期限为进口之日起6个月，可以申请延长，延长的期限最长不超过6个月。在境内维修期间受海关监管。

修理货物复出境申报时应当提供原修理货物进口申报时的报关单（留存联或复印件）。

修理货物复出境后应当申请销案，正常销案的，海关应当退还保证金或撤销担保。未复出境部分货物应当办理进口申报纳税手续。

2. 出境修理货物报关

发货人在货物出境时，向海关提交维修合同或含有保修条款的原进口合同以及申报出口需要的所有单证，办理出境申报手续。

货物出境后，在境外维修的期限为出境之日起6个月，可以申请延长，延长的期限最长不超过6个月。

货物复运进境时应当向海关申报在境外实际支付的修理费和材料费，由海关审查确定完税价格，计征进口关税和进口环节海关代征税。

超过海关规定期限复运进境的，海关按一般进口货物计征进口关税和进口环节海关代征税。

四、过境、转运、通运货物报关程序

（一）过境货物报关程序

1. 过境货物概述

（1）过境货物的含义。过境货物是指从境外起运，在我国境内不论是否换装运输工具，通过陆路运输，继续运往境外的货物。

（2）过境货物的范围。

1）下列货物准予过境：

①与我国签有过境货物协定的国家和地区的过境货物。

②在同我国签有铁路联运协定的国家和地区收、发货的过境货物。

③未与我国签有过境货物协定但经国家商务、运输主管部门批准，并向入境地海关备案后准予过境的货物。

2）下列货物禁止过境：

①来自或运往我国停止或禁止贸易的国家和地区的货物。

②各种武器、弹药、爆炸品及军需品（通过军事途径运输的除外）。

③各种烈性毒药、麻醉品和鸦片、吗啡、海洛因、可卡因等毒品。

④我国法律、法规禁止过境的其他货物、物品。

（3）过境货物的管理。海关对过境货物监管的目的是防止过境货物在我国境内运输过程中滞留在国内，或将我国货物混入过境货物随运出境，防止禁止过境货物从我国过境。

1）过境货物经营人应当按下列要求开展相关业务：

①过境货物经营人应当持主管部门的批准文件和工商行政管理部门颁发的营业执照，向海关主管部门申请办理注册登记手续。

②装载过境货物的运输工具，应当具有海关认可的加封条件或装置，海关认为必要时，可以对过境货物及其装载装置进行加封。

③运输部门和过境货物经营人应当负责保护海关封志的完整，任何人不得擅自开启或损毁。

④运输部门和过境货物经营人应当按海关规定提供担保。

2）对过境货物管理的其他规定如下：

①民用爆炸品、医用麻醉品等的过境运输，应经海关总署商有关部门批准后，方可过境。

②有伪报货名和国别，借以运输我国禁止过境货物的，以及其他违反我国法律、行政法规的，海关可依法将货物扣留处理。

③海关可以对过境货物实施查验，海关在查验过境货物时，经营人或承运人应当到场，负责搬移货物，开拆、封装货物。

④过境货物在境内发生损毁或者灭失的（不可抗力原因造成的除外），经营人应当负责向出境地海关补办进口纳税手续。

2. 过境货物报关

（1）进出口报关。

1）进境报关。过境货物进境时，过境货物经营人或报关企业应当向海关递交过境货物报关单和运单、转载清单、载货清单，以及发票、装箱清单等，办理过境手续。

过境货物经进境地海关审核无误后，进境地海关在提运单上加盖“海关监管货物”

戳记，并将过境货物报关单和过境货物清单制作“关封”后加盖“海关监管货物”专用章，连同上述提运单一并交经营人或报关企业。

过境货物经营人或承运人应当负责将上述单证及时交出境地海关验核。

2）出境报关。过境货物出境时，过境货物经营人或报关企业应当及时向出境地海关申报，并递交进境地海关签发的“关封”和其他单证。

出境地海关审核有关单证：关封和货物，确认无误后，加盖放行章，监管货物出境。

（2）过境期限。过境货物的过境期限为6个月，因特殊原因，可以向海关申请延期，经海关同意后，最长可延期3个月。过境货物超过规定期限3个月仍未过境的，海关按规定依法提取变卖，变卖后的货款按有关规定处理。

（3）在境内暂存和运输。关于过境货物在境内暂存和运输有以下规定：

1）过境货物进境后因换装运输工具等原因需卸下储存时，应当经海关批准并在海关监管下存入海关指定或同意的仓库或场所。

2）过境货物在进境以后、出境以前，应当按照运输主管部门规定的路线运输，运输部门没有规定的，由海关指定。

3）海关可根据情况派员押运过境货物运输。

（二）转运货物报关程序

1. 转运货物概述

（1）转运货物的含义。转运货物是指由境外起运，通过我国境内设立海关的地点换装运输工具，不通过境内陆路运输，继续运往境外的货物。

（2）转运货物的范围。进境运输工具载运的货物具备下列条件之一的，可以办理转运手续：

1）持有转运或联运提货单的。

2）进口载货清单上注明是转运货物的。

3）持有普通提货单，但在卸货前向海关声明转运的。

4）误卸下的进口货物，经运输工具经理人提供确实证件的。

5）因特殊原因申请转运，获海关批准的。

（3）转运货物的管理。海关对转运货物实施监管的主要目的在于防止货物在口岸换装过程中误进口或误出口。

海关对转运货物有以下监管规定：

1）外国转运货物在中国口岸存放期间，不得开拆、改换包装或进行加工。

2）转运货物必须在3个月之内办理海关有关手续并转运出境，超出规定期限3个月仍未转运出境或办理其他海关手续的，海关将提取依法变卖处理。

3）海关对转运的外国货物有权进行查验。

2. 转运货物报关

转运货物的报关程序如下：

（1）载有转运货物的运输工具进境后，承运人应当在进口载货清单上列明转运货物的名称、数量、起运地和到达地，并向主管海关申报进境。

（2）申报经海关同意后，在海关指定的地点换装运输工具。

（3）在规定时间内运送出境。

（三）通运货物报关程序

1. 通运货物的含义

通运货物是指从境外起运，不通过我国境内陆路运输，运进境后由原运输工具载运出境的货物。

2. 通运货物报关

通运货物的报关程序如下：

（1）运输工具进境时，运输工具的负责人应凭注明通运货物名称和数量的“船舶进口报告书”或国际民航机使用的“进口载货舱单”向进境地海关申报。

（2）进境地海关在接受申报后，在运输工具抵、离境时对申报的货物予以核查，并监管货物实际离境。

运输工具因装卸货物需搬运或倒装货物时，应向海关申请并在海关的监管下进行。

单元八　跨境电子商务零售进出口商品报关程序

一、适用范围

电子商务企业、个人通过电子商务交易平台实现零售进出口商品交易，并根据海关要求传输相关交易电子数据的，接受海关监管。

二、企业管理

参与跨境电子商务业务的企业应当事先向所在地海关提交以下材料：

（1）企业法人营业执照副本复印件。

（2）组织机构代码证书副本复印件（以统一社会信用代码注册的企业不需要提供）。

（3）企业情况登记表，具体包括企业组织机构代码或统一社会信用代码、中文名称、工商注册地址、营业执照注册号，法定代表人（负责人）、身份证件类型、身份证件号码，海关联系人、移动电话、固定电话，跨境电子商务网站网址等。

企业按照上述规定提交复印件的，应当同时向海关交验原件。

如需向海关办理报关业务，应当按照海关对报关单位注册登记管理的相关规定办理注册登记。

三、通关管理

（1）跨境电子商务零售进口商品申报前，电子商务企业或电子商务交易平台企业、支付企业、物流企业应当分别通过跨境电子商务通关服务平台，如实向海关传输交易、支付、物流等电子信息。

进出境快件运营人、邮政企业可以受电子商务企业、支付企业委托，在书面承诺对传输数据真实性承担相应法律责任的前提下，向海关传输交易、支付等电子信息。

（2）跨境电子商务零售出口商品申报前，电子商务企业或其代理人、物流企业应当分别通过服务平台如实向海关传输交易、收款、物流等电子信息。

（3）电子商务企业或其代理人应提交“中华人民共和国海关跨境电子商务零售进出口商品申报清单”（以下简称“申报清单”），出口采取“清单核放、汇总申报”方式办理报关手续，进口采取“清单核放”方式办理报关手续。“申报清单”与“中华人民共和国海关进（出）口货物报关单”（以下简称“进（出）口货物报关单”）具有同等法律效力。

（4）电子商务企业应当对购买跨境电子商务零售进口商品的个人（订购人）身份信息进行核实，并向海关提供由国家主管部门认证的身份有效信息。无法提供或者无法核实订购人身份信息的，订购人与支付人应当为同一人。

（5）跨境电子商务零售商品出口后，电子商务企业或其代理人应当于每月 10 日前（当月 10 日是法定节假日或者法定休息日的，顺延至其后的第一个工作日，第 12 月的清单汇总应当于当月最后一个工作日前完成），将上月（12月为当月）结关的“申报清单”依据清单表头同一收发货人、同一运输方式、同一运抵国（地区）、同一出境口岸，以及清单表体同一 10 位海关商品编码、同一申报计量单位、同一币制规则进行归并，汇总形成“出口货物报关单”向海关申报。

（6）除特殊情况外，“申报清单”“进（出）口货物报关单”应当采取通关无纸化作业方式进行申报。“申报清单”的修改或者撤销，参照海关“进（出）口货物报关单”修改或者撤销有关规定办理。

四、税收征管

（1）跨境电子商务零售进口商品按照货物征收关税和进口环节增值税、消费税，完税价格为实际交易价格，包括商品零售价格、运费和保险费。

（2）订购人为纳税义务人。在海关注册登记的电子商务企业、电子商务交易平台企业或物流企业作为税款的代收代缴义务人，代为履行纳税义务。

（3）代收代缴义务人应当如实、准确向海关申报跨境电子商务零售进口商品的商品名称、规格型号、税则号列、实际交易价格及相关费用等税收征管要素。跨境电子商务零售进口商品的申报币制为人民币。

（4）为审核确定跨境电子商务零售进口商品的归类、完税价格等，海关可以要求代收代缴义务人按照有关规定进行补充申报。

（5）海关对满足监管规定的跨境电子商务零售进口商品按时段汇总计征税款，代收代缴义务人应当依法向海关提交足额有效的税款担保。海关放行后30日内未发生退货或修撤单的，代收代缴义务人在放行后第31～45日内向海关办理纳税手续。

五、物流监控

（1）跨境电子商务零售进出口商品监管场所必须符合海关相关规定。

监管场所经营人、仓储企业应当建立符合海关监管要求的计算机管理系统，并按照海关要求交换电子数据。

（2）跨境电子商务零售进出口商品的查验、放行均应当在监管场所内实施。

（3）海关实施查验时，电子商务企业或其代理人、监管场所经营人、仓储企业应当按照有关规定提供便利，配合海关查验。

（4）电子商务企业或其代理人、物流企业、监管场所经营人、仓储企业发现涉嫌违规或走私行为的，应当及时主动报告海关。

六、有关用语的含义

（1）参与跨境电子商务业务的企业，是指参与跨境电子商务业务的电子商务企业、电子商务交易平台企业、支付企业、物流企业等。

（2）电子商务企业，是指通过自建或者利用第三方电子商务交易平台开展跨境电子商务业务的企业。

（3）电子商务交易平台企业，是指提供电子商务进出口商品交易、支付、配送服务的平台提供企业。

（4）电子商务通关服务平台，是指由电子口岸搭建，实现企业、海关以及相关管理部门之间数据交换与信息共享的平台。

七、退货管理

（一）管理

（1）在跨境电子商务零售进口模式下，跨境电子商务企业境内代理人或其委托的报关企业（以下简称“退货企业”）可向海关申请开展退货业务。跨境电子商务企业及其境内代理人应保证退货商品为原跨境电商零售进口商品，并承担相关法律责任。

（2）退货企业可以对原“中华人民共和国海关跨境电子商务零售进口申报清单”（以下简称“申报清单”）内全部或部分商品申请退货。

（3）退货企业在“申报清单”放行之日起30日内申请退货，并且在“申报清单”放行之日起45日内将退货商品运抵原海关监管作业场所、原海关特殊监管区域或保税物流中心（B型）的，相应税款不予征收，并调整消费者个人年度交易累计金额。

（4）退货企业应当向海关如实申报，接受海关监管，并承担相应的法律责任。

（二）跨境商品退货程序

1. 跨境商品退货之消费者操作程序

（1）联系商家，确认是否符合退货条件。随后按照店家指引，寄回商品，无须亲自找海关办理退货申请。

（2）需要退货的商品，必须在海关放行之日起30日内发起申请，45日内将退货商品以原状运抵原海关监管场所、原海关特殊监管区域或保税物流中心（B型）。

（3）需要注意的是：

1）一个订单可申请部分退货，也可以申请全部退货。

2）电商企业向海关申请退货并获得通过，税款就会原路返还，个人年度交易累计金额也会自动调整。

2. 跨境商品退货之电商企业操作程序

（1）告知消费者，将退货商品寄回至原海关监管场所、海关特殊监管区域或保税物流中心（B型）。

（2）在中国国际贸易“单一窗口”向原验放海关发送退货申报清单。

（3）经海关系统受理后，查看原商品是否通过网购保税模式进口。

（4）通过网购保税模式进口的，企业需录入二期账册核注清单及核放单。

（5）需要注意的是：

1）完成退货手续后，海关确认退货商品运抵，根据相关要求实施验放。放行的商品才可以运回电商企业仓库重新上架销售。

2）海关完成验放后，退货商品对应的税款将不予征收，消费者个人年度交易累计金额即可实现自动返还。

跨境商品退货的具体流程如图 1-1 所示。

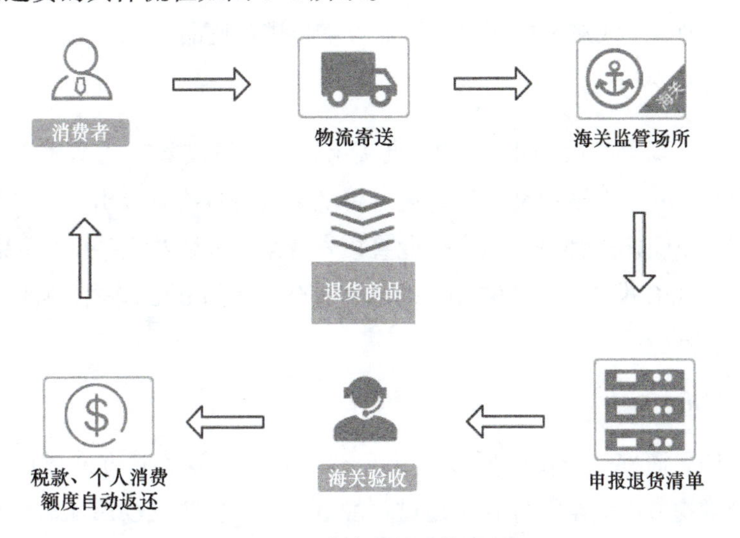

图 1-1 跨境商品退货流程

八、监管代码

监管代码都是海关的监管方式代码，由于进出口货物在不同的贸易方式下的海关监管、征税、统计作业的要求不尽相同，为满足海关管理的要求，在海关报关单中设置海关监管方式代码字段加以区分。

目前，出口跨境电商监管方式代码有“1210”“9610”“9710”“9810”，代表四种不同贸易方式。

1. 代码“9610”

代码“9610”全称“跨境贸易电子商务”，简称“电子商务”。该监管方式适用于境内个人或电子商务企业通过电子商务交易平台实现交易，并采用“清单核放、汇总申报”模式办理通关手续的电子商务零售进出口商品。

简单而言，“9610”出口就是境内企业直邮到境外消费者手中。

2. 代码“1210”

代码“1210”全称“保税跨境贸易电子商务”，简称“保税电商”。该监管方式适用于境内个人或电子商务企业在经海关认可的电子商务平台实现跨境交易，并通过海关特殊监管区域或保税监管场所进出的电子商务零售进出境商品。

“1210”相当于境内企业把生产出的货物存放在海关特殊监管区域或保税监管场的仓库中，即可申请出口退税，之后按照订单由仓库发往境外消费者。

3. 代码“1239”

代码“1239”全称“保税跨境贸易电子商务 A”，简称“保税电商 A”。与“1210”

监管方式相比，“1239”监管方式适用于境内电子商务企业通过海关特殊监管区域或保税物流中心（B型）一线进境的跨境电子商务零售进口商品。

4. 代码“9710”

代码“9710”简称“跨境电商B2B直接出口”。该监管方式适用于境内企业通过跨境电商平台与境外企业达成交易后，通过跨境物流将货物直接出口至境外企业。

“9610”“9710”模式都是指境内企业直接发货至境外购买人手中，区别就是“9610”是企业至个人的B2C模式，而“9710”则是企业至企业的B2B模式，所以一般“9710”的货量和货值更高。

5. 代码“9810”

代码“9810”简称“跨境电商B2B出口海外仓”。该监管方式适用于境内企业先将货物通过跨境物流出口至海外仓，通过跨境电商平台实现交易后从海外仓送达境外购买者。

“9810”与“1210”的区别在于，“1210”模式的仓库建在国内海关特殊监管区域或保税监管场所，而“9810”模式的仓库建在海外地区。

Module 2

模块二

报关单填制知识及技术

➲ 职业素养 // 工匠精神

“工匠精神”是一种爱岗敬业、精益求精和持之以恒的职业精神，它是职业道德、职业能力、职业品质的体现，是从业者的一种职业价值取向和行为表现。

在进出口货物报关单填制作业中，常见的错误及原因有：一是由于工作不认真、马虎造成的填写错误，表现为数据错误、数字颠倒、字母颠倒、数据不符等，其中贸易方式、征免性质、数（重）量、商品名称、规格型号及运输方式、运费、保费、单价、总价、随附单证、许可证号等栏目错填的影响较大。二是报关员业务不熟练，对《报关单填制规范》的内容不熟悉，每个栏目的含义界定和概念不清，内涵及外延区分有误，造成错填。报关单填制出现错误，会引起海关计税错误，影响海关贸易管制与准确统计，会因报关单的修改或撤销而增加工作量，延缓海关正常放行速度，会使委托人无法提取货物，舱单无法核销，不能签发收汇联和核销退税联，无法办理付汇或退税手续，会记入报关企业差错，降低企业管理类别，等等。

因此，进出口货物报关单填制作业中，要求从业者除了具备专业关务知识和技能之外，还需要保持精益求精、一丝不苟的专业精神，也就是工匠精神。从业者需要不断雕琢进出口货物报关单填制技术并不断改善，具备追求卓越的作业精神、精益求精的品质精神和用户至上的服务精神。

单元一　进出口货物报关单概述

一、报关单的含义

进出口货物报关单是指进出口货物的收发货人或其代理人按照海关规定的格式对进出口货物的实际情况做出书面申明，以此要求海关对其货物按适用的海关制度办理通关手续的法律文书。

二、报关单的类别

按货物的进出口状态、表现形式、使用性质的不同，进出口货物报关单可进行如下分类。

1．按进出口流向分类

（1）进口货物报关单。

（2）出口货物报关单。

2．按表现形式分类

（1）纸质报关单。

（2）电子数据报关单。

3．按使用性质分类

（1）进料加工进出口货物报关单。

（2）来料加工及补偿贸易进出口货物报关单。

（3）一般贸易及其他贸易进出口货物报关单。

三、报关单各联的用途

目前，进出口货物报关单通过国际贸易“单一窗口”向海关申报，实现了进出口货物报关单在各行政部门间的数据联网核查。进出口收发货人或其代理人使用国际贸易“单一窗口”平台，在网上直接向海关、国检、外贸、外汇、工商、税务、银行等政府管理机关申办各种进出口手续。因此，进出口货物报关单具有“海关作业、加工贸易核销、进口货物付汇、出口货物收汇、出口退税、海关留存、企业留存”的用途，进出口收发货人可凭电子数据进行相关作业。纸质报关单证明联在流通中已经减少，可以在需要时向海关申请。

1. 海关作业

进出口货物报关单可实现保管人员配合海关查验、缴纳税费、提取或装运货物的用途，也是海关查验货物、征收税费、编制海关统计及处理其他海关事务的重要凭证。

2. 加工贸易核销

海关接受使用加工贸易电子化手册或账册申报的进出口货物报关单，该报关单是海关办理加工贸易合同核销、结案手续的重要凭证。

3. 进口货物付汇

进口货物报关单是银行和国家外汇管理部门办理售汇、付汇的重要依据之一。对需要办理进口付汇、核销的货物，进口货物收货人在海关放行货物后，凭进口货物报关单向银行、国家外汇管理部门办理付汇、核销手续。

4. 出口货物收汇

出口货物报关单是银行和国家外汇管理部门办理收汇、结汇的重要依据之一。对需要办理出口收汇、核销的货物，出口货物发货人在出口货物结关后，凭出口货物报关单向银行、国家外汇管理部门办理收汇、核销手续。

5. 出口退税

出口货物报关单是国家税务部门办理出口货物退税手续的重要依据之一。对可办理出口退税的货物，出口货物发货人应当在载运货物的运输工具实际离境、海关办理出口货物报关单结关手续后，凭此向国家税务管理部门申请出口货物退税手续。

6. 海关留存、企业留存

为海关及相关单位各自存查使用。

四、进出口货物报关单的法律效力

《海关法》规定："进口货物的收货人、出口货物发货人应当向海关如实申报、交验进出口许可证件和有关单证。"

进出口货物报关单及其他进出境报关单证在对外经济贸易活动中具有十分重要的法律效力，是货物的收发货人向海关报告其进出口货物实际情况及适用海关业务制度、申请海关审查并放行货物的必备法律文书。它既是海关对进出口货物进行监管、征税、统计及开展稽查、调查的重要依据，又是出口退税和外汇管理的重要凭证，也是海关处理进出口货物走私、违规案件及税务、外汇管理部门查处骗税、逃套汇犯罪活动的重要书证。因此，申报人对所填报的进出口货物报关单的真实性和准确性应承担法律责任。

同时，《海关法》规定：“办理进出口货物的海关申报手续，应当采用纸质报关单和电子数据报关单的形式。”这从法律上确定了纸质报关单和电子数据报关单，都是办理进出口货物海关申报手续的法定形式，这两种报关单具有相同的法律效力。

五、海关对进出口货物报关单填制的一般要求

1. 按照相应制度申报并承担相应法律责任

进出口货物收发货人或其代理人应按照《中华人民共和国海关进出口货物申报管理规定》《进出口货物申报项目录入指南》《海关统计商品目录》《中华人民共和国海关进出口商品规范申报目录》等有关规定要求向海关申报，并对申报内容的真实性、准确性、完整性和规范性承担相应的法律责任。

2. 三个相符

（1）单证相符，即所填报报关单各栏目的内容必须与合同、发票、装箱单、提单及批文等随附单据相符。

（2）单货相符，即所填报报关单各栏目的内容必须与实际进出口货物的情况相符，不得伪报、瞒报、虚报。

（3）与舱单相符，即所填报报关单的境内收发货人、运输工具、提单号、件数、毛重等必须与舱单数据相符。

3. 分单填报

不同运输工具、不同航次、不同提运单、不同监管方式、不同备案号、不同征免性质的货物，均应分不同的进出口货物报关单填报。

一份原产地证，只能用于同一批次进口货物。含有原产地证书管理商品的一份报关单，只能对应一份原产地证书。同一批次货物中，实行原产地证书联网监管的，如涉及多份原产地证书或含非原产地证书商品，亦应分单填报。同一份报关单上的商品不能同时享受协定税率和减免税。

4. 分商品填报

一份报关单所申报的货物，须分项填报的情况主要有：商品编码不同的、商品名称不同的、计量单位不同的、原产国（地区）/最终目的国（地区）不同的、币制不同的、征免方式不同的。

六、进出口货物报关单样本

出口货物报关单样本如图 2–1 所示，进口货物报关单样本如图 2–2 所示。

中华人民共和国海关出口货物报关单

预录入编号：　　　　海关编号：　　　　（XX海关）　　　　页码/页数：

<table>
<tr><td>境内发货人</td><td colspan="2">出境关别</td><td colspan="2">出口日期</td><td colspan="2">申报日期</td><td>备案号</td></tr>
<tr><td>境外收货人</td><td colspan="2">运输方式</td><td colspan="2">运输工具名称及航次号</td><td colspan="3">提运单号</td></tr>
<tr><td>生产销售单位</td><td colspan="2">监管方式</td><td colspan="2">征免性质</td><td colspan="3">许可证号</td></tr>
<tr><td>合同协议号</td><td colspan="2">贸易国（地区）</td><td colspan="2">运抵国（地区）</td><td colspan="2">指运港</td><td>离境口岸</td></tr>
<tr><td>包装种类</td><td>件数</td><td>毛重（千克）</td><td>净重（千克）</td><td>成交方式</td><td>运费</td><td>保费</td><td>杂费</td></tr>
<tr><td colspan="8">随附单证及编号</td></tr>
<tr><td colspan="8">标记唛码及备注</td></tr>
</table>

项号	商品编号	商品名称及规格型号	数量及单位	单价/总价/币制	原产国（地区）	最终目的国（地区）	境内货源地	征免

<table>
<tr><td>报关人员　　报关人员证号　　电话　　兹申明对以上内容承担如实申报、依法纳税之法律责任
申报单位　　　　申报单位（签章）</td><td>海关批注及签章</td></tr>
</table>

图 2-1　出口货物报关单样本

中华人民共和国海关进口货物报关单

预录入编号：　　　　海关编号：　　　　（XX海关）　　　　页码/页数：

<table>
<tr><td>境内收货人</td><td colspan="2">进境关别</td><td colspan="2">进口日期</td><td colspan="2">申报日期</td><td>备案号</td></tr>
<tr><td>境外发货人</td><td colspan="2">运输方式</td><td colspan="2">运输工具名称及航次号</td><td colspan="2">提运单号</td><td>货物存放地点</td></tr>
<tr><td>消费使用单位</td><td colspan="2">监管方式</td><td colspan="2">征免性质</td><td colspan="2">许可证号</td><td>启运港</td></tr>
<tr><td>合同协议号</td><td colspan="2">贸易国（地区）</td><td colspan="2">启运国（地区）</td><td colspan="2">经停港</td><td>入境口岸</td></tr>
<tr><td>包装种类</td><td>件数</td><td>毛重（千克）</td><td>净重（千克）</td><td>成交方式</td><td>运费</td><td>保费</td><td>杂费</td></tr>
<tr><td colspan="8">随附单证及编号</td></tr>
<tr><td colspan="8">标记唛码及备注</td></tr>
</table>

项号	商品编号	商品名称及规格型号	数量及单位	单价/总价/币制	原产国（地区）	最终目的国（地区）	境内目的地	征免

<table>
<tr><td>报关人员　　报关人员证号　　电话　　兹申明对以上内容承担如实申报、依法纳税之法律责任
申报单位　　　　申报单位（签章）</td><td>海关批注及签章</td></tr>
</table>

图 2-2　进口货物报关单样本

单元二 报关单编号

一、预录入编号

预录入编号指预录入报关单的编号，一份报关单对应一个预录入编号，由系统自动生成。

报关单预录入编号为18位，其中第1～4位为接受申报海关的代码（海关规定的“关区代码表”中相应海关代码），第5～8位为录入时的公历年份，第9位为进出口标志（“1”为进口，“0”为出口；集中申报清单“I”为进口，“E”为出口），后9位为顺序编号。

二、海关编号

海关编号指海关接受申报时给予报关单的编号，一份报关单对应一个海关编号，由系统自动生成。

报关单海关编号为18位，其中第1～4位为接受申报海关的代码（海关规定的“关区代码表”中相应海关代码），第5～8位为海关接受申报的公历年份，第9位为进出口标志（“1”为进口，“0”为出口；集中申报清单“I”为进口，“E”为出口），后9位为顺序编号。

小贴士

中国国际贸易“单一窗口”

中国国际贸易“单一窗口”是实现申报人通过电子口岸平台一点接入、一次性提交满足口岸管理和国际贸易相关部门要求的标准化单证和电子信息，相关部门通过电子口岸平台共享数据信息、实施职能管理，处理状态（结果）统一通过“单一窗口”反馈给申报人。通过持续优化整合使“单一窗口”功能范围覆盖到国际贸易链条各主要环节，逐步成为企业面对口岸管理相关部门的主要接入服务平台。通过“单一窗口”提高国际贸易供应链各参与方系统间的互操作性，优化通关业务流程，提高申报效率，缩短通关时间，降低企业成本，促进贸易便利化。

单元三 进出口货物报关单填制技术

一、进出口货物报关单的填制

（一）境内收发货人

本栏目填报在海关备案的对外签订并执行进出口贸易合同的中国境内法人、其他组织名称及编码。编码填报18位法人和其他组织统一社会信用代码，没有统一社会信用代码的，填报其在海关的备案编码。

特殊情况下填报要求如下：

（1）进出口货物合同的签订者和执行者非同一企业的，填报执行合同的企业。

（2）外商投资企业委托进出口企业进口投资设备、物品的，填报外商投资企业，并在标记唛码及备注栏注明“委托某进出口企业进口”，同时注明被委托企业的18位法人和其他组织统一社会信用代码。

（3）有代理报关资格的报关企业代理其他进出口企业办理进出口报关手续时，填报委托的进出口企业。

（4）海关特殊监管区域收发货人填报该货物的实际经营单位或海关特殊监管区域内经营企业。

（5）免税品经营单位经营出口退税国产商品的，填报免税品经营单位名称。

（二）进出境关别

本栏目根据货物实际进出境的口岸海关，填报海关规定的“关区代码表”中相应口岸海关的名称及代码。

特殊情况填报要求如下：

（1）进口转关运输货物填报货物进境地海关名称及代码，出口转关运输货物填报货物出境地海关名称及代码。按转关运输方式监管的跨关区深加工结转货物，出口报关单填报转出地海关名称及代码，进口报关单填报转入地海关名称及代码。

（2）在不同海关特殊监管区域或保税监管场所之间调拨、转让的货物，填报对方海关特殊监管区域或保税监管场所所在的海关名称及代码。

（3）其他无实际进出境的货物，填报接受申报的海关名称及代码。

小贴士

关　境

关境是指适用于同一海关法或实行同一关税制度的领域。

在一般情况下，关境的范围等于国境。但对于关税同盟（如欧盟），其成员国之间货物进出国境不征收关税，只对来自和运往非同盟国的货物在进出共同关境时征收关税，因而对于每个成员国来说，其关境大于国境。另外，一国若在国内设立自由港、自由贸易区等特定区域，进出这些特定区域的货物都免税，则该国的关境小于国境。关境同国境一样，包括其领域内的领水、领陆和领空，是一个立体的概念。

我国的关境范围是除享有单独关境地位的地区以外的中华人民共和国的全部领域，包括领水、领陆和领空。目前我国的单独关境有香港、澳门和台、澎、金、马单独关税区。在单独关境内，实行单独的海关制度。

我国海关的设关原则

《海关法》以法律形式明确了海关的设关原则：“国家在对外开放的口岸和海

关监管业务集中的地点设立海关。海关的隶属关系，不受行政区划的限制。”对外开放的口岸是指由国务院批准，允许运输工具及所载人员、货物、物品直接出入国（关）境的港口、机场、车站以及允许运输工具、人员、货物、物品出入国（关）境的边境通道。国家规定，在对外开放的口岸必须设置海关、出入境检验检疫机构。海关监管业务集中的地点是指虽非国务院批准对外开放的口岸，但是海关某类或者某几类监管业务比较集中的地方，如转关运输监管、保税加工监管等。

“海关的隶属关系，不受行政区划的限制”，表明了海关管理体制与一般性的行政管理体制的区域划分无必然联系，如果海关监督管理需要，国家可以在现有的行政区划之外考虑和安排海关的上下级关系和海关的相互关系。

中国海关

海关是国家的行政机关之一，是国务院的直属机构，从属于国家行政管理体制。海关对内、对外代表国家依法独立行使行政管理权。

《海关法》规定：“中华人民共和国海关是国家的进出关境监督管理机关。海关依照本法和其他有关法律、行政法规，监管进出境的运输工具、货物、行李物品、邮递物品和其他物品，征收关税和其他税、费，查缉走私，并编制海关统计和办理其他海关业务。”

《海关法》明确规定海关有四项基本任务，即监管进出境的运输工具、货物、行李物品、邮递物品和其他物品（以下简称“监管”），征收关税和其他税费（以下简称“征税”），查缉走私（以下简称“缉私”）和编制海关统计（以下简称“统计”）。

1．监管

海关监管区

海关监管是指海关运用国家赋予的权力，通过一系列管理制度与管理程序，依法对进出境运输工具、货物、物品的进出境活动所实施的一种行政管理。海关监管是一项国家职能，其目的在于保证一切进出境活动符合国家政策和法律的规范，维护国家主权和利益。海关监管并不是海关监督管理的简称，海关监督管理是海关全部行政执法活动的统称。

根据监管对象的不同，海关监管分为运输工具监管、货物监管和物品监管。

监管是海关最基本的任务，海关的其他任务都是在监管工作的基础上进行的。除了通过备案、审单、查验、放行、后续管理等方式对进出境运输工具、货物、物品的进出境活动实施监管外，海关监管还要执行或监督执行国家其他对外贸易管理制度的实施，如进出口许可制度、外汇管理制度、进出口商品检验检疫制度、文物管理制度等，从而在政治、经济、文化道德、公众健康等方面维护国家利益。

2．征税

代表国家征收关税和其他税、费是海关的另一项重要任务。“关税”是指由海关代表国家，按照《海关法》《关税条例》和《进出口税则》，对准许进出口的货物、进出境物品征收的一种税。“其他税、费”指海关在货物进出口环节，按照关税征收程序征收的有关国内税、费，目前主要有增值税、消费税等。

关税是国家财政收入的重要来源，也是国家宏观经济调控的重要工具。关税的征收主体是国家，《海关法》明确将征收关税的权力授予海关，由海关代表国家行使征收关税职能。因此，未经法律授权，其他任何单位和个人均不得行使征收关税的权力。

海关征税工作的基本法律依据是《海关法》《关税条例》。海关通过执行国家制定的关税政策，对进出口货物、进出境物品征收关税，起到保护国内工农业生产、调整产业结构、组织财政收入和调节进出口贸易活动的作用。

多年来，为了进一步适应我国改革开放的需要和履行加入世界贸易组织的承诺，促进对外经济贸易的快速发展，鼓励我国企业参与国际竞争，国务院关税税则委员会曾几次对税率做出重大调整，使我国关税的平均税率进一步降低。

3．缉私

走私是指进出境活动的当事人或相关人违反《海关法》及有关法律、行政法规，逃避海关监管，偷逃应纳税款、逃避国家有关进出境的禁止性或者限制性管理，非法运输、携带、邮寄国家禁止、限制进出口或者依法应当缴纳税款的货物、物品进出境，或者未经海关许可并且未缴应纳税款、交验有关许可证件，擅自将保税货物、特定减免税货物以及其他海关监管货物、物品、进境的境外运输工具在境内销售的行为。

查缉走私是海关为保证顺利完成监管和征税等任务而采取的保障措施。查缉走私是指海关依照法律赋予的权力，在海关监管场所和海关附近的沿海沿边规定地区，为发现、制止、打击、综合治理走私活动而进行的一种调查和惩处活动。

4．统计

海关统计是以实际进出口货物作为统计和分析的对象，通过搜集、整理、加工处理进出口货物报关单或经海关核准的其他申报单证，对进出口货物的品种、数（重）量、价格、国别（地区）、经营单位、境内目的地、境内货源地、贸易方式、运输方式、关别等项目分别进行统计和综合分析，全面、准确地反映对外贸易的运行态势，及时提供统计信息和咨询，实施有效的统计监督，开展国际贸易统计的交流与合作，促进对外贸易的发展。我国海关的统计制度规定：实际进出境并引起境内物质存量增加或者减少的货物，列入海关统计；进出境物品超过自用、合理数量的，列入海关统计。对于部分不列入海关统计的货物和物品，则根据我国对外贸易管理和海关管理的需要，实施单项统计。

海关统计是海关依法对进出口货物贸易的统计，是国民经济统计的组成部分，是国家制定对外经济贸易政策、进行宏观经济调控、实施海关严密高效管理的重要依据，是研究我国对外贸易经济发展和国际经济贸易关系的重要资料。

近几年来国家通过有关法律、行政法规赋予了海关一些新的职责，比如知识产权海关保护、海关对反倾销及反补贴的调查等，这些新的职责也是海关的任务。

5．海关的组织机构

我国海关实行垂直管理体制，海关机构的设置为海关总署、直属海关和隶属海关三级。隶属海关由直属海关领导，向直属海关负责；直属海关由海关总署领导，向海关总署负责。

（1）海关总署。海关总署是中国海关的领导机关，是国务院下属的正部级直属机构，统一管理全国海关机构、人员编制、经费物资和各项海关业务，是海关系统的最高领导部门。海关总署下设广东分署，在上海和天津设立特派员办事处，作为其派出机构。海关总署的基本任务是在国务院领导下，领导和组织全国海关正确贯彻实施《海关法》和国家的有关政策、行政法规，积极发挥依法行政、为国把关的职能，服务、促进和保护社会主义现代化建设。

1998年，根据党中央、国务院决定，海关总署的机构、职能和人员编制做了重大调整，增加了统一负责打击走私及反走私综合治理工作、口岸规划、出口商品原产地规则的协调管理、关税立法调研、税法起草和执行过程中的一般性解释工作等职能。设立走私犯罪侦查机构，组建海关缉私警察队伍。按照“精简、统一、效能”的原则，并充分吸收现代海关制度建设及通关作业改革、口岸体制改革、缉私体制改革的成果，实施了机构改革。

（2）直属海关。直属海关是指直接由海关总署领导，负责管理一定区域范围内海关业务的海关。目前直属海关共有42个，除香港、澳门、台湾地区外，分布在全国31个省、自治区、直辖市。直属海关就本关区内的海关事务独立行使职责，向海关总署负责。直属海关承担着在关区内组织开展海关各项业务和关区集中审单作业，全面有效地贯彻执行海关各项政策、法律、法规、管理制度和作业规范的重要职责，在海关三级业务职能管理中发挥着承上启下的作用。

深圳海关业务大厅

（3）隶属海关。隶属海关是指由直属海关领导，负责办理具体海关业务的海关，是海关进出境监督管理职能的基本执行单位，一般都设在口岸和海关业务集中的地点。

（4）海关缉私警察机构。《海关法》规定：“国家实行联合缉私、统一处理、综合治理的缉私体制。海关负责组织、协调、管理查缉走私工作。”为了打击走私犯罪活动，我国组建了专司打击走私犯罪的海关缉私警察队伍，负责对走私犯罪案件的侦查、拘留、执行逮捕和预审工作。

根据我国的缉私体制，除了海关以外，公安、工商、税务、烟草专卖等部门也有查缉走私的权力，但这些部门查获的走私案件，必须按照法律规定，统一处理。各有关行政部门查获的走私案件，应当给予行政处罚的，移送海关依法处理；涉嫌犯罪的，应当移送海关侦查走私犯罪公安机构、地方公安机关依据案件管辖分工和法定程序办理。

海关缉私警察是专司打击走私犯罪活动的警察队伍。1998年，根据党中央、国务院的决定，由海关总署、公安部联合组建走私犯罪侦查局，设在海关总署。走私犯罪侦查局既是海关总署的一个内设局，又是公安部的一个序列局，实行海关总署和公安部双重领导，以海关领导为主的体制。走私犯罪侦查局在广东分署和全国各直属海关设立走私犯罪侦查分局，在部分隶属海关设立走私犯罪侦查支局。各级走私犯罪侦查机关负责其所在海关业务管辖区域内的走私犯罪案件的侦查工作。

为了更好地适应反走私斗争形势的要求，充分发挥海关打击走私的整体效能，从2003年起，海关对部分打私办案职能进行了内部调整，走私犯罪侦查机构增加了行政执法职能。从2003年1月1日开始，各级海关走私犯罪侦查部门统一更名，其中，海关总署走私犯罪侦查局更名为海关总署缉私局；海关总署走私犯罪侦查局广东分局更名为海关总署广东分署缉私局；各直属海关走私犯罪侦查分局更名为各直属海关缉私局；各隶属海关走私犯罪侦查支局更名为各隶属海关缉私分局。

（三）进口日期/出口日期

进口日期填报运载进口货物的运输工具申报进境的日期。出口日期指运载出口货物的运输工具办结出境手续的日期，在申报时免予填报。无实际进出境的货物，填报海关接受申报的日期。

进出口日期为8位数字，顺序为年（4位）、月（2位）、日（2位）。

（四）申报日期

申报日期指海关接受进出口货物收发货人、受委托的报关企业申报数据的日期。以电子数据报关单方式申报的，申报日期为海关计算机系统接受申报数据时记录的日期。以纸质报关单方式申报的，申报日期为海关接受纸质报关单并对报关单进行登记处理的日期。本栏目在申报时免予填报。

申报日期为8位数字，顺序为年（4位）、月（2位）、日（2位）。

小贴士

1．申报期限

进口货物的申报期限为自装载货物的运输工具申报进境之日起14日内。申报期限的最后一天是法定节假日或休息日的，顺延至法定节假日或休息后的第一个工作日。

出口货物的申报期限为货物运抵海关监管区后、装货的24小时以前。

经海关批准准予集中申报的进口货物，自装载货物的运输工具申报进境之日起1个月内办理申报手续。

经电缆、管道或其他特殊方式进出境的货物，进出口货物收发货人或其代理人应当按照海关的规定定期申报。

进口货物自装载货物的运输工具申报进境之日起超过3个月仍未向海关申报的，货物由海关提取依法变卖处理。对属于不宜长期保存的货物，海关可以根据实际情况提前处理。

2．滞报金

进口货物收货人未按规定期限向海关申报产生滞报的，由海关按照规定征收滞报金。

进口货物滞报金应当按日计征。计征起始日为运输工具申报进境之日起第15日，截止日为海关接受申报之日（即申报日期）。起始日和截止日均计入滞报期间。

进口货物收货人向海关传送报关单电子数据申报后，未在规定期限或核准的期限内提交纸质报关单，海关予以撤销电子数据报关单处理、进口货物收货人重新向海关申报，产生滞报的，滞报金的征收以自运输工具申报进境之日起第15日为起征日，以海关重新接受申报之日为截止日。

进口货物收货人申报后依法撤销原报关单电子数据重新申报的，以撤销原报关单之日起第15日为起征日，以海关重新接受申报之日为截止日。

进口货物因收货人在运输工具申报进境之日起超过3个月未向海关申报，被海关提取作变卖处理后，收货人申请发还余款的，滞报金的征收以自运输工具申报进境之日起第15日为起征日，以该3个月期限的最后一日为截止日。

滞报金的日征收金额为进口货物完税价格的0.5‰，以人民币“元”为计征单位，不足人民币1元的部分免予计征。

征收滞报金的计算公式为

$$滞报金金额=进口货物完税价格\times 0.5‰\times 滞报期间$$

滞报金的起征点为人民币50元。

滞报金的起征日遇有休息日或者法定节假日的，顺延至其后第一个工作日。

根据海关规定，因不可抗力特殊情况产生的滞报可以向海关申请减免滞报金。

（五）备案号

本栏目填报进出口货物收发货人、消费使用单位、生产销售单位在海关办理加工贸易合同备案或征、减、免税审核确认等手续时，海关核发的“加工贸易手册”、海关特殊监管区域和保税监管场所保税账册、“征免税证明”或其他备案审批文件的编号。

一份报关单只允许填报一个备案号。具体填报要求如下：

（1）加工贸易项下货物，除少量低值辅料按规定不使用“加工贸易手册”及以后续补税监管方式办理内销征税的外，填报“加工贸易手册”编号。

使用异地直接报关分册和异地深加工结转出口分册在异地口岸报关的，填报分册号；本地直接报关分册和本地深加工结转分册限制在本地报关，填报总册号。

加工贸易成品凭“征免税证明”转为减免税进口货物的，进口报关单填报“征免税证明”编号，出口报关单填报“加工贸易手册”编号。

对加工贸易设备、使用账册管理的海关特殊监管区域内减免税设备之间的结转，转入和转出企业分别填制进、出口报关单，在报关单“备案号”栏目填报“加工贸易手册”编号。

（2）涉及征、减、免税审核确认的报关单，填报“征免税证明”编号。

（3）减免税货物退运出口，填报海关“进口减免税货物准予退运证明”的编号；减免税货物补税进口，填报“减免税货物补税通知书”的编号；减免税货物进口或结转进口（转入），填报“征免税证明”的编号；相应的结转出口（转出），填报海关“进口减免税货物结转联系函”的编号。

（4）免税品经营单位经营出口退税国产商品的，免予填报。

（六）境外收发货人

境外收货人通常指签订并执行出口贸易合同中的买方或合同指定的收货人，境外发货人通常指签订并执行进口贸易合同中的卖方。

本栏目填报境外收发货人的名称及编码。名称一般填报英文名称，检验检疫要求填报其他外文名称的，在英文名称后填报，以半角括号分隔；对于AEO互认国家（地区）企业的，编码填报AEO编码，填报样式为“国别（地区）代码+海关企业编码”，例如：新加坡AEO企业SG123456789012（新加坡国别代码+12位企业编码）；非互认国家（地区）AEO企业等其他情形，编码免予填报。

特殊情况下无境外收发货人的，名称及编码填报“NO”。

（七）运输方式

运输方式包括实际运输方式和海关规定的特殊运输方式。前者指货物实际进出境的运输方式，按进出境所使用的运输工具分类；后者指货物无实际进出境的运输方式，按货物在境内的流向分类。

本栏目根据货物实际进出境的运输方式或货物在境内流向的类别，按照海关规定的“运输方式代码表”选择填报相应的运输方式。

1. 特殊情况填报要求

（1）非邮件方式进出境的快递货物，按实际运输方式填报。

（2）进口转关运输货物，按载运货物抵达进境地的运输工具填报；出口转关运输货物，按载运货物驶离出境地的运输工具填报。

（3）不复运出（入）境而留在境内（外）销售的进出境展览品、留赠转卖物品等，填报“其他运输”（代码9）。

（4）进出境旅客随身携带的货物，填报“旅客携带”（代码L）。

（5）以固定设施（包括输油、输水管道和输电网等）运输货物的，填报“固定设施运输”（代码G）。

2. 无实际进出境货物在境内流转时填报要求

（1）境内非保税区运入保税区货物和保税区退区货物，填报“非保税区”（代码0）。

（2）保税区运往境内非保税区货物，填报“保税区”（代码7）。

（3）境内存入出口监管仓库和出口监管仓库退仓货物，填报“监管仓库”（代码1）。

（4）保税仓库转内销货物或转加工贸易货物，填报“保税仓库”（代码8）。

（5）从境内保税物流中心外运入中心或从中心运往境内中心外的货物，填报“物流中心”（代码W）。

（6）从境内保税物流园区外运入园区或从园区内运往境内园区外的货物，填报“物流园区”（代码X）。

（7）保税港区、综合保税区与境内（区外）（非海关特殊监管区域、保税监管场所）之间进出的货物，填报“保税港区/综合保税区”（代码Y）。

（8）出口加工区、珠澳跨境工业区（珠海园区）、中哈霍尔果斯边境合作中心（中方配套区）与境内（区外）（非海关特殊监管区域、保税监管场所）之间进出的货物，填报“出口加工区”（代码Z）。

（9）境内运入深港西部通道港方口岸区的货物以及境内进出中哈霍尔果斯边境合作中心中方区域的货物，填报“边境特殊海关作业区”（代码H）。

（10）经横琴新区和平潭综合试验区（以下简称综合试验区）二线指定申报通道运往境内区外或从境内经二线指定申报通道进入综合试验区的货物，以及综合试验区内按选择性征收关税申报的货物，填报“综合试验区”（代码T）。

（11）海关特殊监管区域内的流转、调拨货物，海关特殊监管区域、保税监管场所之间的流转货物，海关特殊监管区域与境内区外之间进出的货物，海关特殊监管区域外的加工贸易余料结转、深加工结转、内销货物，以及其他境内流转货物，填报“其他运输”（代码9）。

运输方式代码表见表2–1。

表2–1 运输方式代码表

运输方式名称	代 码
水路运输	2
铁路运输	3
公路运输	4
航空运输	5
邮件运输	6
其他运输	9

（八）运输工具名称及航次号

本栏目填报载运货物进出境的运输工具名称或编号及航次号。填报内容应与运输部门向海关申报的舱单（载货清单）所列相应内容一致。

1. 运输工具名称具体填报要求

（1）直接在进出境地或采用全国通关一体化通关模式办理报关手续的报关单填报要求如下：

1）水路运输：填报船舶编号（来往港澳小型船舶为监管簿编号）或者船舶英文名称。

2）公路运输：启用公路舱单前，填报该跨境运输车辆的国内行驶车牌号，深圳提前报关模式的报关单填报国内行驶车牌号 + “/” + “提前报关”。启用公路舱单后，免予填报。

3）铁路运输：填报车厢编号或交接单号。

4）航空运输：填报航班号。

5）邮件运输：填报邮政包裹单号。

6）其他运输：填报具体运输方式名称，例如：管道、驮畜等。

（2）转关运输货物的报关单填报要求如下：

1）进口。

① 水路运输：直转、提前报关填报“@”+16 位转关申报单预录入号（或 13 位载货清单号）；中转填报进境英文船名。

② 铁路运输：直转、提前报关填报“@”+16 位转关申报单预录入号；中转填报车厢编号。

③ 航空运输：直转、提前报关填报“@”+16 位转关申报单预录入号（或 13 位载货清单号）；中转填报“@”。

④ 公路及其他运输：填报“@”+16 位转关申报单预录入号（或 13 位载货清单号）。

⑤ 以上各种运输方式使用广东地区载货清单转关的提前报关货物填报“@”+13 位载货清单号。

2）出口。

① 水路运输：非中转填报“@”+16 位转关申报单预录入号（或 13 位载货清单号）。如多张报关单需要通过一张转关单转关的，运输工具名称字段填报“@”。

中转货物，境内水路运输填报驳船船名；境内铁路运输填报车名（主管海关 4 位关区代码 + “TRAIN”）；境内公路运输填报车名（主管海关 4 位关区代码 + “TRUCK”）。

② 铁路运输：填报“@”+16 位转关申报单预录入号（或 13 位载货清单号），如多张报关单需要通过一张转关单转关的，填报“@”。

③ 航空运输：填报“@”+16 位转关申报单预录入号（或 13 位载货清单号），如

多张报关单需要通过一张转关单转关的，填报“@”。

④其他运输方式：填报“@”+16位转关申报单预录入号（或13位载货清单号）。

（3）采用“集中申报”通关方式办理报关手续的，报关单填报“集中申报”。

（4）免税品经营单位经营出口退税国产商品的，免予填报。

（5）无实际进出境的货物，免予填报。

2. 航次号具体填报要求

（1）直接在进出境地或采用全国通关一体化通关模式办理报关手续的报关单：

1）水路运输：填报船舶的航次号。

2）公路运输：启用公路舱单前，填报运输车辆的8位进出境日期〔顺序为年（4位）、月（2位）、日（2位），下同〕。启用公路舱单后，填报货物运输批次号。

3）铁路运输：填报列车的进出境日期。

4）航空运输：免予填报。

5）邮件运输：填报运输工具的进出境日期。

6）其他运输方式：免予填报。

（2）转关运输货物的报关单：

1）进口。

①水路运输：中转转关方式填报“@”+进境干线船舶航次。直转、提前报关免予填报。

②公路运输：免予填报。

③铁路运输：“@”+8位进境日期。

④航空运输：免予填报。

⑤其他运输方式：免予填报。

2）出口。

①水路运输：非中转货物免予填报。中转货物：境内水路运输填报驳船航次号；境内铁路、公路运输填报6位启运日期〔顺序为年（2位）、月（2位）、日（2位）〕。

②铁路拼车拼箱捆绑出口：免予填报。

③航空运输：免予填报。

④其他运输方式：免予填报。

（3）免税品经营单位经营出口退税国产商品的，免予填报。

（4）无实际进出境的货物，免予填报。

（九）提运单号

本栏目填报进出口货物提单或运单的编号。一份报关单只允许填报一个提单或运单号，一票货物对应多个提单或运单时，应分单填报。

具体填报要求如下：

（1）直接在进出境地或采用全国通关一体化通关模式办理报关手续的。

1）水路运输：填报进出口提单号。如有分提单的，填报进出口提单号＋“*”＋分提单号。

2）公路运输：启用公路舱单前，免予填报；启用公路舱单后，填报进出口总运单号。

3）铁路运输：填报运单号。

4）航空运输：填报总运单号＋“_”＋分运单号，无分运单的填报总运单号。

5）邮件运输：填报邮运包裹单号。

（2）转关运输货物的报关单。

1）进口。

①水路运输：直转、中转填报提单号。提前报关免予填报。

②铁路运输：直转、中转填报铁路运单号。提前报关免予填报。

③航空运输：直转、中转货物填报总运单号＋“_”＋分运单号。提前报关免予填报。

④其他运输方式：免予填报。

⑤以上运输方式进境货物，在广东省内用公路运输转关的，填报车牌号。

2）出口。

①水路运输：中转货物填报提单号；非中转货物免予填报；广东省内汽车运输提前报关的转关货物，填报承运车辆的车牌号。

②其他运输方式：免予填报。广东省内汽车运输提前报关的转关货物，填报承运车辆的车牌号。

（3）采用“集中申报”通关方式办理报关手续的，报关单填报归并的集中申报清单的进出口起止日期〔按年（4位）月（2位）日（2位）年（4位）月（2位）日（2位）〕。

（4）无实际进出境的货物，免予填报。

（十）货物存放地点

本栏目填报货物进境后存放的场所或地点，包括海关监管作业场所、分拨仓库、定点加工厂、隔离检疫场、企业自有仓库等。

（十一）消费使用单位/生产销售单位

（1）消费使用单位填报已知的进口货物在境内的最终消费、使用单位的名称，包括：

1）自行进口货物的单位。

2）委托进出口企业进口货物的单位。

（2）生产销售单位填报出口货物在境内的生产或销售单位的名称，包括：

1）自行出口货物的单位。

2）委托进出口企业出口货物的单位。

3）免税品经营单位经营出口退税国产商品的，填报该免税品经营单位统一管理的免税店。

（3）减免税货物报关单的消费使用单位/生产销售单位应与“征免税证明”的减免税申请人一致；保税监管场所与境外之间的进出境货物，消费使用单位/生产销售单位填报保税监管场所的名称[保税物流中心（B型）填报中心内企业名称]。

（4）海关特殊监管区域的消费使用单位/生产销售单位填报区域内经营企业（“加工单位”或“仓库”）。

（5）编码填报要求：

1）填报18位法人和其他组织统一社会信用代码。

2）无18位统一社会信用代码的，填报“NO”。

（6）进口货物在境内的最终消费或使用以及出口货物在境内的生产或销售的对象为自然人的，填报身份证号、护照号、台胞证号等有效证件号码及姓名。

（十二）监管方式

监管方式是以国际贸易中进出口货物的交易方式为基础，结合海关对进出口货物的征税、统计及监管条件综合设定的海关对进出口货物的管理方式。其代码由4位数字构成，前2位是按照海关监管要求和计算机管理需要划分的分类代码，后2位是参照国际标准编制的贸易方式代码。

本栏目根据实际对外贸易情况按海关规定的“监管方式代码表”选择填报相应的监管方式简称及代码。一份报关单只允许填报一种监管方式。

特殊情况下加工贸易货物监管方式填报要求如下：

（1）进口少量低值辅料（即5 000美元以下，78种以内的低值辅料）按规定不使用加工贸易手册的，填报“低值辅料”；使用加工贸易手册的，按加工贸易手册上的监管方式填报。

（2）加工贸易料件转内销货物以及按料件办理进口手续的转内销制成品、残次品、未完成品，填制进口报关单，填报“来料料件内销”或“进料料件内销”；加工贸易成品凭征免税证明转为减免税进口货物的，分别填制进、出口报关单，出口报关单填报“来料成品减免”或“进料成品减免”，进口报关单按照实际监管方式填报。

（3）加工贸易出口成品因故退运进口及复运出口的，填报“来料成品退换”或“进料成品退换”；加工贸易进口料件因换料退运出口及复运进口的，填报“来料料件退换”或“进料料件退换”；加工贸易过程中产生的剩余料件、边角料退运出口，以及进口料件因品质、规格等原因退运出口且不再更换同类货物进口的，分别填报“来料料件复出”“来料边角料复出”“进料料件复出”“进料边角料复出”。

（4）加工贸易边角料内销和副产品内销，填制进口报关单，填报“来料边角料内销”或“进料边角料内销”。

（5）企业销毁处置加工贸易货物未获得收入，销毁处置货物为料件、残次品的，填报“料件销毁”；销毁处置货物为边角料、副产品的，填报“边角料销毁”。

企业销毁处置加工贸易货物获得收入的，填报为“进料边角料内销”或“来料边角料内销”。

（6）免税品经营单位经营出口退税国产商品的，填报“其他”。

（十三）征免性质

本栏目根据实际情况按海关规定的“征免性质代码表”选择填报相应的征免性质简称及代码，持有海关核发的征免税证明的，按照征免税证明中批注的征免性质填报。一份报关单只允许填报一种征免性质。

加工贸易货物报关单按照海关核发的加工贸易手册中批注的征免性质简称及代码填报。特殊情况填报要求如下：

（1）加工贸易转内销货物，按实际情况填报（如一般征税、科教用品、其他法定等）。

（2）料件退运出口、成品退运进口货物填报“其他法定”。

（3）加工贸易结转货物，免予填报。

（4）免税品经营单位经营出口退税国产商品的，填报“其他法定”。

（十四）许可证号

本栏目填报进（出）口许可证、两用物项和技术进（出）口许可证、两用物项和技术出口许可证（定向）、纺织品临时出口许可证、出口许可证（加工贸易）、出口许可证（边境小额贸易）的代码。

免税品经营单位经营出口退税国产商品的，免予填报。

一份报关单只允许填报一个许可证号。

监管证件代码表见表 2–2。

表 2–2　监管证件代码表

监管证件代码	监管证件名称
1	进口许可证
2	两用物项和技术进口许可证
3	两用物项和技术出口许可证
4	出口许可证
5	纺织品临时出口许可证
6	旧机电产品禁止进口
7	自动进口许可证
8	禁止出口商品
9	禁止进口商品
A	检验检疫
B	电子底账
D	出 / 入境货物通关单（毛坯钻石用）

（续）

监管证件代码	监管证件名称
E	濒危物种允许出口证明书
F	濒危物种允许进口证明书
G	两用物项和技术出口许可证（定向）
I	麻醉精神药品进出口准许证
J	黄金及黄金制品进出口准许证
L	药品进出口准许证
M	密码产品和设备进口许可证
O	自动进口许可证（新旧机电产品）
P	固体废物进口许可证
Q	进口药品通关单
R	进口兽药通关单
S	进出口农药登记证明
U	合法捕捞产品通关证明
V	人类遗传资源材料出口、出境证明
X	有毒化学品环境管理放行通知单
Z	赴境外加工光盘进口备案证明
b	进口广播电影电视节目带（片）提取单
d	援外项目任务通知函
f	音像制品（成品）进口批准单
g	技术出口合同登记证
i	技术出口许可证
k	民用爆炸物品进出口审批单
m	银行调运人民币现钞进出境证明
n	音像制品（版权引进）批准单
u	钟乳石出口批件
z	古生物化石出境批件

（十五）启运港

本栏目填报进口货物在运抵我国关境前的第一个境外装运港。

根据实际情况，按海关规定的“港口代码表”填报相应的港口名称及代码，未在“港口代码表”列明的，填报相应的国家（地区）名称及代码。货物从海关特殊监管区域或保税监管场所运至境内区外的，填报“港口代码表”中相应海关特殊监管区域或保税监管场所的名称及代码，未在“港口代码表”中列明的，填报“未列出的特殊监管区”及代码。

（十六）合同协议号

本栏目填报进出口货物合同（包括协议或订单）编号。未发生商业性交易的免予填报。

免税品经营单位经营出口退税国产商品的，免予填报。

（十七）贸易国（地区）

发生商业性交易的进口填报购自国（地区），出口填报售予国（地区）；未发生商业性交易的填报货物所有权拥有者所属的国家（地区）。

（十八）启运国（地区）/运抵国（地区）

启运国（地区）填报进口货物启始发出直接运抵我国或者在运输中转国（地）未发生任何商业性交易的情况下运抵我国的国家（地区）。

运抵国（地区）填报出口货物离开我国关境直接运抵或者在运输中转国（地区）未发生任何商业性交易的情况下最后运抵的国家（地区）。

不经过第三国（地区）转运的直接运输进出口货物，以进口货物的装货港所在国（地区）为启运国（地区），以出口货物的指运港所在国（地区）为运抵国（地区）。

经过第三国（地区）转运的进出口货物，如在中转国（地区）发生商业性交易，则以中转国（地区）作为启运/运抵国（地区）。

按海关规定的“国别（地区）代码表”选择填报相应的启运国（地区）或运抵国（地区）中文名称及代码。

无实际进出境的货物，填报“中国”及代码。

（十九）经停港/指运港

经停港填报进口货物在运抵我国关境前的最后一个境外装运港。

指运港填报出口货物运往境外的最终目的港；最终目的港不可预知的，按尽可能预知的目的港填报。

本栏目根据实际情况，按海关规定的“港口代码表”选择填报相应的港口名称及代码。经停港/指运港在“港口代码表”中无港口名称及代码的，可选择填报相应的国家（地区）名称及代码。

无实际进出境的货物，填报“中国境内”及代码。

（二十）入境口岸/离境口岸

入境口岸填报进境货物从跨境运输工具卸离的第一个境内口岸的中文名称及代码；采取多式联运跨境运输的，填报多式联运货物最终卸离的境内口岸中文名称及代码；过境货物填报货物进入境内的第一个口岸的中文名称及代码；从海关特殊监管区域或保税监管场所进境的，填报海关特殊监管区域或保税监管场所的中文名称及代码。其他无实际进境的货物，填报货物所在地的城市名称及代码。

离境口岸填报装运出境货物的跨境运输工具离境的第一个境内口岸的中文名称及代码；采取多式联运跨境运输的，填报多式联运货物最初离境的境内口岸中文名称及代码；过境货物填报货物离境的第一个境内口岸的中文名称及代码；从海关特殊监管区域或保税监管场所离境的，填报海关特殊监管区域或保税监管场所的中文名称及代码。其他无实际出境的货物，填报货物所在地的城市名称及代码。

小贴士

进出口货物收、付汇管理制度

对外贸易经营者在对外贸易经营活动中，应当依照国家有关规定结汇、用汇。这里所提的国家有关规定就是我国的外汇管理制度，即国家外汇管理局、中国人民银行及国务院其他有关部门，依据国务院《外汇管理条例》及其他有关规定，对包括经营项目外汇业务、资本项目外汇业务、金融机构外汇业务、人民币汇率的生成机制和外汇市场等领域实施的监督管理进出口货物收付汇管理是我国实施外汇管理的主要手段，也是我国外汇管理制度的重要组成部分。

1．出口货物收汇管理

我国对出口收汇管理采取的是外汇核销形式。国家为了防止出口单位将外汇截留境外，提高收汇率，国家外汇管理局先后颁布了《出口收汇核销管理办法》和《出口收汇核销管理办法实施细则》，规定了出口外汇核销单管理的方式，对出口货物实施直接收汇控制。“出口外汇核销单”是跟踪、监督出口单位出口后收汇核销和出口单位办理货物出口手续的重要凭证之一。该控制方式的具体内容是：国家外汇管理局制发出口外汇核销单，由货物的发货人或其代理人填写，外汇管理部门凭海关签注的出口外汇核销单和出口货物报关单出口收汇核销联及其相关电子数据核销收汇。

2．进口货物付汇管理

进口货物付汇管理与出口货物收汇管理一样，也采取外汇核销形式。国家为了防止汇出外汇而实际不进口商品的逃汇行为的发生，通过海关对进口货物的实际监管来监督进口付汇情况。其具体程序为：进口企业在进口付汇前需向付汇银行申请国家外汇管理局统一制发的“贸易进口付汇核销单”，凭以办理付汇。货物进口后，进口单位或其代理人凭海关出具的进口货物报关单付汇证明联及其相关电子数据向国家外汇管理局指定银行办理核销付汇。

（二十一）包装种类

本栏目填报进出口货物的所有包装材料，包括运输包装和其他包装，按海关规定的“包装种类代码表”选择填报相应的包装种类名称及代码。运输包装指提运单所列货物件数单位对应的包装，其他包装包括货物的各类包装，以及植物性铺垫材料等。

（二十二）件数

本栏目填报进出口货物运输包装的件数（按运输包装计）。特殊情况填报要求如下：

（1）舱单件数为集装箱的，填报集装箱个数。

（2）舱单件数为托盘的，填报托盘数。

不得填报为零，裸装货物填报为“1”。

（二十三）毛重（千克）

本栏目填报进出口货物及其包装材料的重量之和，计量单位为千克，不足1千克的填报为“1”。

（二十四）净重（千克）

本栏目填报进出口货物的毛重减去外包装材料后的重量，即货物本身的实际重量，计量单位为千克，不足1千克的填报为“1”。

小贴士

集装箱箱体

1．含义

集装箱箱体既是一种运输设备，又是一种货物。当货物用集装箱装载进出口货物时，集装箱箱体即作为一种运输设备；当一个企业购买进口或销售出口集装箱时，集装箱箱体则是一种普通的进出口货物。

集装箱箱体作为货物进出口是一次性的，更多情况下是作为运输设备暂时进出境的。这里介绍的是后一种情况。

集装箱装船

2．暂时进出境集装箱箱体的报关

暂时进出境的集装箱箱体报关有两种情况：

（1）境内生产的集装箱及我国营运人购买进口的集装箱在投入国际运输前，营运人应当向其所在地海关办理登记手续。

海关准予登记并符合规定的集装箱箱体，无论是否装载货物，海关准予暂时进境和异地出境，营运人或其代理人无须对箱体单独向海关办理报关手续，进出境时也不受规定的期限限制。

（2）境外集装箱箱体暂时进境，无论是否装载货物，承运人或其代理人应当对箱体单独向海关申报，并应当于入境之日起6个月内复运出境。如因特殊情况不能按期复运出境的，营运人应当向“暂时进境地”海关提出延期申请，经海关核准后可以延期，但延长期最长不得超过3个月，逾期应按规定向海关办理进口报关纳税手续。

（二十五）成交方式

本栏目根据进出口货物实际成交价格条款，按海关规定的“成交方式代码表”选择填报相应的成交方式代码。无实际进出境的货物，进口填报CIF，出口填报FOB。

小贴士

1. 成交方式中有关贸易术语的国际贸易惯例

（1）《1932年华沙—牛津规则》。

（2）《美国对外贸易定义1941年修订本》。

（3）《2020年国际贸易术语解释通则》（简称《2020年通则》）。

《2020年通则》贸易术语共11种，如图2-3所示。

适用于任何运输方式或多种运输方式的术语	适用于海运及内河水运的术语
EXW(Ex Works)：工厂交货	FAS(Free alongside Ship)：船边交货
FCA(Free Carrier)：货交承运人	FOB(Free on Broad)：船上交货
CPT(Carriage Paid to)：运费付至	CFR(Cost and Freight)：成本加运费
CIP(Carriage and Insurance Paid to)：运费、保险费付至	CIF(Cost, Insurance and Freight)：成本、保险费加运费
DAP(Delivered at Place)：目的地交货	
DPU(Delivered at Place Unloaded)：目的地卸货后交货	
DDP(Delivered Duty Paid)：完税后交货	

图2-3 《2020年通则》规定的11种贸易术语

2. 常见的成交方式

在我国进出口贸易活动中常见的成交方式有CIF、CFR、FOB、CPT、CIP等。值得注意的是，报关单填制中的诸如CIF、CFR、FOB等成交方式是中国海关规定的“成交方式代码表”中所指定的成交方式，与《2020年通则》中的贸易术语并非完全同一内涵。这里的CIF、CFR、FOB并不仅限于水路而适用于任何运输方式，主要体现成本、运费、保险费等成交价格构成因素，目的在于方便海关税费的计算。

（二十六）运费

本栏目填报进口货物运抵我国境内输入地点起卸前的运输费用，出口货物运至我国境内输出地点装载后的运输费用。

运费可按运费单价、总价或运费率三种方式之一填报，注明运费标记（运费标记“1”表示运费率，“2”表示每吨货物的运费单价，“3”表示运费总价），并按海关规定的“货币代码表”选择填报相应的币种代码。

免税品经营单位经营出口退税国产商品的，免予填报。

（二十七）保费

本栏目填报进口货物运抵我国境内输入地点起卸前的保险费用，出口货物运至我国境内输出地点装载后的保险费用。

保费可按保险费总价或保险费率两种方式之一填报，注明保险费标记（保险费标记“1”表示保险费率，“3”表示保险费总价），并按海关规定的“货币代码表”选择填报相应的币种代码。

免税品经营单位经营出口退税国产商品的，免予填报。

（二十八）杂费

本栏目填报成交价格以外的、按照《关税条例》相关规定应计入完税价格或应从完税价格中扣除的费用。可按杂费总价或杂费率两种方式之一填报，注明杂费标记（杂费标记“1”表示杂费率，“3”表示杂费总价），并按海关规定的“货币代码表”选择填报相应的币种代码。

应计入完税价格的杂费填报为正值或正率，应从完税价格中扣除的杂费填报为负值或负率。

免税品经营单位经营出口退税国产商品的，免予填报。

小贴士

1. 计入完税价格的项目

下列项目若由买方支付，必须计入完税价格，这些项目包括：

（1）除购货佣金以外的佣金和经纪费。佣金通常可分为购货佣金和销售佣金。

购货佣金指买方向其采购代理人支付的佣金，按照规定购货佣金不应该计入进口货物的完税价格。

销售佣金指卖方向其销售代理人支付的佣金，但上述佣金如果由买方直接付给卖方的代理人，按照规定应该计入完税价格。

经纪费指委托人向自己的经纪人支付的劳务费用，根据规定应该计入完税价格。

（2）与进口货物作为一个整体的容器费。与有关货物归入同一个税号的容器可以理解为与有关货物作为一个整体，例如：酒瓶与酒构成一个不可分割的整体，两者归入同一税号，应该计入完税价格。

（3）包装费。这里应注意包装费既包括材料费，也包括劳务费。

（4）协助的价值。在国际贸易中，买方以免费或以低于成本价的方式向卖方提供了一些货物或者服务，这些货物或服务的价值被称为协助的价值。

协助价值计入进口货物完税价格应满足以下条件：

1）由买方以免费或低于成本价的方式直接或间接提供。

2）未包括在进口货物的实付或应付价格之中。

3）与进口货物的生产和向我国境内销售有关。

4）可按适当比例分摊。

下列四项协助费用应计入：

1）进口货物所包含的材料、部件、零件和类似货物的价值。

2）在生产进口货物过程中使用的工具、模具和类似货物的价值。

3）在生产进口货物过程中消耗的材料的价值。

4）在境外完成的为生产该货物所需的工程设计、技术研发、工艺及制图等工作的价值。

（5）特许权使用费。特许权使用费是指进口货物的买方为取得知识产权权利人及权利人有效授权人关于专利权、商标权、专有技术、著作权、分销权或者销售权的许可或者转让而支付的费用。

以成交价格为基础审查确定进口货物的完税价格时，未包括在该货物实付、应付价格中的特许权使用费需计入完税价格，但是符合下列情形之一的除外：

1）特许权使用费与该货物无关。

2）特许权使用费的支付不构成该货物向我国境内销售的条件。

（6）返回给卖方的转售收益。如果买方在货物进口之后，把进口货物的转售、处置或使用的收益一部分返还给卖方，这部分收益的价格应该计入完税价格。

上述所有项目的费用或价值计入完税价格，必须同时满足三个条件：①由买方负担；②未包括在进口货物的实付或应付价格中；③有客观量化的数据资料。如果纳税义务人不能提供客观量化的数据资料，海关与纳税义务人进行价格磋商后，完税价格由海关依次采用其他估价方法估定。

2．扣减项目（不计入完税价格）

进口货物的价款中单独列明的下列税收、费用，不计入该货物的完税价格：

（1）厂房、机械或者设备等货物进口后发生的建设、安装、装配、维修或者技术援助费用，但是保修费用除外。

（2）货物运抵境内输入地点起卸后发生的运输及其相关费用、保险费。

（3）进口关税、进口环节税及其他国内税。

（4）为在境内复制进口货物而支付的费用。

（5）境内外技术培训及境外考察费用。

此外，同时符合下列条件的利息费用不计入完税价格：

（1）利息费用是买方为购买进口货物而融资所产生的。

（2）有书面的融资协议的。

（3）利息费用单独列明的。

（4）纳税义务人可以证明有关利率不高于在融资当时当地此类交易通常具有的利率水平，且没有融资安排的相同或者类似进口货物的价格与进口货物的实付、应付价格非常接近的。

（二十九）随附单证及编号

本栏目根据海关规定的“监管证件代码表”和“随附单据代码表”选择填报除上述第（十四）项所列的许可证件以外的其他进出口许可证件或监管证件、随附单据代码及编号。

本栏目分为随附单证代码和随附单证编号两栏，其中代码栏按海关规定的“监管证件代码表”和“随附单据代码表”选择填报相应证件代码；随附单证编号栏填报证件编号。

（1）加工贸易内销征税报关单（使用金关二期加贸管理系统的除外），随附单证代码栏填报“c”，随附单证编号栏填报海关审核通过的内销征税联系单号。

（2）一般贸易进出口货物，只能使用原产地证书申请享受协定税率或者特惠税率（以下统称优惠税率）的（无原产地声明模式），“随附单证代码”栏填报原产地证书代码“Y”，在“随附单证编号”栏填报“<优惠贸易协定代码>”和“原产地证书编号”。可以使用原产地证书或者原产地声明申请享受优惠税率的（有原产地声明模式），“随附单证代码”栏填报“Y”，“随附单证编号”栏填报“<优惠贸易协定代码>”、“C”（凭原产地证书申报）或“D”（凭原产地声明申报），以及“原产地证书编号（或者原产地声明序列号）”。一份报关单对应一份原产地证书或原产地声明。各优惠贸易协定代码如下：

“01”为“亚太贸易协定”。

“02”为“中国—东盟自贸协定”。

“03”为“内地与香港紧密经贸关系安排”（香港 CEPA）。

“04”为“内地与澳门紧密经贸关系安排”（澳门 CEPA）。

“06”为“台湾农产品零关税措施”。

“07”为“中国—巴基斯坦自贸协定”。

“08”为“中国—智利自贸协定”。

“10”为“中国—新西兰自贸协定”。

“11”为“中国—新加坡自贸协定”。

“12”为“中国—秘鲁自贸协定”。

“13”为“最不发达国家特别优惠关税待遇”。

“14”为“海峡两岸经济合作框架协议（ECFA）”。

“15”为“中国—哥斯达黎加自贸协定”。

“16”为“中国—冰岛自贸协定”。

“17”为“中国—瑞士自贸协定”。

“18”为“中国—澳大利亚自贸协定”。

“19”为“中国—韩国自贸协定”。

“20”为“中国—格鲁吉亚自贸协定”。

海关特殊监管区域和保税监管场所内销货物申请适用优惠税率的，有关货物进出海关特殊监管区域和保税监管场所以及内销时，已通过原产地电子信息交换系统实现电子联网的优惠贸易协定项下货物报关单，按照上述一般贸易要求填报；未实现电子联网的优惠贸易协定项下货物报关单，“随附单证代码”栏填报“Y”，“随附单证编号”栏填报“<优惠贸易协定代码>”和“原产地证据文件备案号”。“原产地证据文件备案号”为进出口货物的收发货物人或者其代理人录入原产地证据文件电子信息后，系统自动生成的号码。

向我国香港或者澳门特别行政区出口用于生产香港 CEPA 或者澳门 CEPA 项下货物的原材料时，按照上述一般贸易填报要求填制报关单，香港或澳门生产厂商在香港工贸署或者澳门经济局登记备案的有关备案号填报在“关联备案”栏。

“单证对应关系表”中填报报关单上的申报商品项与原产地证书（原产地声明）上的商品项之间的对应关系。报关单上的商品序号与原产地证书（原产地声明）上的项目编号应一一对应，不要求顺序对应。同一批次进口货物可以在同一报关单中申报，不享受优惠税率的货物序号不填报在“单证对应关系表”中。

（3）各优惠贸易协定项下，免提交原产地证据文件的小金额进口货物“随附单证代码”栏填报“Y”，“随附单证编号”栏填报“<优惠贸易协定代码>XJE00000”，“单证对应关系表”享惠报关单项号按实际填报，对应单证项号与享惠报关单项号相同。

小贴士

报关单证

准备申报的单证是报关员开始进行申报工作的第一步，是整个报关工作能否顺利进行的关键一步。申报单证可以分为主要单证、随附单证两大类，其中随附单证包括基本单证、特殊单证和预备单证。

主要单证即是指进出口报关单。进出口报关单是由报关员按照海关规定格式填制的申报单。

基本单证是指进出口货物的货运单据和商业单据，主要有进口提货单据、出口装货单据、商业发票、装箱单等。

特殊单证主要是指进出口许可证件、加工贸易登记手册（包括纸质手册和电子账册）、特定减免税证明、作为有些货物进出境证明的原进出口货物报关单证、出口收汇核销单、原产地证明书等。

预备单证主要是指贸易合同、进出口企业的有关证明文件等。这些单证，海关在审单、征税时可能需要调阅或者收取备案。

进出口货物收发货人或其代理人应向报关员提供基本单证、特殊单证、预备单证，报关员审核这些单证后据此填制报关单。

准备申报单证的原则是：基本单证、特殊单证、预备单证必须齐全、有效、合法；填制报关单必须真实、准确、完整；报关单与随附单证数据必须一致。

（三十）消费使用单位 / 生产销售单位

（1）消费使用单位填报已知的进口货物在境内的最终消费、使用单位的名称，包括：

1）自行进口货物的单位。

2）委托进出口企业进口货物的单位。

（2）生产销售单位填报出口货物在境内的生产或销售单位的名称，包括：

1）自行出口货物的单位。

2）委托进出口企业出口货物的单位。

3）免税品经营单位经营出口退税国产商品的，填报该免税品经营单位统一管理的免税店。

（3）减免税货物报关单的消费使用单位 / 生产销售单位应与“征免税证明”的“减免税申请人”栏一致；保税监管场所与境外之间的进出境货物，消费使用单位 / 生产销售单位填报保税监管场所的名称〔保税物流中心（B 型）填报中心内企业名称〕。

（4）海关特殊监管区域的消费使用单位 / 生产销售单位填报区域内经营企业（“加工单位”或“仓库”）。

（5）编码填报要求：

1）填报 18 位法人和其他组织统一社会信用代码。

2）无 18 位统一社会信用代码的，填报“NO”。

（6）进口货物在境内的最终消费或使用以及出口货物在境内的生产或销售的对象为自然人的，填报身份证号、护照号、台胞证号等有效证件号码及姓名。

（三十一）标记唛码及备注

本栏目填报要求如下：

（1）标记唛码中除图形以外的文字、数字，无标记唛码的填报“N/M”。

（2）受外商投资企业委托代理其进口投资设备、物品的进出口企业名称。

（3）与本报关单有关联关系的，同时在业务管理规范方面又要求填报的备案号，填报在电子数据报关单中“关联备案”栏。

保税间流转货物、加工贸易结转货物及凭“征免税证明”转内销货物，其对应的备案号填报在“关联备案”栏。

减免税货物结转进口（转入），“关联备案”栏填报本次减免税货物结转所申请的“中华人民共和国海关进口减免税货物结转联系函”的编号。

减免税货物结转出口（转出），“关联备案”栏填报与其相对应的进口（转入）报关单“备案号”栏中“征免税证明”的编号。

（4）与本报关单有关联关系的，同时在业务管理规范方面又要求填报的报关单号，填报在电子数据报关单中“关联报关单”栏。

保税间流转、加工贸易结转类的报关单，应先办理进口报关，并将进口报关单号填入出口报关单的“关联报关单”栏。

办理进口货物直接退运手续的，除另有规定外，应先填制出口报关单，再填制进口报关单，并将出口报关单号填报在进口报关单的“关联报关单”栏。

减免税货物结转出口（转出），应先办理进口报关，并将进口（转入）报关单号填入出口（转出）报关单的“关联报关单”栏。

（5）办理进口货物直接退运手续的，填报“<ZT”+“海关审核联系单号或者海关责令进口货物直接退运通知书编号”+“>”。办理固体废物直接退运手续的，填报“固体废物，直接退运表××号/责令直接退运通知书××号”。

（6）保税监管场所进出货物，在“保税/监管场所”栏填报本保税监管场所编码〔保税物流中心（B型）填报本中心的国内地区代码〕，其中涉及货物在保税监管场所间流转的，在本栏填报对方保税监管场所代码。

（7）涉及加工贸易货物销毁处置的，填报海关加工贸易货物销毁处置申报表编号。

（8）当监管方式为“暂时进出货物”（代码2600）和“展览品”（代码2700）时，填报要求如下：

1）根据《中华人民共和国海关暂时进出境货物管理办法》（海关总署令第233号，以下简称《管理办法》）第三条第一款所列项目，填报暂时进出境货物类别，如：暂进六、暂出九。

2）根据《管理办法》第十条规定，填报复运出境或者复运进境日期，期限应在货物进出境之日起6个月内，如：20180815前复运进境，20181020前复运出境。

3）根据《管理办法》第七条，向海关申请对有关货物是否属于暂时进出境货物进行审核确认的，填报“中华人民共和国××海关暂时进出境货物审核确认书”编号，如：<ZS海关审核确认书编号>，其中英文为大写字母；无此项目的，无须填报。

上述内容依次填报，项目间用“/”分隔，前后均不加空格。

4）收发货人或其代理人申报货物复运进境或者复运出境的：

货物办理过延期的，根据《管理办法》填报“货物暂时进/出境延期办理单”的海关回执编号，如：<ZS海关回执编号>，其中英文为大写字母；无此项目的，无须填报。

（9）跨境电子商务进出口货物，填报“跨境电子商务”。

（10）加工贸易副产品内销，填报“加工贸易副产品内销”。

（11）服务外包货物进口，填报“国际服务外包进口货物”。

（12）公式定价进口货物填报公式定价备案号，格式为：“公式定价”+备案编号+“@”。对于同一报关单下有多项商品的，如某项或某几项商品为公式定价备案的，则备注栏内填报为：“公式定价”+备案编号+“#”+商品序号+“@”。

（13）进出口与“预裁定决定书”列明情形相同的货物时，按照“预裁定决定书”

填报，格式为：“预裁定”+“预裁定决定书”编号（例如：某份预裁定决定书编号为R-2-0100-2018-0001，则填报为“预裁定 R-2-0100-2018-0001”）。

（14）含归类行政裁定报关单，填报归类行政裁定编号，格式为：“c”+四位数字编号（例如：c0001）。

（15）已经在进入特殊监管区时完成检验的货物，在出区入境申报时，填报“预检验”字样，同时在“关联报检单”栏填报实施预检验的报关单号。

（16）进口直接退运的货物，填报“直接退运”字样。

（17）企业提供 ATA 单证册的货物，填报“ATA 单证册”字样。

（18）不含动物源性低风险生物制品，填报“不含动物源性”字样。

（19）货物自境外进入境内特殊监管区或者保税仓库的，填报“保税入库”或者“境外入区”字样。

（20）海关特殊监管区域与境内区外之间采用分送集报方式进出的货物，填报“分送集报”字样。

（21）军事装备出入境的，填报“军品”或“军事装备”字样。

（22）申报 HS 为 3821000000、3002300000 的，属于下列情况的，填报要求为：属于培养基的，填报“培养基”字样；属于化学试剂的，填报“化学试剂”字样；不含动物源性成分的，填报“不含动物源性”字样。

（23）属于修理物品的，填报“修理物品”字样。

（24）属于下列情况的，填报“压力容器”“成套设备”“食品添加剂”“成品退换”“旧机电产品”等字样。

（25）申报 HS 为 2903890020（入境六溴环十二烷），用途为“其他（99）”的，填报具体用途。

（26）集装箱体信息填报集装箱号（在集装箱箱体上标示的全球唯一编号）、集装箱规格、集装箱商品项号关系（单个集装箱对应的商品项号，半角逗号分隔）、集装箱货重（集装箱箱体自重+装载货物重量，千克）。

（27）申报 HS 为 3006300000、3504009000、3507909010、3507909090、3822001000、3822009000，不属于“特殊物品”的，填报“非特殊物品”字样。“特殊物品”定义见《出入境特殊物品卫生检疫管理规定》。

（28）进出口列入目录的进出口商品及法律、行政法规规定须经出入境检验检疫机构检验的其他进出口商品实施检验的，填报“应检商品”字样。

（29）申报时其他必须说明的事项。

（三十二）项号

本栏目分两行填报。第一行填报报关单中的商品顺序编号；第二行填报备案序号，专用于加工贸易及保税、减免税等已备案、审批的货物，填报该项货物在“加工贸易手册”或“征免税证明”等备案、审批单证中的顺序编号。有关优惠贸易协定项下报关单填制要求按照海关总署相关规定执行。其中第二行特殊情况填报要求如下：

（1）深加工结转货物，分别按照“加工贸易手册”中的进口料件项号和出口成品项号填报。

（2）料件结转货物（包括料件、制成品和未完成品折料），出口报关单按照转出“加工贸易手册”中进口料件的项号填报；进口报关单按照转进“加工贸易手册”中进口料件的项号填报。

（3）料件复出货物（包括料件、边角料），出口报关单按照“加工贸易手册”中进口料件的项号填报；如边角料对应一个以上料件项号时，填报主要料件项号。料件退换货物（包括料件、不包括未完成品），进出口报关单按照“加工贸易手册”中进口料件的项号填报。

（4）成品退换货物，退运进境报关单和复运出境报关单按照“加工贸易手册”原出口成品的项号填报。

（5）加工贸易料件转内销货物（以及按料件办理进口手续的转内销制成品、残次品、未完成品）填制进口报关单，填报“加工贸易手册”进口料件的项号；加工贸易边角料、副产品内销，填报“加工贸易手册”中对应的进口料件项号。如边角料或副产品对应一个以上料件项号时，填报主要料件项号。

（6）加工贸易成品凭“征免税证明”转为减免税货物进口的，应先办理进口报关手续。进口报关单填报“征免税证明”中的项号，出口报关单填报“加工贸易手册”原出口成品项号，进、出口报关单货物数量应一致。

（7）加工贸易货物销毁，填报“加工贸易手册”中相应的进口料件项号。

（8）加工贸易副产品退运出口、结转出口，填报“加工贸易手册”中新增成品的出口项号。

（9）经海关批准实行加工贸易联网监管的企业，按海关联网监管要求，企业需申报报关清单的，应在向海关申报进出口（包括形式进出口）报关单前，向海关申报“清单”。一份报关清单对应一份报关单，报关单上的商品由报关清单归并而得。加工贸易电子账册报关单中项号、品名、规格等栏目的填制规范比照“加工贸易手册”。

（三十三）商品编号

本栏目填报由10位数字组成的商品编号。前8位为《进出口税则》和《海关统计商品目录》确定的编码；9、10位为监管附加编号。

（三十四）商品名称及规格型号

本栏目分两行填报。第一行填报进出口货物规范的中文商品名称，第二行填报规格型号。具体填报要求如下：

（1）商品名称及规格型号应据实填报，并与进出口货物收发货人或受委托的报关企业所提交的合同、发票等相关单证相符。

（2）商品名称应当规范，规格型号应当足够详细，以能满足海关归类、审价及许可证件管理要求为准，可参照《中华人民共和国海关进出口商品规范申报目录》中对商品名称、规格型号的要求进行填报。

（3）已备案的加工贸易及保税货物，填报的内容必须与备案登记中同项号下货物的商品名称一致。

（4）对需要海关签发“货物进口证明书”的车辆，商品名称栏填报“车辆品牌 + 排气量（注明 cc）+ 车型（如越野车、小轿车等）”。进口汽车底盘不填报排气量。车辆品牌按照《进口机动车辆制造厂名称和车辆品牌中英文对照表》（原质检总局 2004 年 52 号公告）中“签注名称”一栏的要求填报。规格型号栏可填报“汽油型”等。

（5）由同一运输工具同时运抵同一口岸并且属于同一收货人、使用同一提单的多种进口货物，按照商品归类规则应当归入同一商品编号的，应当将有关商品一并归入该商品编号。商品名称填报一并归类后的商品名称；规格型号填报一并归类后商品的规格型号。

（6）加工贸易边角料和副产品内销，边角料复出口，填报其报验状态的名称和规格型号。

（7）进口货物收货人以一般贸易方式申报进口属于《需要详细列名申报的汽车零部件清单》（海关总署 2006 年第 64 号公告）范围内的汽车生产件的，按以下要求填报：

1）商品名称填报进口汽车零部件的详细中文商品名称和品牌，中文商品名称与品牌之间用“/”相隔，必要时加注英文商业名称；进口的成套散件或者毛坯件应在品牌后加注“成套散件”“毛坯”等字样，并与品牌之间用“/”相隔。

2）规格型号填报汽车零部件的完整编号。在零部件编号前应当加注“S”字样，并与零部件编号之间用“/”相隔，零部件编号之后应当依次加注该零部件适用的汽车品牌和车型。汽车零部件属于可以适用于多种汽车车型的通用零部件的，零部件编号后应当加注“TY”字样，并用“/”与零部件编号相隔。与进口汽车零部件规格型号相关的其他需要申报的要素，或者海关规定的其他需要申报的要素，如“功率”“排气量”等，应当在车型或“TY”之后填报，并用“/”与之相隔。汽车零部件报验状态是成套散件的，应当在“标记唛码及备注”栏内填报该成套散件装配后的最终完整品的零部件编号。

（8）进口货物收货人以一般贸易方式申报进口属于《需要详细列名申报的汽车零部件清单》范围内的汽车维修件的，填报规格型号时，应当在零部件编号前加注“W”，并与零部件编号之间用“/”相隔；进口维修件的品牌与该零部件适用的整车厂牌不一致的，应当在零部件编号前加注“WF”，并与零部件编号之间用“/”相隔。其余申报要求同上条执行。

（9）品牌类型。品牌类型为必填项目。可选择“无品牌”（代码0）、“境内自主品牌”（代码1）、“境内收购品牌”（代码2）、“境外品牌（贴牌生产）”（代码3）、“境外品牌（其他）”（代码4）如实填报。其中，“境内自主品牌”是指由境内企业自主开发、拥有自主知识产权的品牌；“境内收购品牌”是指境内企业收购的原境外品牌；“境外品牌（贴牌生产）”是指境内企业代工贴牌生产中使用的境外品牌；“境外品牌（其他）”是指除代工贴牌生产以外使用的境外品牌。上述品牌类型中，除“境外品牌（贴牌生产）”仅用于出口外，其他类型均可用于进口和出口。

（10）出口享惠情况。出口享惠情况为出口报关单必填项目。可选择“出口货物在最终目的国（地区）不享受优惠关税”“出口货物在最终目的国（地区）享受优惠关税”“出口货物不能确定在最终目的国（地区）享受优惠关税”如实填报。进口货物报关单不填报该申报项。

（11）申报进口已获3C认证的机动车辆时，填报以下信息：

1）提运单日期。填报该项货物的提运单签发日期。

2）质量保质期。填报机动车的质量保证期。

3）发动机号或电机号。填报机动车的发动机号或电机号，应与机动车上打刻的发动机号或电机号相符。纯电动汽车、插电式混合动力汽车、燃料电池汽车为电机号，其他机动车为发动机号。

4）车辆识别代码（VIN）。填报机动车车辆识别代码，须符合国家强制性标准《道路车辆 车辆识别代号（VIN）》（GB 16735）的要求。该项目一般与机动车的底盘（车架号）相同。

5）发票所列数量。填报对应发票中所列进口机动车的数量。

6）品名（中文名称）。填报机动车中文品名，按《进口机动车辆制造厂名称和车辆品牌中英文对照表》的要求填报。

7）品名（英文名称）。填报机动车英文品名，按《进口机动车辆制造厂名称和车辆品牌中英文对照表》的要求填报。

8）型号（英文）。填报机动车型号，与机动车产品标牌上整车型号一栏相符。

（12）进口货物收货人申报进口属于实施反倾销反补贴措施货物的，填报“原厂商中文名称”“原厂商英文名称”“反倾销税率”“反补贴税率”和“是否符合价格承诺”等计税必要信息。

格式要求为：“|<><><><><>”。其中“|”“<”和“>”均为英文半角符号。第一

个“|”为在规格型号栏目中已填报的最后一个申报要素后系统自动生成或人工录入的分割符（若相关商品税号无规范申报填报要求，则需要手工录入“|”），“|”后面5个“<>”内容依次为“原厂商中文名称”“原厂商英文名称（如无原厂商英文名称，可填报以原厂商所在国或地区文字标注的名称，具体可参照商务部实施贸易救济措施相关公告中对有关原厂商的外文名称写法）”“反倾销税率”“反补贴税率”“是否符合价格承诺”。其中，“反倾销税率”和“反补贴税率”填报实际值，例如，税率为30%，则本栏目填报为“0.3”。“是否符合价格承诺”填报“1”或者“0”，“1”代表“是”，“0”代表“否”。填报时，5个“<>”不可缺项，如第3、4、5项“<>”中无申报事项，相应的“<>”中内容可以为空，但“<>”需要保留。

（三十五）数量及单位

本栏目分三行填报：

（1）第一行按进出口货物的法定第一计量单位填报数量及单位，法定计量单位以《海关统计商品目录》中的计量单位为准。

（2）凡列明有法定第二计量单位的，在第二行按照法定第二计量单位填报数量及单位。无法定第二计量单位的，第二行为空。

（3）成交计量单位及数量填报在第三行。

（4）法定计量单位为“千克”的数量填报，特殊情况下填报要求如下：

1）装入可重复使用的包装容器的货物，按货物扣除包装容器后的重量填报，如罐装同位素、罐装氧气及类似品等。

2）使用不可分割包装材料和包装容器的货物，按货物的净重填报（即包括内层直接包装的净重重量），如采用供零售包装的罐头、药品及类似品等。

3）按照商业惯例以公量重计价的商品，按公量重填报，如未脱脂羊毛、羊毛条等。

4）采用以毛重作为净重计价的货物，可按毛重填报，如粮食、饲料等大宗散装货物。

5）采用零售包装的酒类、饮料、化妆品，按照液体 / 乳状 / 膏状 / 粉状部分的重量填报。

（5）成套设备、减免税货物如需分批进口，货物实际进口时，按照实际报验状态确定数量。

（6）具有完整品或制成品基本特征的不完整品、未制成品，根据《商品名称及编码协调制度》归类规则按完整品归类的，按照构成完整品的实际数量填报。

（7）已备案的加工贸易及保税货物，成交计量单位必须与“加工贸易手册”中同项号下货物的计量单位一致，加工贸易边角料和副产品内销、边角料复出口，填报其报验状态的计量单位。

（8）优惠贸易协定项下进出口商品的成交计量单位必须与原产地证书上对应商品的计量单位一致。

（9）法定计量单位为立方米的气体货物，折算成标准状况（即摄氏零度及1个标准大气压）下的体积进行填报。

（三十六）单价、总价、币制

1. 单价

本栏目填报同一项号下进出口货物实际成交的商品单位价格。无实际成交价格的，填报单位货值。

2. 总价

本栏目填报同一项号下进出口货物实际成交的商品总价格。无实际成交价格的，填报货值。

3. 币制

本栏目按海关规定的“货币代码表”选择相应的货币名称及代码填报，如“货币代码表”中无实际成交币种，需将实际成交货币按申报日外汇折算率折算成“货币代码表”列明的货币填报。

常用货币代码表见表2-3。

表2-3 常用货币代码表

货币代码	货币符号	货币名称	货币代码	货币符号	货币名称	货币代码	货币符号	货币名称
110	HKD	港币	300	EUR	欧元	344	SUR	俄罗斯卢布
116	JPY	日元	302	DKK	丹麦克朗	501	CAD	加拿大元
132	SGD	新加坡元	303	GBP	英镑	502	USD	美元
133	KRW	韩国元	330	SEK	瑞典克朗	601	AUD	澳大利亚元
142	CHY	人民币	331	CHF	瑞士法郎	609	NZD	新西兰元

（三十七）原产国（地区）

本栏目依据《中华人民共和国进出口货物原产地条例》《中华人民共和国海关关于执行〈非优惠原产地规则中实质性改变标准〉的规定》以及海关总署关于各项优惠贸易协定原产地管理规章规定的原产地确定标准填报。同一批进出口货物的原产地不同的，分别填报原产国（地区）。进出口货物原产国（地区）无法确定的，填报“国别不详”。

按海关规定的“国别（地区）代码表”选择填报相应的国家（地区）名称及代码。

（三十八）最终目的国（地区）

本栏目填报已知的进出口货物的最终实际消费、使用或进一步加工制造国家（地区）。不经过第三国（地区）转运的直接运输货物，以运抵国（地区）为最终目的国（地区）；经过第三国（地区）转运的货物，以最后运往国（地区）为最终目的国（地区）。同一批进出口货物的最终目的国（地区）不同的，分别填报最终目的国（地区）。进出口货物不能确定最终目的国（地区）时，以尽可能预知的最后运往国（地区）为最终目的国（地区）。

按海关规定的“国别（地区）代码表”选择填报相应的国家（地区）名称及代码。

（三十九）境内目的地 / 境内货源地

境内目的地填报已知的进口货物在国内的消费、使用地或最终运抵地，其中最终运抵地为最终使用单位所在的地区。最终使用单位难以确定的，填报货物进口时预知的最终收货单位所在地。

境内货源地填报出口货物在国内的产地或原始发货地。出口货物产地难以确定的，填报最早发运该出口货物的单位所在地。

海关特殊监管区域、保税物流中心（B 型）与境外之间的进出境货物，境内目的地 / 境内货源地填报本海关特殊监管区域、保税物流中心（B 型）所对应的国内地区。

按海关规定的“国内地区代码表”选择填报相应的国内地区名称及代码。境内目的地还需根据“中华人民共和国行政区划代码表”选择填报其对应的县级行政区名称及代码。无下属区县级行政区的，可选择填报地市级行政区。

（四十）征免

按照海关核发的“征免税证明”或有关政策规定，对报关单所列每项商品选择海关规定的“征减免税方式代码表”中相应的征减免税方式填报。

加工贸易货物报关单根据“加工贸易手册”中备案的征免规定填报；“加工贸易手册”中备案的征免规定为“保金”或“保函”的，填报“全免”。

（四十一）特殊关系确认

根据《中华人民共和国海关审定进出口货物完税价格办法》（以下简称《审价办法》）第十六条，本栏目填报确认进出口行为中买卖双方是否存在特殊关系，有下列情形之一的，应当认为买卖双方存在特殊关系，应填报“是”，反之则填报“否”：

（1）买卖双方为同一家族成员的。

（2）买卖双方互为商业上的高级职员或者董事的。

（3）一方直接或者间接地受另一方控制的。

（4）买卖双方都直接或者间接地受第三方控制的。

（5）买卖双方共同直接或者间接地控制第三方的。

（6）一方直接或者间接地拥有、控制或者持有对方5%以上（含5%）公开发行的有表决权的股票或者股份的。

（7）一方是另一方的雇员、高级职员或者董事的。

（8）买卖双方是同一合伙的成员的。

买卖双方在经营上相互有联系，一方是另一方的独家代理、独家经销或者独家受让人，如果符合前款的规定，也应当视为存在特殊关系。

出口货物免予填报，加工贸易及保税监管货物（内销保税货物除外）免予填报。

（四十二）价格影响确认

根据《审价办法》第十七条，本栏目填报确认纳税义务人是否可以证明特殊关系未对进口货物的成交价格产生影响，纳税义务人能证明其成交价格与同时或者大约同时发生的下列任何一款价格相近的，应视为特殊关系未对成交价格产生影响，填报“否”，反之则填报“是”：

（1）向境内无特殊关系的买方出售的相同或者类似进口货物的成交价格。

（2）按照《审价办法》第二十三条的规定所确定的相同或者类似进口货物的完税价格。

（3）按照《审价办法》第二十五条的规定所确定的相同或者类似进口货物的完税价格。

出口货物免予填报，加工贸易及保税监管货物（内销保税货物除外）免予填报。

（四十三）支付特许权使用费确认

根据《审价办法》第十一条和第十三条，本栏目填报确认买方是否存在向卖方或者有关方直接或者间接支付与进口货物有关的特许权使用费，且未包括在进口货物的实付、应付价格中。

买方存在需向卖方或者有关方直接或者间接支付特许权使用费，且未包含在进口货物实付、应付价格中，并且符合《审价办法》第十三条的，在“支付特许权使用费确认”栏目填报“是”。

买方存在需向卖方或者有关方直接或者间接支付特许权使用费，且未包含在进口货物实付、应付价格中，但纳税义务人无法确认是否符合《审价办法》第十三条的，填报“是”。

买方存在需向卖方或者有关方直接或者间接支付特许权使用费且未包含在实付、应付价格中，纳税义务人根据《审价办法》第十三条，可以确认需支付的特许权使用费与进口货物无关的，填报“否”。

买方不存在向卖方或者有关方直接或者间接支付特许权使用费的，或者特许权使用费已经包含在进口货物实付、应付价格中的，填报“否”。

出口货物免予填报，加工贸易及保税监管货物（内销保税货物除外）免予填报。

（四十四）自报自缴

进出口企业、单位采用“自主申报、自行缴税”（自报自缴）模式向海关申报时，本栏目填报“是”；反之则填报“否”。

（四十五）申报单位

自理报关的，本栏目填报进出口企业的名称及编码；委托代理报关的，本栏目填报报关企业名称及编码。编码填报18位法人和其他组织统一社会信用代码。

报关人员填报在海关备案的姓名、编码、电话，并加盖申报单位印章。

（四十六）海关批注及签章

本栏目供海关作业时签注。

二、相关用语的含义

（1）报关单录入凭单，指申报单位按报关单的格式填写的凭单，用作报关单预录入的依据。该凭单的编号规则由申报单位自行决定。

（2）预录入报关单，指预录入单位按照申报单位填写的报关单凭单录入、打印由申报单位向海关申报，海关尚未接受申报的报关单。

（3）报关单证明联，指海关在核实货物实际进出境后按报关单格式提供的，用作进出口货物收发货人向国税、外汇管理部门办理退税和外汇核销手续的证明文件。

（4）以上填制规范所述尖括号（<>）、逗号（,）、连接符（-）、冒号（:）等标点符号及数字，填报时都必须使用非中文状态下的半角字符。

单元四　海关特殊监管区域备案清单及保税核注清单填制技术

一、海关特殊监管区域备案清单的填制

海关特殊监管区域企业向海关申报货物进出境、进出区，应填制“中华人民共和国海关进（出）境货物备案清单”（以下简称“备案清单”），海关特殊监管区域与境内（区外）之间进出的货物，区外企业应填制进（出）口货物报关单。保税货物流转按照相关规定执行。备案清单比照《中华人民共和国海关进出口货物报关单填制规范》的要求填制。

出境货物备案清单样本如图2-4所示，进境货物备案清单样本如图2-5所示。

中华人民共和国海关出境货物备案清单

预录入编号：　　海关编号：　　（XX海关）　　页码/页数：

境内发货人	出境关别	出境日期	申报日期	备案号
境外收货人	运输方式	运输工具名称及航次号	提运单号	
生产销售单位	监管方式		许可证号	
合同协议号	贸易国（地区）	运抵国（地区）	指运港	离境口岸

包装种类	件数	毛重（千克）	净重（千克）	成交方式	运费	保费	杂费
随附单证及编号							
标记唛码及备注							

项号	商品编号	商品名称及规格型号	数量及单位	单价/总价/币制	原产国（地区）	最终目的国（地区）	境内货源地

报关人员	报关人员证号	电话	兹申明对以上内容承担如实申报、依法纳税之法律责任	海关批注及签章
申报单位			申报单位（签章）	

图 2-4　出境货物备案清单样本

中华人民共和国海关进境货物备案清单

预录入编号：　　海关编号：　　（XX海关）　　页码/页数：

境内收货人	进境关别	进境日期	申报日期	备案号
境外发货人	运输方式	运输工具名称及航次号	提运单号	货物存放地点
消费使用单位	监管方式		许可证号	启运港
合同协议号	贸易国（地区）	启运国（地区）	经停港	入境口岸

包装种类	件数	毛重（千克）	净重（千克）	成交方式	运费	保费	杂费
随附单证及编号							
标记唛码及备注							

项号	商品编号	商品名称及规格型号	数量及单位	单价/总价/币制	原产国（地区）	最终目的国（地区）	境内目的地

报关人员	报关人员证号	电话	兹申明对以上内容承担如实申报、依法纳税之法律责任	海关批注及签章
申报单位			申报单位（签章）	

图 2-5　进境货物备案清单样本

二、保税核注清单的填制

海关总署 2018 年第 23 号公告《关于启用保税核注清单》说明：为推进实施以保税核注清单核注账册的管理改革，实现与加工贸易及保税监管企业料号级数据管理有机衔接，海关总署决定全面启用保税核注清单。为规范和统一保税核注清单管理，便利加工贸易及保税监管企业按照规定格式填制和向海关报送保税核注清单数据，特制保税核注清单填制规范，具体如下：

1. 预录入编号

本栏目填报核注清单预录入编号，预录入编号由系统根据接受申报的海关确定的规则自动生成。

2. 清单编号

本栏目填报海关接受保税核注清单报送时给予保税核注清单的编号，一份保税核注清单对应一个清单编号。

保税核注清单海关编号为 18 位，其中第 1～2 位为 QD（表示核注清单），第 3～6 位为接受申报海关的编号（海关规定的“关区代码表”中相应海关代码），第 7～8 位为海关接受申报的公历年份，第 9 位为进出口标志（“I”为进口，“E”为出口），后 9 位为顺序编号。

3. 清单类型

本栏目按照相关保税监管业务类型填报，包括普通清单、分送集报清单、先入区后报关清单、简单加工清单、保税展示交易清单、区内流转清单、异常补录清单等。

4. 手（账）册编号

本栏目填报经海关核发的金关工程二期加工贸易及保税监管各类手（账）册的编号。

5. 经营企业

本栏目填报手（账）册中经营企业海关编码、经营企业的社会信用代码、经营企业名称。

6. 加工企业

本栏目填报手（账）册中加工企业海关编码、加工企业的社会信用代码、加工企业名称，保税监管场所名称〔保税物流中心（B 型）填报中心内企业名称〕。

7. 申报单位编码

本栏目填报保税核注清单申报单位海关编码、申报单位社会信用代码、申报单位名称。

8. 企业内部编号

本栏目填报保税核注清单的企业内部编号或由系统生成流水号。

9. 录入日期

本栏目填报保税核注清单的录入日期，由系统自动生成。

10. 清单申报日期

申报日期指海关接受保税核注清单申报数据的日期。

11. 料件、成品标志

本栏目根据保税核注清单中的进出口商品为手（账）册中的料件或成品填报。料件、边角料、物流商品、设备商品填报“I”，成品填报“E”。

12. 监管方式

本栏目按照《报关单填制规范》要求填报。

特殊情形下填制要求如下：

调整库存核注清单，填报“AAAA”；设备解除监管核注清单，填报“BBBB”。

13. 运输方式

本栏目按照《报关单填制规范》要求填报。

14. 进（出）口口岸

本栏目按照《报关单填制规范》要求填报。

15. 主管海关

主管海关指手（账）册主管海关。

16. 起运 / 运抵国（地区）

本栏目按照《报关单填制规范》要求填报。

17. 核扣标志

本栏目填报清单核扣状态。海关接受清单报送后，由系统填写。

18. 清单进出卡口状态

清单进出卡口状态是指特殊监管区域、保税物流中心等货物，进出卡口的状态。海关接受清单报送后，根据关联的核放单过卡情况由系统填写。

19. 申报表编号

本栏目填报经海关备案的深加工结转、不作价设备结转、余料结转、区间流转、分送集报、保税展示交易、简单加工申报表编号。

20．流转类型

本栏目填报保税货物流（结）转的实际类型，包括：加工贸易深加工结转、加工贸易余料结转、不作价设备结转、区间深加工结转、区间料件结转。

21．录入单位

本栏目填报保税核注清单录入单位海关编码、录入单位社会信用代码、录入单位名称。

22．报关标志

本栏目由企业根据加工贸易及保税货物是否需要办理报关单（进出境备案清单）申报手续填报。需要报关的填报为“报关”，不需要报关的填报为“非报关”。

（1）以下货物可填报为“非报关”或“报关”：

1）金关二期手（账）册间余料结转、加工贸易不作价设备结转。

2）加工贸易销毁货物（销毁后无收入）。

3）特殊监管区域、保税监管场所间或与区（场所）外企业间流（结）转货物（减免税设备结转除外）。

（2）设备解除监管、库存调整类核注清单必须填报为“非报关”。

（3）其余货物必须填报为“报关”。

23．报关类型

加工贸易及保税货物需要办理报关单（备案清单）申报手续时填报，包括关联报关、对应报关。

（1）“关联报关”适用于特殊监管区域、保税监管场所申报与区（场所）外进出货物，区（场所）外企业使用 H2010 手（账）册或无手（账）册。

（2）特殊区域内企业申报的进出区货物需要由本企业办理报关手续的，本栏目填报为“对应报关”。

（3）“报关标志”栏可填报为“非报关”的货物，如填报为“报关”时，本栏目必须填报为“对应报关”。

（4）其余货物填报为“对应报关”。

24．报关单类型

本栏目按照报关单的实际类型填报。

25．对应报关单（备案清单）编号

本栏目填报保税核注清单（报关类型为对应报关）对应报关单（备案清单）的海关编号。海关接受报关单申报后，由系统填写。

26. 对应报关单（备案清单）申报单位

本栏目填报保税核注清单对应的报关单（备案清单）申报单位海关编码、单位名称、社会信用代码。

27. 关联报关单编号

本栏目填报保税核注清单（报关类型为关联报关）关联报关单的海关编号。海关接受报关单申报后，由系统填写。

28. 关联清单编号

本栏目填报要求如下：

（1）加工贸易及保税货物流（结）转、不作价设备结转进口保税核注清单编号。

（2）设备解除监管时填报原进口保税核注清单编号。

（3）进口保税核注清单无须填报。

29. 关联备案编号

本栏目填报要求如下：

加工贸易及保税货物流（结）转保税核注清单本栏目填报对方手（账）册备案号。

30. 关联报关单收发货人

本栏目填报关联报关单收发货人名称、海关编码、社会信用代码，按报关单填制规范要求填报。

31. 关联报关单消费使用单位 / 生产销售单位

本栏目填报关联报关单消费使用单位/生产销售单位名称、海关编码、社会信用代码，按报关单填制规范要求填报。

32. 关联报关单申报单位

本栏目填报关联报关单申报单位名称、海关编码、社会信用代码。

33. 报关单申报日期

本栏目填报与保税核注清单一一对应的报关单的申报日期。海关接受报关单申报后由系统填写。

34. 备注（非必填项）

本栏目填报要求如下：

（1）涉及加工贸易货物销毁处置的，填报海关加工贸易货物销毁处置申报表编号。

（2）加工贸易副产品内销，在本栏内填报“加工贸易副产品内销”。

（3）申报时其他必须说明的事项填报在本栏目。

35. 序号

本栏目填报保税核注清单中商品顺序编号。系统自动生成。

36. 备案序号

本栏目填报进出口商品在保税底账中的顺序编号。

37. 商品料号

本栏目填报进出口商品在保税底账中的商品料号级编号。由系统根据保税底账自动填写。

38. 报关单商品序号

本栏目填报保税核注清单商品项在报关单中的商品顺序编号。

39. 申报表序号

本栏目填报进出口商品在保税业务申报表商品中的顺序编号。

设备解除监管核注清单，填报原进口核注清单对应的商品序号。

40. 商品编码

本栏目填报的商品编号由 10 位数字组成。前 8 位为《进出口税则》确定的进出口货物的税则号列，同时也是《海关统计商品目录》确定的商品编码，后 2 位为符合海关监管要求的附加编号。

加工贸易等已备案的货物，填报的内容必须与备案登记中同项号下货物的商品编码一致，由系统根据备案序号自动填写。

41. 商品名称、规格型号

本栏目按企业管理实际如实填报。

42. 币制

本栏目按照《报关单填制规范》要求填报。

43. 数量及单位

本栏目按照《报关单填制规范》要求填报。其中第一比例因子、第二比例因子、重量比例因子分别填报申报单位与法定计量单位、第二法定计量单位、重量（千克）的换算关系。非必填项。

44. 单价、总价

单价和总价按照《报关单填制规范》要求填报。

45. 产销国（地区）

按照《报关单填制规范》中有关原产国（地区）、最终目的国（地区）要求填报。

46. 毛重（千克）

本栏目填报进出口货物及其包装材料的重量之和，计量单位为千克，不足 1 千克的填报为“1”。非必填项。

47. 净重（千克）

本栏目填报进出口货物的毛重减去外包装材料后的重量，即货物本身的实际重量，计量单位为千克，不足 1 千克的填报为“1”。非必填项。

48. 征免规定

本栏目应按照手（账）册中备案的征免规定填报；手（账）册中的征免规定为“保金”或“保函”的，应填报“全免”。

49. 单耗版本号

本栏目适用加工贸易货物出口保税核注清单。本栏目应与手（账）册中备案的成品单耗版本一致。非必填项。

50. 简单加工保税核注清单成品

该项由简单加工申报表调取，具体字段含义与填制要求与上述字段一致。

Module 3

模块三

进出口商品归类知识及技术

➲ 职业素养 // 国际视野

2012年版《商品名称及编码协调制度》的修订中，我国提议首获成功，标志着我国海关从《协调制度》使用者向协调制度体系的建设者迈出了重要的一步。我国海关积极参与讨论的全过程，提交了375个修订议题对案，反映我国的经贸利益。在这次修订中，本着在WTO框架下争取本国利益的目标，经过产业调研和艰苦谈判，根据中国提的议案，占世界贸易量40%以上的“机场用登机桥”、中国特色的“百合花”“普洱茶”等我国具有竞争优势和贸易特色的产品成功列入2012版《协调制度》目录和注释中，解决了企业在实际出口过程中遭遇各国商品归类不统一带来的通关困难，消除了企业海外营销战略的不良影响，为我国优势商品参与国际竞争创造了公平条件。

随着中国经济的发展，与世界的连接越来越多，商品归类是专业性极强的知识和技术，需要从业者掌握国际贸易商品分类的标准语言。从业者在开展商品归类作业时应具备国际视野，即要定位在国际背景，超越民族背景，融入世界，以更宏观甚至超越人类的眼光看世界。在融入世界的过程中，要客观地定位和分析，在国际舞台上，展示自身的专业知识与能力，站在全世界、全人类的高度，做出具备国际视野的商品归类技术水平。

单元一　商品归类概述

进出口商品归类是指在《商品名称及编码协调制度》（以下简称《协调制度》）（The Harmonized Commodity Description and Coding System，HS）商品分类目录体系下，以《进出口税则》为基础，按照《进出口税则商品及品目注释》（以下简称《商品及品目注释》）、《中华人民共和国进出口税则本国子目注释》（以下简称《本国子目注释》）以及海关总署发布的关于商品归类的行政裁定、商品归类决定的要求，确定进出口货物商品编码的活动。

进出口商品归类是海关监管、海关征税及海关统计的基础，归类的正确与否直接关系到进出口货物能否顺利通关，进出口商品归类与报关单位的切身利益也密切相关。因此，进出口商品归类知识是报关员必须掌握的基本技能之一。

一、《协调制度》基本结构

《协调制度》主要由三部分组成：

（1）按系统顺序排列的商品编码表。

（2）类注释、章注释及子目注释。

（3）归类总规则。

二、商品编码表

商品编码表由商品编码（HS 编码）和商品名称组成。《协调制度》将国际贸易商品分为二十一类、97 章，其中第 77 章是空章。为方便海关统计，我国在海关统计目录中增设了第二十二类，即第 98 章和第 99 章，主要包括的商品有特殊交易品和未分类商品以及新疆棉。《协调制度》最主要内容是品目（税目）和子目。

2017 年版的《协调制度》中前 4 位编码（品目）共有 1 222 个，4 位数级货品名称称为品目条文（税目条文），主要限定了 4 位编码所包括商品的名称、规格、成分、用途、加工程度或方式等，是《协调制度》具有法律效力的归类依据。前 6 位编码共有 5 387 个，5、6 位数级货品名称称为子目条文，主要限定了税目条文项下子目所包括具体的商品名称、规格、成分等，也是具有法律效力的归类依据。

为保护我国的民族工业，促进对外贸易向着有利于我国工业的方向发展，中国海关在《协调制度》6 位编码的基础上增设了第 7、8 位编码，即我国的本国子目。对一些有特殊规定的商品，我国又增设了 9、10 位编码。

HS 编码是一种结构性编码：第 1、2 位是章目（即章号），第 3、4 位是税目（即章里的税号），第 5 位是一级子目（也称五位数级子目），第 6 位是二级子目（也称六位数级子目），同理，第 7、8 位是三、四级子目（也称七、八位数级子目）。

第 5 ～ 8 位上出现数字“9”，则通常情况下代表未具体列名的商品，即在“9”的前面一般留有空序号以便用于修订时增添新商品。

三、《协调制度》注释

《协调制度》中的注释是解释说明性的规定。

这些注释主要是对子目进行规定、限制和说明的，称为子目注释，它一般位于类注、章注或章标题下；对类进行规定限制和说明的，称为类注，位于类标题下；对章进行规定、限制和说明的，称为章注，位于章标题下。

注释是为限定《协调制度》中各类、章、品目和子目所属货品的准确范围，简化品目和子目条文文字，杜绝商品分类的交叉，保证商品归类的正确而设立的。

注释主要单独或综合运用下列方式：

（1）详列货品名称、加工方式等，用提示的方法方便归类。采用此种方式的注释主要有两种表现形式，分别起到限定品目及子目货品范围或避免归类错误等作用。为限定货品范围而设定的注释通常采用逐一列举某一（或某些）品目包括的所有货品的方式，例如第 31 章章注 2 逐一列举了品目 3102 只适用于的四类货品，从而限定了品目 3102 所属化肥的品种范围。为发挥预警作用，避免产生错误归类而设的注释通常采用详细列举某一（或某些）品目包括的容易发生归类错误的货品，例如第 7 章章注 2 详细列举了品目 0709、0710、0711 及 0712 包括的容易发生归类错误的蔬菜名称，从而起到预警作用，减少了发生归类错误的可能。前者在表述时多有“仅”“只”等限定性字眼；后者常用“包括”等词汇。

（2）列举典型货品名称或允许加工方式等，用以说明货品含义，以便用类比的方法进行商品归类。例如第 49 章章注 4（1）列举了品目 4901 包括的货品，使归类时有了参照物。

（3）用排他条款详列或列举不得归入本类、章、品目及子目的货品名称，或不允许采用的加工方式等，杜绝商品错误归类现象的发生。如第 67 章章注 1 详列了不得归入该章的六类货品；第 48 章章注 1（15）列举了不得归入该章的第 95 章货品玩具等。

（4）用定义形式明确商品法律归类时的含义。此定义常常与传统的商品定义不完全相同。例如第 52 章子目注释对粗斜纹布所下的定义。

（5）改变货品名称概念，扩大或缩小货品范围。例如第 5 章章注 4 通过改变马毛的概念，扩大了本目录中马毛的范围。

（6）解释类、章及品目和子目条文中使用的名词。例如第十一类子目注释解释了该类子目中使用的 10 个名词。

（7）阐述货品归类规定。如第十一类类注二，规定了由两种或两种以上纺织材料混合制成的货品的归类原则。

注释也是具有法律效力的商品归类依据，除另有说明外，一般只限于使用在相应的类、章、品目及子目。需要注意，在有说明时注释可超出通常的使用范围。例如，第十五类类注二规定了通用零件的范围和应归入的品目，该注释所述通用零件即使只适合使用于其他类的机器，也应归入第十五类相应品目。

运用注释解决品目商品归类时，注释和品目条文居于同等优先使用的地位。需要注意的是子目归类、子目注释是优先使用的注释，其次是章注和类注。即三者发生矛盾时服从于子目注释。

要想将变化无穷、种类繁多的进出口商品准确无误地归入恰当的税目项下，就需要将《协调制度》中商品分类的普遍规律加以归纳总结，并作为规则列出，《协调制度》又专门列出了归类总规则，这些规则共有六条，作为指导整个《协调制度》商品分类的总原则。

四、目录号列介绍

《进出口税则》中的商品号列被称为税号，为满足征税需要，每项税号后列出了该商品的税率；《海关统计商品目录》中的商品号列被称为商品编号，为满足统计需要，每项商品编号后列出了该商品的计量单位。

海关商品分类目录以《协调制度》为基础，在商品的分类和编排上具有一定的规律。从类来看，基本上是按照社会生产的分工（或生产部类）划分的，即将属于同一生产部类的产品归在同一类中；从章来看，基本上是按照商品的属性、功能和用途划分的，每章中各税（品）目的排列顺序一般按照动物、植物、矿物质产品或原材料、半成品、制成品的顺序编排。

目录采用结构号列，即税（品）目的号列不是简单的顺序号，而是具有一定含义的编码。

《协调制度》中的编码只有6位数，而我国进出口税则中的编码为8位数，其中第7、8位是我国根据实际情况加入的“本国子目”。

五、归类的依据

进出口货物的商品归类应当遵循客观、准确、统一的原则。

具体来说，对进出口货物进行商品归类的依据是：

（1）《进出口税则》。

（2）《商品及品目注释》。

（3）《本国子目注释》。

（4）海关总署发布的关于商品归类的行政裁定。

（5）海关总署发布的商品归类决定。

单元二　归类总规则

货品在协调制度中的归类，应遵循以下规则：

规则一

条文内容

类、章及分章的标题，仅为查找方便而设；具有法律效力的归类，应按品目条文和有关类注或章注确定，如品目、类注或章注无其他规定，则按以下规则确定。

注释

（1）《协调制度》系统地列出了国际贸易的货品，将这些货品分为类、章及分章，每类、章或分章都有标题，尽可能确切地列明所包括货品种类的范围。但在许多情况下，归入某类或某章的货品种类繁多，类、章标题不可能将其一一列出，全都包括进去。

（2）因此，本规则一开始就说明，标题“仅为查找方便而设”。据此，标题对商品归类不具有法律效力。

（3）本规则第二部分规定，商品归类应按以下原则确定：

1）按照品目条文及任何相关的类、章注释确定。

2）如品目条文或类、章注释无其他规定，则按规则二、三、四及五的规定确定。

（4）以上注释（3）第1）项所规定的已很明确，许多货品无须借助归类总规则的其他条款即可归入《协调制度》中〔例如，活马（品目0101）、第三十章注释四所述的医药用品（品目3006）〕。

（5）以上注释（3）第2）项所称“如品目和类、章注释无其他规定”，旨在明确品目条文及任何相关的类、章注释是最重要的，换言之，它们是在确定归类时应首先考虑的规定。例如，第31章的注释规定该章某些品目仅包括特定的货品，因此，这些品目就不能够扩大为包括根据规则二（二）的规定可归入这些品目的货品。

规则二

条文内容

规则二（一）：品目所列货品，应视为包括该项货品的不完整品或未制成品，只要在报验时该项不完整品或未制成品具有完整品或制成品的基本特征；还应视为包括该项货品的完整品或制成品（或按本款规则可作为完整品或制成品归类的货品）在报验时的未组装件或拆散件。

规则二（二）：品目中所列材料或物质，应视为包括该种材料或物质与其他材料或物质混合或组合的物品。品目所列某种材料或物质构成的货品，应视为包括全部或部分由该种材料或物质构成的货品。由一种以上材料或物质构成的货品，应按规则三的原则归类。

注释

1．规则二（一）第一部分（不完整品或未制成品）

（1）规则二（一）第一部分将所有列出某一些物品的品目范围扩大为不仅包括完整的物品，而且还包括该物品的不完整品或未制成品，只要报验时它们具有完整品或制成品的基本特征。

（2）本款规则的规定也适用于毛坯，除非该毛坯已在某一品目具体列名。所称“毛坯”，是指已具有制成品或零件的大概形状或轮廓，但还不能直接使用的物品。除极个别的情况外，它们仅可用于加工成制成品或零件（例如，初制成型的塑料瓶，为管状的中间产品，其一端封闭而另一端为带螺纹的瓶口，瓶口可用带螺纹的盖子封闭，螺纹瓶口下面的部分准备膨胀成所需尺寸和形状）。

尚未具有制成品基本形状的半制成品（例如，常见的杆、盘、管等）不应视为“毛坯”。

（3）鉴于第一类至第六类各品目的商品范围，本款规则这一部分的规定一般不适用于这六类所包括的货品。

（4）运用本款规则的几个实例，参见有关类、章（例如，第十六类和第61、62、86、87、90章）的相关提示。

2．规则二（一）第二部分（物品的未组装件或拆散件）

（1）规则二（一）第二部分规定，完整品或制成品的未组装件或拆散件应归入已组装物品的同一品目。货品以未组装或拆散形式报验，通常是由于包装、装卸或运输上的需要，或是为了便于包装、装卸或运输。

（2）本款规则也适用于以未组装或拆散形式报验的不完整品或未制成品，只要按照本规则第一部分的规定，它们可作为完整品或制成品看待。

（3）本款规则所称“报验时的未组装件或拆散件”，是指其各种部件仅仅通过紧固件（螺钉、螺母、螺栓等），或通过铆接、焊接等组装方法即可装配起来的物品。

组装方法的复杂性可不予考虑，但其各种部件无须进一步加工成制成品。

某一物品的未组装部件如超出组装成品所需数量的，超出部分应单独归类。

3．规则二（二）（不同材料或物质的混合品或组合品）

（1）规则二（二）是关于材料或物质的混合品及组合品，以及由两种或多种材料或物质构成的货品。它所适用的品目是列出某种材料或物质的品目（例如，品目0507列出“象牙”）和列出某种材料或物质制成的货品的品目（例如，品目4503列出“天然软木制品”）。应注意到，只有在品目条文和类、章注释无其他规定的情况下才能运用本款规则（例如，品目1503列出“液体猪油，未经混合”，这就不能运用本款规则）。

在类、章注释或品目条文中列为调制品的混合物，应按规则一的规定进行归类。

（2）本款规则旨在将列出某种材料或物质的任何品目扩大为包括该种材料或物质与其他材料或物质的混合品或组合品，同时旨在将列出某种材料或物质构成的货品的任何品目扩大为包括部分由该种材料或物质构成的货品。

（3）但是，不应将这些品目扩大到包括按规则一的规定不符合品目条文要求的货品；当添加了另外一种材料或物质，使货品丧失了原品目所列货品特征时，就会出现这种情况。

（4）本规则最后规定，不同材料或物质的混合品及组合品，以及由一种以上材料或物质构成的货品，如果看起来可归入两个或两个以上品目的，必须按规则三的原则进行归类。

规则三

条文内容

当货品按规则二（二）或由于其他原因看起来可归入两个或两个以上品目时，应按以下规则归类：

规则三（一）：列名比较具体的品目，优先于列名一般的品目。但是，如果两个或两个以上品目都仅述及混合或组合货品所含的某部分材料或物质，或零售的成套货品中的部分货品，即使其中某个品目对该货品描述得更为全面、详细，这些货品在有关品目的列名应视为同样具体。

规则三（二）：混合物、不同材料构成或不同部件组成的组合物以及零售的成套货品，如果不能按照规则三（一）归类时，在本款可适用的条件下，应按构成货品基本特征的材料或部件归类。

规则三（三）：货品不能按照规则三（一）或（二）归类时，应按号列顺序归入其可归入的最末一个品目。

注释

（1）对于根据规则二（二）或由于其他原因看起来可归入两个或两个以上品目的货品，本规则规定了三种归类方法。这三种方法应按其在本规则的先后次序加以运用。据此，只有在不能按照规则三（一）归类时，才能运用规则三（二）；不能按照规则三（一）和（二）归类时，才能运用规则三（三）。因此，它们的优先次序为：①具体列名；②基本特征；③从后归类。

（2）只有在品目条文和类、章注释无其他规定的情况下，才能运用本规则。例如，第97章章注4（2）规定，根据品目条文既可归入品目9701至9705中的一个品目，又可归入品目9706的货品，应归入品目9701至9705中的其中一个品目。这些货品应按第97章章注4（2）的规定归类，而不应根据本规则进行归类。

（3）规则三（一）：

1）规则三（一）规定了第一种归类方法，它规定列名比较具体的品目优先于列名一般的品目。

2）通过制订几条一刀切的规则来确定哪个品目比其他品目列名更为具体是行不通的。但作为一般原则可以这样说：

一是列出品名比列出类名更为具体（例如，电动剃须刀及电动理发推子应归入品目8510，而不应作为本身装有电动机的手提式工具归入品目8467或作为家用电动机械器具归入品目8509）。

二是如果某一品目所列名称更为明确地述及某一货品，则该品目要比所列名称不那么明确述及该货品的其他品目更为具体。

后一类货品举例如下：

① 确定为用于小汽车的簇绒地毯，不应作为小汽车附件归入品目8708，而应归入品目5703，因品目5703所列地毯更为具体。

② 钢化或层压玻璃制的未镶框安全玻璃，已制成一定形状并确定用于飞机上。该货品不应作为品目8801或8802所列货品的零件归入品目8803，而应归入品目7007，因品目7007所列安全玻璃更为具体。

3）但是，如果两个或两个以上品目都仅述及混合或组合货品所含的某部分材料或物质，或零售成套货品中的部分货品，即使其中某个品目比其他品目描述得更为全面、详细，这些货品在有关品目的列名应视为同样具体。在这种情况下，货品的归类应按规则三（二）或（三）的规定加以确定。

（4）规则三（二）：

1）第二种归类方法仅涉及：

①混合物。

②不同材料的组合货品。

③不同部件的组合货品。

④零售的成套货品。

只有在不能按照规则三（一）归类时，才能运用本款规则。

2）无论如何，在本款可适用的条件下，这些货品应按构成货品基本特征的材料或部件归类。

3）对于不同的货品，确定其基本特征的因素会有所不同。例如，可根据其所含材料或部件的性质、体积、数量、重量或价值来确定货品的基本特征，也可根据所含材料对货品用途的作用来确定货品的基本特征。

4）本款规则所称“不同部件组成的组合物”，不仅包括各部件相互固定组合在一起，构成了实际不可分离整体的货品，还包括其部件可相互分离的货品，但这些部件必须是相互补足，配合使用，构成一体并且通常不单独销售的。

后一类货品举例如下：

①由一个带活动烟灰盘的架子构成的烟灰盅。

②由一个特制的架子（通常为木制的）及几个形状、规格相配的装调味料的空瓶子组成的家用调味架。

这类组合货品的各件一般都装于同一包装内。

5）本款规则所称“零售的成套货品”，是指同时符合以下三个条件的货品：

第一，由至少两种看起来可归入不同品目的不同物品构成的。因此，例如，六把乳酪叉不能视为本款规则所称的成套货品。

第二，为了迎合某项需求或开展某项专门活动而将几件产品或物品包装在一起的。

第三，其包装形式适于直接销售给用户而无须重新包装的（例如，装于盒、箱内或固定于板上）。

据此，它包括由不同食品搭配而成，配在一起调制后可成为即食菜或即食饭的成套食品。

可按规则三（二）的规定进行归类的成套货品举例如下：

①由一个夹牛肉（不论是否夹奶酪）的小圆面包构成的三明治（品目1602）和法式炸土豆片（品目2004）包装在一起的成套货品。

该货品应归入品目1602。

② 配制一餐面条的成套货品，由装于一纸盒内的一包未煮的面条（品目 1902）、一小袋乳酪粉（品目 0406）及一小罐番茄酱（品目 2103）组成。

该货品应归入品目 1902。

但本规则不适用于将可选择的不同产品包装在一起组成的货品。例如：

一罐小虾（品目 1605）、一罐肝酱（品目 1602）、一罐乳酪（品目 0406）、一罐火腿肉片（品目 1602）及一罐开胃香肠（品目 1601）。

一瓶品目 2208 的烈性酒及一瓶品目 2204 的葡萄酒。

对于以上两例所列及类似货品，应将每种产品分别归入其相应品目。

③ 由一个电动理发推子（品目 8510）、一把梳子（品目 9615）、一把剪子（品目 8213）、一把刷子（品目 9603）及一条毛巾（品目 6302）装在一个皮匣子（品目 4202）内所组成的成套理发工具。

该货品应归入品目 8510。

④ 由一把尺子（品目 9017）、一个圆盘计算器（品目 9017）、一个绘图圆规（品目 9017）、一支铅笔（品目 9609）及一个卷笔刀（品目 8214）装在一个塑料片制的盒子（品目 4202）内所组成的成套绘图器具。

该货品应归入品目 9017。

以上成套货品应按其构成整套货品基本特征的部件进行归类。

6）本款规则不适用于按规定比例将分别包装的各种组分包装在一起，供生产饮料等用的货品，不论其是否装在一个共同包装内。

规则四

条文内容

根据上述规则无法归类的货品，应归入与其最相类似的货品的品目。

注释

（1）本规则适用于不能按照规则一至三归类的货品。它规定，这些货品应归入与其最相类似的货品的品目中。

（2）在按照规则四归类时，有必要将报验货品与类似货品加以比较，以确定其与哪种货品最相类似。所报验的货品应归入与其最相类似的货品的同一品目。

当然，所谓“类似”取决于许多因素，例如，货品名称、特征、用途。

规则五

条文内容

除上述规则外，本规则适用于下列货品的归类：

规则五（一）：制成特殊形状或适用于盛装某一或某套物品，适合长期使用的照相机套、乐器盒、枪套、绘图仪器盒、项链盒及类似容器，如果与所装物品同时报验，并通常与所装物品一同出售的，应与所装物品一并归类。但本款不适用于本身构成整个货品基本特征的容器。

规则五（二）：除规则五（一）规定的以外，与所装货品同时报验的包装材料或包装容器，如果通常是用来包装这类货品的，应与所装货品一并归类。但明显可重复使用的包装材料和包装容器不受本款限制。

注释

1. 规则五（一）（箱、盒及类似容器）

（1）本款规则仅适用于同时符合以下各条规定的容器：

1）制成特定形状或适用于盛装某一或某套物品的，即按所要盛装的物品专门设计的。

2）有些容器还制成所装物品的特殊形状；适合长期使用的，即在设计上容器的使用期限与所盛装的物品相称。在物品不使用期间（例如，运输或储藏期间），这些容器还起到保护物品的作用。

3）本条标准使其与简单包装区别开来；与所装物品一同报验的，不论其是否为了运输方便而与所装物品分开包装。单独报验的容器应归入其相应品目。

4）通常与所装物品一同出售的。

5）以及本身并不构成整个货品基本特征的。

（2）与所装物品一同报验并可按照本规则进行归类的容器的举例如下：

1）首饰盒及箱（品目 7113）。

2）电动剃须刀套（品目 8510）。

3）望远镜盒（品目 9005）。

4）乐器盒、箱及袋（例如，品目 9202）。

5）枪套（例如，品目 9303）。

（3）本款规则不包括某些容器（例如，装有茶叶的银质茶叶罐或装有糖果的装饰性瓷碗）。

2. 规则五（二）（包装材料及包装容器）

（1）本款规则对通常用于包装有关货品的包装材料及包装容器的归类作了规定。但明显可重复使用的包装材料和包装容器，例如，某些金属桶及装压缩或液化气体的钢铁容器，不受本款限制。

（2）规则五（一）优先于本款规则，因此，规则五（一）所述的箱、盒及类似容器的归类，应按该款规定确定。

规则六

条文内容

货品在某一品目项下各子目的法定归类，应按子目条文或有关的子目注释以及以上各条规则（在必要的地方稍加修改后）来确定，但子目的比较只能在同一数级上进行。除条文另有规定的以外，有关的类注、章注也适用于本规则。

注释

（1）以上规则一至五在必要的地方稍加修改后，可适用于同一品目项下的各级子目。

（2）规则六所用有关词语解释如下：

1）“同一数级”子目，是指五位数级子目（一级子目）或六位数级子目（二级子目）。

据此，当按照规则三（一）规定考虑某一物品在同一品目项下的两个或两个以上五位数级子目的归类时，只能依据对应的五位数级子目条文来确定哪个五位数级子目所列名称更为具体或更为类似。选定了哪个五位数级子目列名更为具体后，该子目本身又再细分了六位数级子目，只有在这种情况下，才能根据有关的六位数级子目条文考虑物品应归入这些六位数级子目中的哪个子目。

2）“除条文另有规定的以外”，是指“除类、章注释与子目条文或子目注释不相一致的以外”。

例如，第 71 章章注 4（2）所规定“铂”的范围与子目注释二所规定“铂”的范围不同，因此，在解释子目 7110.11 及 7110.19 范围时，应采用子目注释二，而不应考虑该章章注 4（2）。

3）六位数级子目的范围不得超出其所属的五位数级子目的范围；同样，五位数级子目的范围也不得超出其所属品目的范围。

单元三　常见商品归类技术

第一类：活动物；动物产品（第 1 ～ 5 章）

（一）主要内容

本类共 5 章，包括了除特殊情况外的所有种类的活动物以及经过有限度的一些简单加工的动物产品。

其中活动物归第 1 章，肉及食用杂碎归入第 2 章，鱼、甲壳动物、软体动物及其他水生无脊椎动物归入第 3 章，乳品、蛋品、天然蜂蜜、其他食用动物产品归入第 4 章，其他未加工或简单加工的各种未列名的动物产品归入第 5 章。

（二）归类方法

1. 活动物的归类

鱼、甲壳动物（例如龙虾、大螯虾、淡水小龙虾、蟹、河虾及对虾）、软体动物〔例如牡蛎（蚝）、海扇、贻贝、蚌、墨鱼、鱿鱼、章鱼及蜗牛〕及其他水生无脊椎动物（例如海胆、海参及海蜇）归入第 3 章；其他的活动物（例如马、牛、猪、羊、鸡、狗、蛇、蜂）归入第1章。

根据第1章章注3的规定，属于第1章的活动物如果与流动马戏团及流动动物园的设备同时报验并作为其组成部分，则应归入品目9508。

2. 动物杂碎的归类

（1）供人食用的杂碎（例如，头、脚、尾、心、舌）。如果适合供人食用则归入第2章，不适合供人食用（如因保存不善导致变质）则归入第5章。例如新鲜的猪脚应归入品目0206。

（2）专供制药用的杂碎（例如，胆囊、肾上腺、胎盘）。如为鲜、冷、冻或用其他方法临时保藏的，归入品目0510；如经干制的则归入品目3001。

（3）既可供人食用，又可供制药用的杂碎（例如，肝、肾、肺、脑、胰腺、脾、脊髓）归类如下：

临时保藏（例如，用甘油、丙酮、酒精、甲醛、硼酸钠临时保藏），以供药用的，归入品目0510；干制的归入品目3001；其他如果适合供人食用则归入第2章，不适合供人食用则归入第5章。

（4）既可供人食用，又有其他用途的杂碎，如果适合供人食用则归入第2章；不适合供人食用则归入第5章或其他有关章。

（5）根据第2章章注2的规定，动物的肠、膀胱、胃或动物血必须按不可食用的动物产品归入第5章（动物血如果符合品目3002的规定，则归入品目3002）。例如，新鲜的猪大肠不能归入品目0206“鲜、冷、冻牛、猪、绵羊、山羊、马、驴、骡的食用杂碎”，应该根据该章注的规定归入品目0504。

3. 动物加工产品的归类

对于动物产品的归类，其关键是根据加工程度判断是一种可以归入本类的简单加工，还是应归入后面其他类（如第四类）的进一步深加工。

但是，由于第2～5章的动物产品种类比较多，各有关章的产品加工程度规定的标准也各不相同，应根据有关各章的注释和品目条文的规定来确定。所以具体到某一种动物产品，比如“鸡”，加工到什么程度属“简单加工”可以归入第2章，而加工到什么程度属超出“简单加工”的范围应归入第四类，其方法是首先查第2章的品目条文与相应的章注、类注，如果相符则归入第2章，否则归入第四类。

例 “用盐腌制的咸鸡”应归入品目0210；而“油炸鸡腿”，经查第2章的品目条文与章注得知，其加工程度已超出第2章的范围，因此应归入品目1602。

第二类：植物产品（第6～14章）

（一）主要内容

本类共9章，包括各种活植物及经过有限度的简单加工的植物产品。

其中活树及其他活植物、鳞茎、根及类似品，插花及装饰用簇叶归入第 6 章；食用蔬菜、根及块茎归入第 7 章；食用水果及坚果，甜瓜或柑橘属水果的果皮归入第 8 章；咖啡、茶、马黛茶及调味香料归入第 9 章；谷物归入第 10 章；制粉工业产品、麦芽、淀粉、菊粉、面筋归入第 11 章；含油子仁及果实、杂项子仁及果实、工业用或药用植物、稻草、秸秆及饲料归入第 12 章；虫胶、树胶、树脂及其他植物汁液归入第 13 章；编结用植物材料、其他植物产品归入第 14 章。

（二）归类方法

1. 干蔬菜的归类

根据第 7 章章注 3 的规定，品目 0712 包括干制的归入品目 0701 ～ 0711 的各种蔬菜，但下列各项除外：

（1）作蔬菜用的脱荚干豆（品目 0713）。

（2）品目 1102 ～ 1104 所列形状的甜玉米。

（3）马铃薯细粉、粗粉、粉末、粉片、颗粒及团粒（品目 1105）。

（4）用品目 0713 的干豆制成的细粉、粗粉及粉末（品目 1106）。

例 “马铃薯细粉”尽管属于制成粉状的干蔬菜（马铃薯属于蔬菜），符合 0712 品目条文的规定，但根据该章注的规定，应归入品目 1105。

2. 混合调味香料的归类

根据第 9 章章注 1 的规定，品目 0904 ～ 0910 所列产品的混合物，应按下列规定归类：

（1）同一品目的两种或两种以上产品的混合物仍应归入该品目。

（2）不同品目的两种或两种以上产品的混合物应归入品目 0910。

品目 0904 ～ 0910 的产品〔或上述（1）或（2）项的混合物〕如添加了其他物质，只要所得的混合物保持了原产品的基本特性，其归类应不受影响。基本特性已经改变的，则不应归入本章；构成混合调味品的，应归入品目 2103。

例 “肉桂（占 70%）与丁香（占 30%）的混合物”，由于肉桂归品目 0906，丁香归品目 0907，属于不同品目的混合物，所以应归入品目 0910；而对于“胡椒粉（占 70%）与辣椒粉（占 30%）的混合物”，由于胡椒粉与辣椒粉都归入品目 0904，属于同一品目的混合物，所以仍应归入品目 0904。

3. 种植用种子的归类

根据第 12 章章注 3 的规定，甜菜子、草子及其他草本植物种子、观赏用花的种子、蔬菜种子、林木种子、果树种子、菜籽（蚕豆除外）、羽扇豆属植物种子，可一律视为种植用种子，归入品目 1209。

但下列各项即使作种子用，也不归入品目 1209：

（1）豆类蔬菜或甜玉米（第 7 章）。

（2）第 9 章的调味香料及其他产品。

（3）谷物（第 10 章）。

（4）品目 1201 ～ 1207 或 1211 的产品。

例 “种用蚕豆”属于豆类蔬菜，根据该章注的规定，应归入品目 0713。

4. 植物加工产品的归类

植物产品与动物产品的归类思路基本一致，即对本类的植物产品也需特别注意其加工程度。只有简单加工的植物产品才归入本类，如果超出这一范围而进行了进一步的深加工，则应归入后面的其他类，如第四类。

但是，本类的植物产品与动物产品相比较，由于种类、用途更复杂，因而各有关章及具体的植物产品加工程度规定的标准更不相同，归类的方法仍是首先在第二类相应章的有关品目条文与章注、类注中查找，如果相符则归入本类，否则视为其加工程度已超出允许范围，应作为深加工而归入其他类。

例 “生花生仁”归品目 1202，而“水煮花生仁”，经查第 12 章的品目条文与章注得知，已超出该章范围，所以应到第四类中查找而归入品目 2008。

第三类：动、植物油、脂及其分解产品；精制的食用油脂；动、植物蜡（第 15 章）

（一）主要内容

本类只有 1 章，包括以第一、第二类的动物、植物为原料加工得到的动物、植物油脂；油脂的分解产品；混合食用油脂；动物、植物蜡；处理油脂或蜡所剩的残渣。

（二）归类方法

1. 动、植物油脂加工产品的归类

动、植物油脂根据其加工程度归类见表 3-1。

表 3-1 动、植物油脂加工产品归类表

加工程度	归类
动物油脂（初炸、精制）	品目 1501 ～ 1506
植物油脂（初炸、精制）	品目 1507 ～ 1515
油脂（化学改性）	品目 1516、1518
混合食用油脂	品目 1517
动、植物蜡	品目 1521
残渣	品目 1522

例 “初榨的豆油”“精制的豆油”“氢化的豆油”“氧化的豆油”“混合的豆油”，它们的归类应随着加工方式和加工程度的不同而分别归入子目 1507.1000、1507.9000、1516.2000、1518.0000、1517.9000。

2. 动、植物油脂分解产品的归类

动、植物油脂分解产品中的粗甘油归品目 1520，而脂肪酸、脂肪醇等以及经过提纯的精制甘油则要按化工品归入第六类。

第四类：食品；饮料、酒及醋；烟草、烟草及烟草代用品的制品（第 16 ～ 24 章）

（一）主要内容

本类共 9 章，包括以动物、植物为原料加工得到的食品、饮料、酒、醋、动物饲料、烟草等。

主要以第一类的动物为原料加工得到的食品归入第 16 章；而主要以第二类的植物为原料加工得到的食品归入第 17 ～ 21 章，其中，糖归入第 17 章，可可及可可制品归入第 18 章，谷物、粮食粉、淀粉或乳的制品归入第 19 章，蔬菜、水果、坚果等的产品归入第 20 章，其他杂项食品归入第 21 章；饮料、酒、醋归入第 22 章；食品工业的残渣及废料、饲料归入第 23 章；烟草及其制品归入第 24 章。

（二）归类方法

1. 混合食品的归类

根据第 16 章章注 2 的规定，对于混合食品，如果动物类原料（即香肠、肉、食用杂碎、动物血、鱼、甲壳动物、软体动物或其他水生无脊椎动物及其混合物）的含量在 20% 以上（其中不同的动物原料的含量可以相加）则应归入第 16 章。对于含有两种或两种以上前述产品的食品，则应按其中重量最大的产品归入第 16 章的相应品目。

例 “猪肉占 15%、牛肉占 20%、马铃薯占 65% 的罐头食品”，因为猪肉加上牛肉合计为 35%，超过了 20%，所以可归入第 16 章的品目 1602，又因为牛肉含量超过猪肉，所以应按牛肉食品归入子目 1602.5010。

但是，如果该混合食品属于品目 1902 的包馅食品和品目 2103、2104 的食品，则不论其中的动物类原料的含量是否在 20% 以上，一律不再归入第 16 章，而应归入品目 1902、2103、2104。

例 “猪肉占 30%、白菜占 20%、面粉占 50% 的水饺”，尽管其中猪肉的含量在 20% 以上，但由于水饺属于品目 1902 的包馅食品，所以仍应归入品目 1902。

2. 均化混合食品的归类

根据第21章章注3的规定，由两种或两种以上的基本配料（例如，肉、鱼、蔬菜或果实等），经精细均化制成供婴幼儿食用或营养用的零售包装食品（每件净重不超过250克，为了调味、保藏或其他目的，可以加入少量其他配料，还可以含有少量可见的小块配料）属于均化混合食品。符合上述条件的食品必须按“均化混合食品”归入品目2104。

例 “猪肉占60%、青菜占30%，加上调料制成的专供婴幼儿食用的均化食品（净重150克包装）”，由于其是猪肉和青菜两种基本配料制成，属于该章注规定的“均化混合食品”，所以应归入品目2104。

3. 均化食品的归类

（1）子目1602.1000的“均化食品”，是指用肉、食用杂碎或动物血经精细均化制成供婴幼儿食用或营养用的零售包装食品，每件净重不超过250克。为了调味、保藏或其他目的，均化食品中可以加入少量其他配料，还可以含有少量可见的肉粒或食用杂碎粒。归类时该子目优先于品目1602的其他子目。

例 “由猪肉经精细均化制成供婴幼儿食用的净重250克的食品”，应作为均化食品归入子目1602.1000。

（2）子目2005.1000所称“均化蔬菜”，是指蔬菜经精细均化制成供婴幼儿食用或营养用的零售包装食品，每件净重不超过250克。为了调味、保藏或其他目的，均化蔬菜中可以加入少量其他配料，还可以含有少量可见的蔬菜粒。归类时，该子目优先于品目2005的其他子目。

例 “由马铃薯经精细均化制成供婴幼儿食用的净重200克的食品”，应作为均化食品归入子目2005.1000。

（3）子目2007.1000所称“均化食品”，是指果实经精细均化制成供婴幼儿食用或营养用的零售包装食品，每件净重不超过250克。为了调味、保藏或其他目的，均化食品中可以加入少量其他配料，还可以含有少量可见的果粒。归类时，该子目优先于品目2007的其他子目。

例 “由苹果经精细均化制成供婴幼儿食用的净重150克的食品”，应作为均化食品归入子目2007.1000。

4. 糖的归类

各种糖（例如，蔗糖、乳糖、麦芽糖、葡萄糖及果糖），以及糖浆、人造蜜、焦糖、提取或精炼糖时所剩的糖蜜以及糖食应归入第17章。

但是，化学纯糖（蔗糖、乳糖、麦芽糖、葡萄糖及果糖除外）应归入品目2940。

5. 可可食品的归类

第 18 章“可可食品”的归类应注意本章章注 1 的规定，含可可的食品有些可归入本章，有些则应归入其他章。

例 “含可可的饮料”不能按含可可食品归入品目 1806，而应按饮料归入品目 2202。

6. 酒的归类

应在能够正确区别各种常见酒的加工方法的基础上掌握不同酒的归类，即发酵酒归入品目 2203 ～ 2206，而蒸馏酒归入品目 2207 ～ 2208。

例 “黄酒”属于发酵酒，应归入品目 2206；而“威士忌酒”属于蒸馏酒，应归入品目 2208。

7. 其他食品的归类

本类商品中第 16 ～ 21 章的各种食品的归类难点主要在于与第一、第二类的动物、植物产品的区别。判断方法仍然是加工程度。具体方法见第一、第二类的相关部分。

第五类：矿产品（第 25 ～ 27 章）

（一）主要内容

本类共 3 章，包括原矿及经过一定程度加工的矿产品。其中燃料（主要是煤、石油、天然气）及其加工产品归入第 27 章，主要的金属矿归入第 26 章，其他矿则归入第 25 章。

（二）归类方法

1. 第 25 章矿物的归类

除条文及章注 4 另有规定的以外，第 25 章各品目只包括原产状态的矿产品，或只经过洗涤（包括用化学物质清除杂质而未改变产品结构的）、破碎、磨碎、研粉、淘洗、筛分以及用浮选、磁选和其他机械—物理方法（不包括结晶法）精选过的矿产品，但不得经过焙烧、煅烧、混合或超过品目所列的加工范围。如果加工程度超出了上述范围、本章品目条文及本章章注 4 的规定，则不能再归入本章。

例 “经简单切割的大理石”归入品目 2515，“表面经磨平的大理石”则因为进行了进一步的加工而应归入品目 6802。

2. 第 26 章矿物的归类

第 26 章尽管是“金属矿”，但这里的“金属矿”不是全部，而是有例外。根据第 26 章章注 2 的规定，品目 2601 ～ 2617 所称“矿砂”，是指冶金工业中提炼汞、品目 2844 的金属以及第十四类、第十五类金属的矿物，即使这些矿物不用于冶金工业，也被包括在内。

例 “稀土金属矿”不能归入第 26 章而应归入品目 2530。

与第 25 章类似，本章金属矿产品的加工也有一定的限定，即品目 2601 ～ 2617 不包括以非冶金工业正常加工方法处理的各种矿物。

例 “天然的铜矿”应归入品目 2603，而“用化学方法由天然铜矿提取出的硫化铜”，其加工程度已超出了简单加工的范围，则应作为化工品归入品目 2830。

另外需注意，本章还包括了含铅汽油的淤渣（子目 2620.2100）及焚烧城市垃圾所产生的灰渣（子目 2621.1000）。

3. 第 27 章矿物的归类

与第 25、26 章不同，第 27 章的煤、石油、天然气可以进行化学提取和其他加工，但经化学提取得到的矿物能归入本章的一般是一些粗产品，如果经进一步的化学提纯，则应归入第 29 章。

例 “粗苯”归入品目 2707，“精苯”则因加工程度已超出本章范围而归入品目 2902。

4. 其他归类注意事项

注意有少数“纯的”化工产品不归入第六类而归入本类，例如“纯的氯化钠”“纯的氧化镁”“纯的甲烷”“纯的丙烷”，这些是特例。

石油是一种重要的能源，石油原油应归入品目 2709，由石油原油加工得到的成品油应归入品目 2710。单生物柴油是指从动植物油脂（不论是否使用过）得到的用做燃料的脂肪酸单烷基酯（第 38 章章注 7），所以应作为一种化工产品归入品目 3826。如果将生物柴油与石油成品油进行混合，则当石油含量≥ 70% 时，应归入品目 2710；当石油含量 <70% 时，应归入 3826。

第六类：化学工业及其相关工业的产品（第 28 ～ 38 章）

（一）主要内容

本类共 11 章，可分成两部分：第一部分为第 28、29 章，主要为单独的已有化学定义的化学品，其中元素和无机化合物归入第 28 章，有机化合物归入第 29 章；第二部分为第 30 ～ 38 章，主要为按用途分类的化工品，其中药品归入第 30 章，该章还包括用于医疗、外科、牙科或兽医用的某些其他物质或物料；肥料归入第 31 章，包括通常作天然或人造肥料的绝大多数产品；染料、颜料、油漆、油墨等归入第 32 章，包括用于鞣料及软化皮革的制剂、植物鞣膏、合成鞣料以及人造脱灰碱液，也包括植物、动物或矿物着色料及有机合成着色料，以及用这些着色料制成的大部分制剂，还包括清漆、干燥剂及油灰等各种其他制品；精油及香膏、芳香料制品及化妆、盥洗品归入第 33 章；肥皂、有机表面活性剂、洗涤剂、润滑剂、光洁剂、蜡烛等归入第 34 章；蛋白质物质、改性淀料、胶、酶归入第 35 章；炸药、烟火制品、火柴、易燃制品等归入第 36 章；照相及电影用品归入第 37 章；杂项化工产品归入第 38 章。

（二）归类方法

1. 化工品中的优先归类原则

（1）凡符合品目 2844 或 2845 规定的货品（放射性矿砂除外），应分别归入这两个品目而不归入《协调制度》的其他品目。即除了放射性矿砂以外，所有的放射性化学元素、同位素及它们的化合物，即使本来可能可以归入其他品目，也应一律归入品目 2844 或 2845。

例　“放射性甘油”应归入品目 2844 而不归入品目 2905。

（2）除上述（1）另有规定的以外，凡符合品目 2843、2846 或 2852 规定的货品，应分别归入以上品目而不归入本类的其他品目。即除了品目 2844 或 2845 外，如果某化工产品既可以归入品目 2843、2846 或 2852，又可以归入本类的其他品目，也应一律归入品目 2843、2846 或 2852。

例　“硝酸银”即使已制成零售包装供摄影用，也应归入品目 2843 而不归入品目 3707。

（3）除上述（1）、（2）外，凡由于按一定剂量或作为零售包装而可归入品目 3004、3005、3006、3212、3303、3304、3305、3306、3307、3506、3707 或 3808 的货品，应分别归入以上品目，而不归入《协调制度》的其他品目，即如果一种化工品制成一定剂量或制成零售包装而且同时符合品目 3004、3005、3006、3212、3303、3304、3305、3306、3307、3506、3707、3808 的规定，则应优先归入上述品目。

例　“零售包装的染料”应归入品目 3212。

2. 本类第一部分与第二部分的归类区别

一般情况下，如果一种化工品是单独的化学元素及单独的已有化学定义的化合物（包括无机化合物和有机化合物），则应归入第 28 或 29 章；如果不符合这一点，而是由几种不同化学成分混合配制而成的，则主要按其用途归类，应归入第 30 ～ 38 章，如果按其用途找不到相符的品目条文时，则按照未列名化工产品归入子目 3824.9099。当然，品目条文、章注、类注另有规定的除外。

例　“硫代硫酸钠”可用于摄影，起定影作用，但如果仅是硫代硫酸钠一种成分（未制成定量包装或零售包装，可立即使用的），则应归入子目 2832.3000。当硫代硫酸钠中再配上其他成分制成定影剂，则按其用途归入子目 3707.9010。

3. 第 28 章无机化工商品的归类

除条文另有规定外，第 28 章仅限于单独的化学元素及单独的已有化学定义的化合物。

单独的已有化学定义的化合物是由一分子种类（例如，通过共价键或离子键结合）组成的物质，此种物质的各种组成元素的比例是固定的而且可以用确定的结构图进行表示。

含有杂质或溶于水的单独化学元素和已有化学定义的单独化合物仍归入第 28 章。

（1）化学元素。化学元素可分为两类：非金属元素及金属元素。

非金属元素中，卤素（氟、氯、溴及碘）归入品目 2801；硫磺（包括升华硫磺、沉淀硫磺、胶态硫磺）归入品目 2802；碳归入品目 2803；氢、稀有气体（氦、氖、氩、氪、氙）和其他非金属（氮、氧、硼、碲、硅、磷、砷、硒）归入品目 2804。

金属元素中的碱金属（锂、钠、钾、铷、铯）、碱土金属（钙、锶、钡）、稀土金属、钪及钇、汞归入品目 2805，其他的金属元素则归入其他分章或其他章（例如，“放射性化学元素和同位素”归入品目 2844，“稳定同位素”归入品目 2845，“贵金属”归入第十四类）。

（2）无机化合物。根据分子结构的不同特征，可对无机化合物进行如下归类：

1）无机酸及非金属无机氧化物归入品目 2806 ～ 2811（例如，“硫酸”属于无机酸，应归入品目 2807）。

2）非金属卤化物及硫化物归入品目 2812 ～ 2813（例如，“二硫化碳”属于非金属硫化物，应归入品目 2813）。

3）无机碱和金属氧化物、氢氧化物及过氧化物归入品目 2814 ～ 2825（例如，“烧碱”属于无机碱，应归入品目 2815）。

4）无机酸盐、无机过氧酸盐及金属酸盐、金属过氧酸盐归入品目 2826 ～ 2842（例如，“硫酸铜”属于无机酸盐，应归入品目 2833）。

5）其他杂项产品归入品目 2843 ～ 2853（例如，“过氧化氢”应归入品目 2847）。

4. 第 29 章有机化工商品的归类

根据分子结构的不同特征，可对有机化合物进行如下归类：

（1）烃归入品目 2901 ～ 2902（例如，“乙烯”属于无环烃，应归入品目 2901）。

（2）烃的卤化、磺化、硝化、亚硝化衍生物归入品目 2903 ～ 2904（例如，“氯仿”属于烃的卤化衍生物，应归入品目 2903）。

（3）醇归入品目 2905 ～ 2906（例如，“甲醇”应归入品目 2905）。

（4）酚归入品目 2907 ～ 2908（例如，“苯酚”应归入品目 2907）。

（5）醚归入品目 2909 ～ 2911（例如，“乙醚”应归入品目 2909）。

（6）醛、酮归入品目 2912 ～ 2914（例如，“丙酮”应归入品目 2914）。

（7）羧酸及其酸酐、酰卤化物、过氧化物和过氧酸归入品目 2915 ～ 2918（例如，“苯甲酸”属于环一元羧酸，应归入品目 2916）。

（8）非金属无机酸酯归入品目 2919 ～ 2920（例如，“亚磷酸三甲酯”属于亚磷酸的无机酸酯，应归入品目 2920）。

（9）含氮基化合物归入品目 2921 ～ 2929（例如，“苯胺”应归入品目 2921）。

（10）有机—无机化合物归入品目 2930 ～ 2931（例如，“二甲硫”属于有机硫化合物，应归入品目 2930）。

（11）杂环化合物及核酸归入品目 2932 ～ 2934（例如，“四氢呋喃”属于含有氧杂原子的杂环化合物，应归入品目 2932）。

（12）磺胺归入品目 2935（例如，“磺胺嘧啶”应归入品目 2935）。

（13）其他杂项有机产品（维生素、激素、生物碱、化学纯糖、抗生素等）归入品目 2936 ～ 2942（例如，“青霉素”属于抗生素，应归入品目 2941）。

5. 药品的归类

首先，如果是已配定剂量或已制成零售包装，则归入品目 3004。

其次，如果是未配定剂量也未制成零售包装，则要看其是未混合产品还是混合产品，前者按其成分归入第 29 章或第 28 章，后者则归入品目 3003。

例 “安乃近原药，粉状，5 千克装”，由于该商品未配定剂量也未制成零售包装，并且是未混合产品，所以应归入子目 2933.1920；而“安乃近药片”，由于已配成一定剂量，所以应归入子目 3004.9090。

另外，还需注意以下问题：

（1）除供静脉摄入用的滋养品可作为药品归入第 30 章以外，营养品、糖尿病食品、强化食品、保健食品、滋补饮料及矿泉水，即使具有某些有利于身体健康、抵御疾病的作用，也不能作为药品归入第 30 章，只能作为食品、饮料而归入第四类。

例 某品牌的运动饮料具有补充运动中流失的维生素和矿物质和增强体质的作用，仍应按一般饮料归入品目 2202。

（2）戒烟用的咀嚼胶或透皮贴片同样不能作为药品归入第 30 章，其中咀嚼胶应作为“未列名的食品”归入 2106，透皮贴片应作为“未列名的化工品”归入品目 3824。

（3）品目 3303 ～ 3307 的化妆盥洗品，即使具有治疗及预防疾病的某些作用，也不能作为药品归入第 30 章，仍应按化妆盥洗品归入第 33 章。

例 某品牌的洗发水具有去屑止痒的功效，仍应按护发品归入品目 3305。

6. 肥料的归类

首先，单独的已有化学定义的化合物，即使属于氮肥、磷肥、钾肥或其他肥料，只有符合第 31 章有关章注的规定，才能归入第 31 章，否则应归入第 28 章或第 29 章。下面以第 31 章章注 2 为例进行解释说明。

第 31 章章注 2 规定，品目 3102 只适用于下列货品，但未制成品目 3105 所述形状或包装：

（1）符合下列任何一条规定的货品：

1）硝酸钠，不论是否纯净。

2）硝酸铵，不论是否纯净。

3）硫酸铵及硝酸铵的复盐，不论是否纯净。

4）硫酸铵，不论是否纯净。

5）硝酸钙及硝酸铵的复盐（不论是否纯净）或硝酸钙及硝酸铵的混合物。

6）硝酸钙及硝酸镁的复盐（不论是否纯净）或硝酸钙及硝酸镁的混合物。

7）氰氨化钙，不论是否纯净或用油处理。

8）尿素，不论是否纯净。

（2）由上述（1）中任何货品相互混合的肥料。

（3）由氯化铵或上述（1）或（2）款任何货品与白垩、石膏或其他无肥效无机物混合而成的肥料。

（4）由上述（1）的 2）或 8）项的货品或其混合物溶于水或液氨的液体肥料（例如，“氯化铵肥料”由于不符合第 31 章章注 2 的规定，所以应作为无机化学品归入子目 2827.1010）。

其次，如果是归入第 31 章的肥料；但制成片剂及类似形状或每包毛重不超过 10 千克，则应归入品目 3105。

例 “5 千克包装的氯化钾”应归入品目 3105。

7. 染料和颜料的归类

（1）按染料和颜料的来源和加工归入品目 3203 ～ 3206。

（2）要注意，如果是无机颜料（不包括用做发光体的无机产品）并且是单独的符合化学定义的，则不能归入本章而应归入第 28 章。

例 “二氧化钛”不能归入品目 3206，而应作为无机化合物归入品目 2823。

8. 油漆的归类

（1）以合成聚合物或化学改性天然聚合物之外的其他原料为基本成分制成的油漆，应归入品目 3210。

（2）以合成聚合物或化学改性天然聚合物为基本成分制成的油漆，则再看其所用介质，其中，分散于或溶于非水介质的归品目 3208，分散于或溶于水介质的归品目 3209。

（3）根据第32章章注4的规定，品目3208包括由品目3901～3913所列产品溶于挥发性有机溶剂的溶液（胶棉除外），但溶剂重量必须超过溶液重量的50%。

例　“溶于松节油（一种具有挥发性的有机溶剂）中的丙烯酸聚合物，松节油占溶液总重量的65%”，根据该章注的规定，应归入品目3208。

9. 香料的归类

（1）天然香料，归入品目3301，化学合成的单独化学成分的香料，则一般应归入第29章。

例　“天然的薄荷油”，归入品目3301；而人工合成的“薄荷醇”，则应归入品目2906。

（2）几种香料的混合物或香料与其他成分的混合物，则一般应归入品目3302。

10. 化妆品的归类

化妆品一般按其用途归入品目3303～3307。

例　“唇膏”属于唇用化妆品，应归入子目3304.1000。

另外，品目3307所称“芳香料制品及化妆盥洗品”，主要适用于下列产品：香袋；通过燃烧散发香气的制品；香纸及用化妆品浸渍或涂布的纸；隐形眼镜片或假眼用的溶液；用香水或化妆品浸渍、涂布、包覆的絮胎、毡呢及无纺织物；动物用盥洗品。

例　“隐形眼镜片专用护理液”应作为芳香料制品及化妆盥洗品归入子目3307.9000。

11. 表面活性剂的归类

首先，在归类时通常将具有表面活性的一类物质称为表面活性剂，但是，品目3402所称“有机表面活性剂”是不符合化学定义的有机化合物，其是指温度在20℃时与水混合配成0.5%浓度的水溶液，并在同样温度下搁置1小时后与下列规定相符的产品：

（1）成为透明或半透明的液体或稳定的乳浊液而未离析出不溶解物质。

（2）将水的表面张力减低到每厘米45达因（力学单位）及以下。

如果一种化工品符合上述关于表面活性剂的定义，则应归入品目3402（肥皂除外）。

其次，表面活性剂可根据其在水中电离的性质相应地归入子目3402.1100～3402.1900。其中，阴离子型表面活性剂归入子目3402.1100，阳离子型表面活性剂归入子目3402.1200，非离子型表面活性剂归入子目3402.1300，阴阳离子型表面活性剂归入子目3402.1900。但是，归入子目3402.1100～3402.1900的表面活性剂须仅含一种表面活性剂，如果同时含几种表面活性剂或表面活性剂溶于有机溶剂中，则应作为表面活性剂制品归类。

12. 洗涤用品的归类

（1）肥皂和作肥皂用或作洁肤用的表面活性剂产品制成的洗涤用品，如果符合3401品目条文的规定，则应归入品目3401。

（2）其他表面活性剂产品制成的洗涤用品，如果符合3405品目条文的规定，则应归入品目3405，否则归入品目3402。

（3）如果表面活性剂产品属于洗发剂、洁齿品、剃须膏及沐浴用制剂，则必须优先归入第33章的相应品目。

例 “含有表面活性剂的洗发香波”应归入品目3305。

13. 照相用品的归类

（1）对于未曝光的照相用品根据其基材来判断归类，如果是纸、纸板、纺织物制的，归入品目3703，其他材料制的，归入品目3701或品目3702。

（2）在品目3701与品目3702中，如果是平片，归入品目3701，如果是卷片，归入品目3702。

例 “医用X光卷片”，由于其基材是塑料，并且是卷片，所以应归入品目3702。

14. 农药的归类

农药按其列名归入品目3808，但如果是农药原药（未混合，未制成零售包装）则应归入第29章或第28章。

例 “农药原药DV菊酸甲酯”应归入子目2916.2010。

15. 杂项化学产品的归类

第38章属于按用途分类时前面几章未涉及的杂项化工产品，归类时要特别注意与第28、29章的区别。

例 “用作增塑剂的邻苯二甲酸二辛酯”应归入品目2917。

第七类：塑料及其制品；橡胶及其制品（第39、40章）

（一）主要内容

本类共2章，是由高分子聚合物组成的塑料与橡胶以及它们的制品。其中，塑料及其制品归入第39章，而橡胶及其制品则归入第40章。

（二）归类方法

1. “初级形状”塑料的归类

第39章章注6规定，品目3901～3914所称“初级形状”，只限于下列各种形状：

（1）液状及糊状，包括分散体（乳浊液及悬浮液）及溶液。

（2）不规则形状的块、团、粉（包括压型粉）、颗粒、粉片及类似的散装形状。

因此，本章塑料在归类时要注意其加工形状，归入第一分章（品目 3901 ～ 3914）的是属于“初级形状”的塑料。所以应根据该章注的规定来判断某种塑料是否属于“初级形状”，从而确定其是否可以归入品目 3901 ～ 3914。

例 “聚丙烯粒子”属于“初级形状”的塑料，所以应归入品目 3902。

2. 共聚物的归类

（1）品目的确定。第 39 章章注 4 规定，在本章中，除条文另有规定的以外，共聚物（包括共缩聚物、共加聚物、嵌段共聚物及接枝共聚物）应按聚合物中重量最大的那种共聚单体单元所构成的聚合物归入相应品目。在本注释中，归入同一品目的聚合物的共聚单体单元应作为一种单体单元对待。

如果没有任何一种共聚单体单元重量是最大的，共聚物应按税则号列顺序归入其可归入的最末一个品目。

具体归类方法如下：

首先，将属于同一品目下的单体单元的含量相加；然后，按含量高的品目归类，如果含量相等则“从后归类”。

例 “由 45% 乙烯、35% 丙烯及 20% 异丁烯的单体单元组成的初级形状的共聚物”，由于丙烯与异丁烯的聚合物同属品目 3902，二者的比例相加为 55%，超过乙烯单体单元的含量，所以应归入品目 3902。

例 “由 50% 乙烯与 50% 苯乙烯的单体单元组成的初级形状的共聚物”，由于乙烯单体单元的含量与苯乙烯单体单元的含量相等，所以应归入品目 3903。

（2）子目的确定。第 39 章子目注释 1 规定，属于本章任一品目项下的聚合物（包括共聚物）应按下列规则归类：

1）在同级子目中有一个“其他”子目的：

① 子目所列聚合物名称冠有“聚（多）”的（例如，聚乙烯及聚酰胺 -6，6），是指列名的该种聚合物单体单元含量在整个聚合物中按重量计必须占 95% 及以上。

② 子目 3901.30、3903.20、3903.30 及 3904.30 所列的共聚物，如果该种共聚单体单元含量在整个聚合物中按重量计占 95% 及以上，即应归入上述子目。

③ 不符合上述 A、B 两款规定的聚合物，应按聚合物中重量最大的那种单体单元（与其他各种单一的共聚单体单元相比）所构成的聚合物归入该级其他相应子目。为此，归入同一子目的聚合物单体单元应作为一种单体单元对待。只有在同级子目中的聚合物共聚单体单元才可以进行比较。

例 “由 95% 乙烯与 5% 丙烯的单体单元组成的共聚物粒子（比重 0.93）”，应按聚乙烯归入子目 3901.1000。

例 “由 45% 乙烯、35% 丙烯及 20% 异丁烯的单体单元组成的初级形状的共聚物”，由于丙烯与异丁烯的聚合物同属品目 3902，二者相加为 55%，超过乙烯单体单元的含量，所以应归入品目 3902，又由于丙烯单体单元的含量超过了异丁烯单体单元的含量，所以应归入子目 3902.3090。

2）在同级子目中没有“其他”子目的：聚合物应按聚合物中重量最大的那种单体单元（与其他各种单一的共聚单体单元相比）所构成的聚合物归入该级相应子目。为此，归入同一子目的聚合物单体单元应作为一种单体单元对待。只有在同级子目中的聚合物共聚单体单元才可以进行比较。

3. 聚合物混合体的归类

（1）聚合物混合体应按聚合物中重量最大的那种共聚单体单元所构成的聚合物归入相应品目。归入同一品目的聚合物的共聚单体单元应作为一种单体单元对待。

（2）如果没有任何一种共聚单体单元重量是最大的，聚合物混合体应按税则号列顺序归入其可归入的最末一个品目。

（3）聚合物混合体应按单体单元比例相等、种类相同的聚合物归入相应子目。

例 “由 96% 的聚乙烯和 4% 的聚丙烯组成，比重大于 0.94 的聚合物混合体”，应归入子目 3901.2000。

4. 塑料半制品和制品的归类

（1）根据加工形状、程度判断属于塑料半制品还是塑料制品。

（2）塑料半制品根据其具体形状归入 3916 ～ 3921 的有关品目，而塑料制品则根据其用途归入 3922 ～ 3926 的有关品目。

例 “塑料管”属于半制品，所以应归入品目 3917；而“塑料茶杯”属于制品，所以应归入品目 3924。

5. 塑料的废碎料和下脚料的归类

对于塑料的废碎料和下脚料，一般情况下可直接按 3915 的品目条文“塑料的废碎料及下脚料”归入该品目。但是如果其同时满足初级形状、单一种类、热塑性这三个条件，则不能归入 3915，而应归入 3901 ～ 3914 的相应品目。

例 “粒子状的聚乙烯（密度 0.93）下脚料”，应归入子目 3901.1000。

6. 天然橡胶和合成橡胶的归类

有一些橡胶由于不符合第40章章注4关于“合成橡胶”的定义，所以尽管取了个“橡胶”的名称，还是要按“塑料”归入第39章（例如，“乙丙橡胶”“硅橡胶”等）。

天然橡胶或合成橡胶根据其是否经硫化而分成未硫化橡胶和硫化橡胶，前者归入品目4001～4006，后者归入品目4007～4017。

例 “新的轿车用橡胶轮胎”属于硫化橡胶制品，应归入品目4011。

对于硫化橡胶根据其加工形状和用途来确定归类。而对于初级形状或板、片、带形状的未硫化橡胶，则需要根据以下规定决定归入品目4001、4002还是品目4005。

（1）品目4001及4002不适用于任何凝结前或凝结后与下列物质相混合的橡胶或橡胶混合物：

1）硫化剂、促进剂、防焦剂或活性剂（为制造预硫胶乳所加入的除外）。

2）颜料或其他着色料，但仅为易于识别而加入的除外。

3）增塑剂或增量剂（用油增量的橡胶中所加的矿物油除外）、填料、增强剂、有机溶剂或其他物质，但以下（2）所述的除外。

（2）含有下列物质的橡胶或橡胶混合物，只要仍具有原料的基本特性，应归入品目4001或4002：

1）乳化剂或防粘剂。

2）少量的乳化剂分解产品。

3）微量的下列物质：热敏剂（一般为制造热敏胶乳用）、阳离子表面活性剂（一般为制造阳性胶乳用）、抗氧剂、凝固剂、碎裂剂、抗冻剂、胶溶剂、保存剂、稳定剂、黏度控制剂或类似的特殊用途添加剂。

第八类：生皮、皮革、毛皮及其制品；鞍具及挽具；旅行用品、手提包及类似品；动物肠线（蚕胶丝除外）制品（第41～43章）

（一）主要内容

本类共3章。其中，第41章只包括生皮和皮革，不包括制品，其结构按加工程度由低到高排列；第42章大部分是由第41章的原料经进一步加工制得的制品，同时还包括几乎由任何材料制成的包及旅行用品；第43章主要包括生毛皮、毛皮、人造毛皮及其制品。

（二）归类方法

1. 带毛生皮或已鞣制带毛皮张的归类

一般情况下，带毛的生皮或已鞣制的带毛皮张归入第43章，但有些动物的生皮即使带毛也不归入第43章，而归入第41章，具体种类见第41章章注1（3）。

例 “生的带毛兔皮”归入品目4301，“已鞣制的兔毛皮张”归入品目4302；而“带毛的生绵羊皮”归入品目4102，“已鞣制的带毛绵羊皮”归入品目4302。

2. 品目4202所含容器的归类

品目4202的条文分为两部分。

第一部分为：衣箱、提箱、小手袋、公文箱、公文包、书包、眼镜盒、望远镜盒、照相机套、乐器盒、枪套及类似容器。这些容器基本上都装有固定的物品并长期使用，除第42章章注2（1）和章注2（2）另有规定的以外，这一部分所包括的物品可用任何材料制成。

第二部分为：旅行包、食品或饮料保温包、化妆包、帆布包、手提包、购物袋、钱夹、钱包、地图盒、瓶盒、首饰盒、粉盒、刀叉餐具盒及类似容器，只能用皮革或再生皮革、塑料片、纺织材料、钢纸或纸板制成，或者全部或主要用上述材料或纸包覆制成。

3. 皮革服装和毛皮服装的归类

（1）皮革或再生皮革制的服装归入品目4203。

（2）毛皮制服装归入品目4303，即使毛皮作衬里的服装也归入品目4303；人造毛皮服装归入品目4304，即使人造毛皮作衬里的服装也归入品目4304。

毛皮或人造毛皮仅作为装饰的服装一般不归入本类，按其服装的面料归入相应品目。

例 “貂皮大衣”为毛皮制的服装，归入子目4303.1010；“羊皮夹克”为皮革制的服装，归入子目4203.1000；“仅在衣领和袖口用毛皮装饰的粗花呢大衣”则按纺织服装归入第62章的相关品目。

（3）用皮革与毛皮或用皮革与人造毛皮制成的分指手套、连指手套及露指手套应归入品目4203，不应归入第43章。

4. 用作机器零件的皮革制品的归类

用作机器零件的皮带、皮制垫圈等应归入子目4205.0020，而不按机器零件归入第十六类。

第九类：木及木制品；木炭；软木及软木制品；稻草、秸秆、针茅或其他编结材料制品；篮筐及柳条编结品（第44～46章）

（一）主要内容

本类共3章。其中，第44章主要包括木及其制品；第45章主要包括软木及其制品；第46章主要包括各种编结材料制品。

其中，第 44 章的结构是按照加工程度由低到高排列，规律如下：

木材原料（不包括竹的原料）…………………………品目 4401 ～ 4406
经简单锯、削、刨平、端接及制成连续形状的木材…品目 4407 ～ 4409
木质碎料板、纤维板、胶合板及强化木等……………品目 4410 ～ 4413
木制品……………………………………………………品目 4414 ～ 4421

（二）归类方法

树种及加工程度是第 44 章归类的重要因素。例如：木制的电线杆如果经过防腐处理，则归入子目 4403.10；如果没有经过类似处理，则应根据其树种材质分别归入该品目的其他子目。

除另有规定的以外，竹的原料归入第 14 章；竹及其他木质材料制品一般也按木制品归入第 44 章同一品目（例如“竹制筷子”归入品目 4419、“竹制牙签”归入品目 4421）；但竹制编结材料制品则归入第 46 章。

1. 木板材的归类

一般板材按其厚度归入品目 4407 或 4408；若在端部和侧面制成连续形状（如带有槽、榫等）则归入品目 4409；若是木质碎料板、木纤维板及胶合板的端部和侧面也制成连续形状（如带有槽、榫等），则归入品目 4410 ～ 4412。

品目 4411 项下的一级子目是按纤维板的生产工艺分类的。其中，子目 4411.1 的中密度纤维板（MDF）只包括用干法生产工艺获得的纤维板，按其厚度和密度进行归类；而子目 4411.9 的其他木纤维板一般是用湿法生产工艺获得的纤维板，只按其密度进行归类。

例 “木纤维板（原料为花旗松），密度为每立方厘米 0.8 克，未经机械加工，规格为（长 × 宽 × 厚）2400 毫米 ×1200 毫米 ×8 毫米，采用湿法生产”，此纤维板因采用湿法生产，所以归入子目 4411.9，然后根据其密度归入 4411.9390。

例 “表面为巴栲红柳桉木薄板，其他两层为针叶木薄板制的三合板（每层厚度为 1 毫米）”，此胶合板为仅由薄板制成的胶合板，且每层厚度不超过 6 毫米，所以归入子目 4412.3，又因巴栲红柳桉木属于本章子目注释列名的热带木，所以归入 4412.3100。

2. 木地板的归类

天然木地板（又称实木地板，其侧面带有槽和榫）归入品目 4409；碎料板制木地板（其侧面不论是否制成品目 4409 所列的连续形状）归入品目 4410；纤维板制木地板（其侧面不论是否制成品目 4409 所列的连续形状）归入品目 4411；胶合板制木地板（其侧面不论是否制成品目 4409 所列的连续形状）归入品目 4412；已拼装的拼花木地板归入品目 4418。

3. 木制品的归类

大部分木制品归入品目4414～4421，其中品目4421为其他木制品，但不是所有未列名的木制品都归入此品目，必须是其他品目未列名及本章章注未排除的。例如，木制的衣箱应归入品目4202；木制的家具应归入第94章。

例 “木制衣架”归入子目4421.1000；而“落地式木制衣架”，因具有家具的特征，应归入品目9403。

4. 编结产品的归类

编结产品一般归入第46章，但归入本章的编结品所用材料范围具有一定的限制，即只适用于第46章章注1所列的“编结材料”。同时应注意，只有截面尺寸大于1毫米的塑料单丝及表观宽度大于5毫米的塑料扁条的编结制品才归入本章；截面尺寸不超过1毫米的塑料单丝及表观宽度不超过5毫米的塑料扁条制品，要按纺织品归入第十一类。

第十类：木浆及其他纤维状纤维素浆；回收（废碎）纸或纸板；纸、纸板及其制品（第47～49章）

（一）主要内容

本类共3章，并按下列加工程度分列于各章：纸浆、废纸（第47章）、纸张及其制品（第48章）、印刷品（第49章）。

（二）归类方法

1. 纸张的归类

（1）第48章根据纸的加工程度来排列，结构规律如下：

未涂布的机制或手工纸……………………………品目4801～4805

未涂布但经进一步加工的纸………………………品目4806～4808

经涂布的纸…………………………………………品目4809～4811

特定用途的纸及其制品……………………………品目4812～4823

例 目前应用较广的“复印纸”属未涂布的印刷及类似用途的纸，归入品目4802；印刷精美广告及书籍封面的“铜版纸”属于涂布高岭土（无机物）的纸，归入品目4810。

（2）品目4801～4805所列的纸张不能超出本章章注3所规定的加工方法。新闻纸和牛皮纸必须符合本章章注4和章注6规定的规格和纤维含量。

（3）若属于品目4801和4803～4809列名的品种，还要判断其规格尺寸是否符合本章章注8的条件。一般情况下，品目4801和4803～4809仅适用于大规格尺寸的纸，即成条或成卷时宽度要大于 36 厘米；成矩形（包括正方形）时一边超过 36 厘米，另一边要超过 15 厘米（以未折叠计）。对于品目 4801 和 4803 ～ 4809 所列明的小规格尺寸的纸（即不符合本章章注 8 规定的尺寸要求），一般要归入 4816 ～ 4823 的相关品目。

例　“宽度为 120 厘米成卷的卫生纸”归入品目 4803；而“宽度为 12 厘米成卷的卫生纸”，因宽度在 36 厘米以下，应归入品目 4818。

（4）在确定部分子目时，有些还要考虑所含纸浆的种类。木浆是造纸的主要原料，根据加工方法的不同可分为三种：机械浆、化学浆和化学 – 机械浆。如子目 4802.5 要求不含机械浆或化学 – 机械浆，或这些纸浆的含量不超过全部纤维含量的 10%。

2. 涂布纸的归类

涂布纸是指在纸的单面或双面施以涂料，以使纸面产生特殊的光泽或使其适合特定需要。若是涂布高岭土或其他无机物质，则归入品目 4810（如铜版纸等）；若是涂布塑料、沥青、焦油、蜡或其他有机物质，则归入品目 4811（如涂塑相纸、绝缘纸和热敏纸等）。

3. 壁纸的归类

只有成卷状且宽度在 45 ～ 160 厘米之内的壁纸才归入品目 4814。若不符合这些条件，即使用作壁纸也不能归入品目 4814。若既可铺地又可作壁纸用则按铺地制品归入品目 4823。

4. 已印刷的壁纸及标签的归类

品目 4814 的壁纸及品目 4821 的纸或纸板制各种标签，即使已经印制仍归入第 48 章，而不归入第 49 章。

5. 纸卫生巾的归类

纸质的卫生巾（护垫）及止血塞、婴儿尿布、尿布衬里和类似品不按材料归类而应归入品目 9619。

6. 报纸、杂志的归类

一般的报纸、杂志归入品目 4902。但是，第 49 章章注 3 规定，用纸以外的材料装订成册的报纸、杂志和期刊，以及一期以上装订在同一封面里的成套报纸、杂志和期刊，应归入品目 4901，不论是否有广告材料。

例　装订成册的《半月谈》杂志全年合订本应归入子目 4901。

7. 邮票的归类

我国发行未使用的新邮票按印刷品归入品目 4907；我国发行已使用的旧邮票按收藏品归入品目 9704；外国发行但我国不承认其面值的邮票，不论是否已使用均按收藏品归入品目 9704。

另外，归类时请注意，第49章所称的“印刷”，不仅包括以普通手工印刷或机械印刷的方法印制，还包括用胶版复印机、油印机印制，在自动数据处理设备控制下打印绘制、压印、冲印、感光复印、热敏复印或打字。

第十一类：纺织原料及纺织制品（第50～63章）

（一）主要内容

本类共14章，包括纺织纤维、半成品及制成品，可分成两部分。

第一部分：第50～55章，是按纤维类别划分的，每章内又按纺织品的加工程度由低到高排列，基本按“纺织纤维—纱线—机织物”的顺序列目。其中第50章是蚕丝及其机织物；第51章是羊毛、动物细毛或粗毛及其机织物；第52章是棉花及其机织物；第53章是其他植物纺织纤维、纸纱线及其机织物；第54章是化学纤维长丝及其机织物；第55章是化学纤维短纤及其机织物。

第二部分：第56～63章，包括以特殊的方式或工艺制成的或有特殊用途的半成品及制成品，并且除品目5809和5902外，品目所列产品一般不分纺织原料的性质。其中第56章是絮胎、毡呢及无纺织物、绳索及其制品；第57章是地毯及纺织材料铺地用品；第58章是特种机织物、刺绣品等；第59章是浸渍、涂层、包覆或层压的纺织物、工业用纺织制品；第60章是针织物及钩编织物；第61章是针织或钩编服装；第62章是非针织或非钩编服装；第63章是其他纺织制成品。

（二）归类方法

纺织产品是《协调制度》中的一个重要部分，只有熟悉纺织产品的分类、纺织加工工序，掌握《协调制度》对纺织品的归类要求，才能正确归类。

1. 纺织产品的归类

在对本类商品归类时，首先要对本类商品有一个基本认识，掌握其结构规律，从而为正确归类打下基础。

第一部分：第50～55章（纤维、普通纱线、普通机织物）

丝…………………第50章

毛…………………第51章

棉…………………第52章

麻…………………第53章

长丝………………第54章

短纤………………第55章

第二部分：第56～63章（特种纱线、特种织物、制成品）

无纺织物、特种纱线等…………………第56章

地毯等……………………………………第 57 章
特种机织物、刺绣品等…………………第 58 章
特殊处理的织物、工业用纺织制品……第 59 章
针织物、钩编织物………………………第 60 章
服装（针织或钩编）……………………第 61 章
服装（非针织或非钩编）………………第 62 章
其他制成品………………………………第 63 章

2. 纺织材料的归类

纺织纤维分为天然纤维与化学纤维，天然纤维主要有丝、毛、棉、麻，化学纤维又分为合成纤维和人造纤维。

合成纤维是将有机单体物质加以聚合而制成聚合物（例如，聚酰胺、聚酯、聚丙烯、聚氨基甲酸酯）；或通过上述加工将聚合物经化学改性制得（例如，聚乙酸乙烯酯水解制得的聚乙烯醇）。

人造纤维是将天然有机聚合物（例如，纤维素）溶解或化学处理制成聚合物（例如，铜铵纤维或粘胶纤维）；或将天然有机聚合物（例如，纤维素、酪蛋白及其他蛋白质、藻酸）经化学改性制成聚合物（例如，醋酸纤维素纤维或藻酸盐纤维）。

常见的合成纤维有聚酯（俗称涤纶）和聚酰胺（俗称尼龙）等，常见的人造纤维有粘胶纤维和醋酸纤维等。

3. 混纺材料的归类

（1）混纺材料归类的原则。

1）根据《协调制度》第十一类类注二的规定，可归入第 50 ～ 55 章及品目 5809 或 5902 的由两种或两种以上纺织材料混合制成的货品，应按其中重量最大的那种纺织材料归类。

2）当没有一种纺织材料重量较大时，应按可归入的有关品目中最后一个品目所列的纺织材料归类。

应用上述规定时，应注意以下原则：

① 马毛粗松螺旋花线（品目 5110）和含金属纱线（品目 5605）均应作为一种单一的纺织材料，其重量应为它们在纱线中的合计重量；在机织物的归类中，金属线应作为一种纺织材料。

② 在选择合适的品目时，应首先确定章，然后再确定该章的有关品目，至于不归入该章的其他材料可不予考虑。

③ 当归入第 54、55 章的货品与其他章的货品进行比较时，应将这两章作为一个单一的章对待。

④ 同一章或同一品目所列各种不同的纺织材料应作为单一的纺织材料对待。

（2）混纺材料归类的具体方法。

1）确定所在章，并将属于同一章的不同纺织材料的重量合并后与其他章作比较，再归入重量较大的那一章，如果重量相等则从后归类。同时考虑到纺织纤维的特性，第54、55章同属化学纤维，所以当这两章与其他章比较时，这两章纺织材料的重量应合并计算。

2）确定品目，与确定章的方法一样，将属于同一品目的不同纺织材料的重量合并后与其他品目做比较，归入重量较大的那个品目，如果重量相等则从后归类。特殊纱线，如马毛粗松螺旋花线和含金属纱线均作为一种单一的纺织材料计算，其重量应为它们在纱线中的合计重量，金属线视作一种纺织材料。

例 “按重量计含65%棉、35%聚酯短纤的每平方米重80克且漂白的平纹机织物”，由于棉的含量超过了聚酯短纤（化学纤维短纤）的含量，所以归入第52章，然后根据棉的含量（65%，在85%以下）和每平方米克重（80克，不超过200克）及主要与化学纤维混纺的条件归入品目5210，最后按漂白、平纹的机织物归入子目5210.2100。

例 “按重量计含40%合成纤维短纤、35%精梳羊毛、25%精梳兔毛的机织物”，由于精梳羊毛和精梳兔毛同属于第51章的纤维，应合并计算（35%+25%=60%），其含量超过了第55章的合成纤维短纤，所以按动物毛的机织物归入第51章，在确定品目时，因精梳羊毛的含量超过了精梳兔毛的含量，故按精梳羊毛的机织物归入品目5112，然后根据羊毛含量（35%，在85%以下）和主要与化学纤维短纤混纺的条件归入子目5112.3000。

4. 纱线的归类

（1）纱线的细度。

1）纱线细度在《协调制度》中一般用“特克斯”表示。“特克斯”指1 000米长的纱线、长丝等在公定回潮率下的重量，属于定长制。如1 000米长的纱线重8克（在公定回潮率下），则该纱线的细度为8特克斯（或80分特）。

2）表示细度的另一个计量指标为“公支”。“公支”指1克重的纱线的长度（米），属于定重制。如1克重的纱线长为14米，则该纱线的细度为14公支。

（2）纱线的捻向、捻度。捻向即加捻的方向，分为顺时针捻（又称S捻）和逆时针捻（又称Z捻）。捻度指每米长纱线加捻的转数。

（3）纱线的归类。在对纱线归类时，首先确定其是特种纱线还是普通纱线，如果是普通纱线再按纱线原料的性质在相应章（第50～55章）中寻找合适的品目，具体分布如下：

与橡胶或塑料复合的纱线……………………………品目5604

含金属纱线……………………………………………品目5605

绳绒线、粗松螺旋花线、纵行起圈纱线等…………品目5606

线、绳、索、缆（符合类注三）……………………品目 5607
缝纫线（符合类注五）………………………………相应品目
非缝纫线供零售用（符合类注四）…………………相应品目
非供零售用……………………………………………相应品目

例 “涤纶弹力丝”是一种普通纱线，并且涤纶属于合成纤维中的聚酯纤维，弹力丝一般由长丝加工而成，所以应归第 54 章的子目 5402.3310。

注意截面尺寸超过 1 毫米的化纤单丝，表观宽度超过 5 毫米的化纤扁条，应作为塑料归入第 39 章。

5. 织物的归类

与纱线的归类相似，首先确定其是属于普通机织物还是属于其他织物，前者归入第 50 ～ 55 章，后者归入第 56 ～ 60 章。

织物按制法分以下几种：

普通机织物……………………第 50 ～ 55 章
特种机织物……………………第 58 章
絮胎、毡呢、无纺织物………第 56 章
地毯……………………………第 57 章
针织物、钩编织物……………第 60 章
其他特殊加工的织物…………第 58、59 章

例 “普通的棉机织物”归入第 52 章，“棉针织物”归入第 60 章，“用塑料涂布的棉机织物”归入第 59 章。

注意，由絮胎制的卫生巾（护垫）及止血塞、婴儿尿布、尿布衬里和类似品不按材料归类，而应归入品目 9619。

6. 狭幅机织物的归类

符合下列条件之一的，应作为“狭幅机织物”归入品目 5806：

（1）幅宽不超过 30 厘米的机织物，不论是否织成或从宽幅料剪成，但两侧必须有织成的、胶粘的或用其他方法制成的布边。

（2）压平宽度不超过 30 厘米的圆筒机织物。

（3）折边的斜裁滚条布，其未折边时的宽度不超过 30 厘米。但是，流苏状的狭幅机织物应归入品目 5808。

7. 纺织制成品的归类

符合下列条件之一的，应作为本类所称“制成的”纺织品归类：

（1）裁剪成除正方形或长方形以外的其他形状的。

（2）呈制成状态，无须缝纫或其他进一步加工（或仅需剪断分隔连线）即可使用的，（例如，某些抹布、毛巾、台布、方披巾、毯子）。

（3）已缝边或绲边，或者在任一边带有结制的流苏，但不包括为防止剪边脱纱而锁边或用其他简单方法处理的织物。

（4）裁剪成一定尺寸并经抽纱加工的。

（5）缝合、胶合或用其他方法拼合而成的（将两段或两段以上同样料子的织物首尾连接而成的匹头，以及由两层或两层以上的织物，不论中间有无胎料，层叠而成的匹头除外）。

（6）针织或钩编成一定形状，不论报验时是单件还是以若干件相连成幅的。

例 仅从大块布料裁剪下来的长方形（包括正方形）物品，如果未经加工和不带剪断分隔连线形成的流苏，不应视为“制成的”纺织品；而纺织材料的服装式样则可视为“制成的”纺织品。

8. 服装及衣着附件的归类

服装及衣着附件的归类是本类中较重要的内容，一般可采用以下归类方法：

（1）按下列织法判断应归入第61章还是第62章：

针织或钩编…………………第61章（品目6212的商品除外）

非针织或非钩编……………第62章

（2）在第61章或第62章内，优先考虑婴儿服装及衣着附件，然后再考虑用塑料、橡胶或其他材料处理过的织物制成的服装。第62章还包括用毡呢、无纺布制成的服装。

（3）注意服装及衣着附件的结构规律。以第61章为例：一般是由外到内，同类服装先男后女，再到不分性别的服装，然后是婴儿服装、其他服装、衣着附件。

对于服装，凡门襟为左压右的，应视为男式；右压左的，应视为女式。但本规定不适用于其式样已明显为男式或女式的服装。无法区别是男式还是女式的服装，应按女式服装归入有关品目。

（4）如果是套装（如西服套装、便服套装、滑雪套装），必须符合相应的章注规定，才能作为套装一并归类，否则必须分开归类。例如，“西服套装”是指面料用完全相同的织物制成的两件套或三件套的成套服装，西服套装各件面料质地、颜色及构成必须完全相同，其款式、尺寸大小也须相互般配。

此外，品目6109的“T恤衫”一般以较薄的面料制成，无领，无扣，领口无门襟且下摆不能收紧。我们通常所穿的带领T恤应作为针织衬衫归类。

9. 婴儿服装及衣着附件的归类

“婴儿服装及衣着附件”是指用于身高不超过86厘米幼儿的服装，也包括婴儿尿布。

（1）针织或钩编的归类。既可归入品目6111，也可归入第61章其他品目的物品，应归入品目6111。

例 “婴儿穿着的针织袜子”，应归入品目6111。

（2）非针织或非钩编的归类。既可归入品目6209，也可归入第62章其他品目的物品，应归入品目6209。

10. 特殊面料制作的服装的归类

（1）既可归入品目6113，也可归入第61章其他品目的服装，除品目6111所列的仍归入该品目外，其余的应一律归入品目6113。

（2）既可归入品目6210，也可归入第62章其他品目的服装，除品目6209所列的仍归入该品目外，其余的应一律归入品目6210。

例 “由单面涂布高分子树脂的涤纶机织物面料（涂层可明显看出）制成的雨衣”，应归入品目6210。

第十二类：鞋、帽、伞、杖、鞭及其零件；已加工的羽毛及其制品；人造花；人发制品（第64～67章）

（一）主要内容

本类共4章。其中，第64章主要包括各种鞋靴；第65章主要包括各种帽类；第66章主要包括雨伞、阳伞、手杖、鞭子等；第67章主要包括羽毛制品、人造花和人发制品等。

（二）归类方法

1. 鞋靴及其零件的归类

（1）鞋靴一般按其外底和鞋面的材料归入不同的品目。当鞋面和鞋底由不同材料构成时，则鞋面的材料应以占表面面积最大的那种材料为准，而鞋底的材料应以与地面接触最广的那种材料为准。

例 “尺寸为26码的旅游鞋，鞋面由皮革和帆布构成且皮革的表面积大于帆布的表面积，鞋底材料为橡胶”，由于鞋底为橡胶，鞋面主要为皮革材料，所以该旅游鞋应归入子目6403.9900。

（2）当按“运动鞋靴”归类时应符合第64章子目注释的条件（例如，我国习惯所称的某些运动鞋，若不符合第64章子目注释规定的条件，仍不能按“运动鞋靴”归类）。

（3）某些鞋靴不能误归入第64章（例如，装有冰刀或轮子的滑冰鞋应按运动用鞋归入第95章；明显已穿过的旧鞋应归入品目6309；石棉制的鞋应归入品目6812）。

（4）鞋靴的零件不包括第64章章注2所列的货品（例如，鞋带、鞋钉等不能按鞋靴的零件归类，一般按材料属性归类）。

2. 帽的归类

一般的帽类归入第 65 章，但下列帽类不归入第 65 章：旧的帽类归入品目 6309；石棉制的帽类归入品目 6812；玩偶用帽及其他玩具用帽或狂欢节的用品归入第 95 章。

第十三类：石料、石膏、水泥、石棉、云母及类似材料的制品；陶瓷产品；玻璃及其制品（第 68 ～ 70 章）

（一）主要内容

本类共 3 章。其中，第 68 章主要包括石料、石膏、水泥、石棉等制品；第 69 章主要包括成形后经过烧制的陶瓷制品；第 70 章主要包括各种玻璃及其制品。

本类所包含的商品大都是由第五类的矿产品经进一步加工所制得的制品，本类的商品基本上都是制成品，不包括原料。

（二）归类方法

1. 第 68 章产品的归类

第 68 章包括石料、石膏、水泥、石棉等制品，主要来源于第五类的原料，并且一般只是对第五类的矿产品改变原来的形状，而不改变其原料的性质，这也是该章的产品与后面两章产品的主要区别。另外，品目 6812 包括石棉织造的服装、鞋帽，因此注意不要将石棉织造的服装按纺织品归入第十一类。

2. 陶瓷制品的归类

有些陶瓷制品已在第 69 章章注 2 被排除的，不归入本章，例如，陶瓷制的电器用绝缘子归入品目 8546。但也有一些陶瓷制品即使具有第十六类机器或零件的特征，仍应归入本章，例如陶瓷泵、陶瓷水龙头等均归入本章。

对属于耐火材料的陶瓷制品，如果可归入 6901 ～ 6903 中的一个品目，又可归入 6904 ～ 6914 中的一个品目，应优先归入品目 6901 ～ 6903。

3. 玻璃及其制品的归类

第 70 章既包括玻璃的半制成品（玻璃板、片、球等），也包括玻璃制品。本章的某些玻璃制品虽具专有用途，若已在本章列名，仍归入本章。

例 “钟表玻璃”仍归入本章的品目 7015，而不按钟表零件归入第 91 章；“玩偶等用的玻璃假眼”仍归入本章的品目 7018，而不按玩具的零件归入第 95 章。

只有玻璃纤维和未经光学加工的光学元件才归入品目 7019 和 7014，而光导纤维、经光学加工的光学元件应归入品目 9001，不归入本章；只有不带外壳的保温瓶胆才归入本章的品目 7020，带外壳的保温瓶应归入品目 9617，不归入本章。

第十四类：天然或养殖珍珠、宝石或半宝石、贵金属、包贵金属及其制品；仿首饰、硬币（第 71 章）

（一）主要内容

本类只有 1 章，主要包括贵金属及其制品、珍珠和宝石及其制品，同时也包括仿首饰和硬币。

（二）归类方法

1. 贵金属的归类

本类所称贵金属，包括银、金及铂，其中，“铂”指铂族元素，包括铂、铱、锇、钯、铑及钌（例如，品目 7110 的品目条文中的“铂”及子目 7112.92 的子目条文中的“铂”，均指铂族元素）。

但是子目 7110.1 所指的“铂”只包括铂本身，不包括铂族元素的其他元素（例如，子目 7110.1910 的“板、片”只包括铂本身这一种元素的板、片）。

2. 贵金属合金的归类

只要其中一种贵金属含量达到合金重量的 2%，便视为贵金属合金，这不同于第十五类贱金属合金的归类原则（按含量较高的金属归类）。

根据第 71 章章注 5 的规定，首先，只要铂含量在 2% 及以上的，就按铂合金归类，铂含量不一定为合金中含量最高的贵金属；其次，只要金含量在 2% 及以上的，不含铂或铂含量小于 2%，就按金合金归类，金含量不一定为合金中含量最高的贵金属；最后，银含量在 2% 及以上的其他合金，按银合金归类。

因此，贵金属合金归类的先后顺序为：铂合金最优先，其次是金合金，最后银合金。

例 按重量计含铁 80%、铜 15%、银 3%、金 2% 的金属合金（未经锻造，非货币用），应按金合金归类，所以应归入子目 7108.1200。

3. 包贵金属和镀贵金属的归类

包贵金属是指以贱金属为底料，在其一面或多面用焊接、熔接、热轧或类似机械方法覆盖一层贵金属的材料，它与镀贵金属的比较及归类情况见表 3-2。

表 3-2　包贵金属和镀贵金属的比较及归类表

名　称	相　同　点	加　工　方　式	归　类
包贵金属	表面均为贵金属	通过焊接、熔接、热轧等机械方法制得	按所包的贵金属（外层材料）归类
镀贵金属		通过电镀等化学方法制得	按被镀的材料（内层材料）归类

4. 首饰、金银器具的归类

首饰、金银器具及其他制品归入品目 7113 ～ 7116。

（1）首饰。首饰是指个人用小饰物（例如，戒指、手镯、项圈、饰针、耳环、表链、表链饰物、垂饰、领带别针、袖扣、饰扣、宗教性或其他勋章及徽章）以及通常放置在衣袋、手提包或佩戴在身上的个人用品（例如，烟盒、粉盒、链袋、口香丸盒、念珠）。

其中完全由贵金属或包贵金属制的首饰归入品目7113；完全由珍珠、宝石制的首饰归入品目7116；镶嵌珍珠、宝石的贵金属或包贵金属制的首饰归入品目7113。

例 “金制的手镯”归入品目7113，而“玛瑙制的手镯”归入品目7116。

（2）金银器具。金银器具，包括装饰品、餐具、梳妆用具、吸烟用具及类似的家庭、办公室或宗教用的其他物品，应归入品目7114。

5. 仿首饰的归类

“仿首饰”是用珠宝、贵金属或包贵金属以外的物品制成的，其范围为个人用小饰物（例如，戒指、手镯、项圈、饰针、耳环、表链、表链饰物、垂饰、领带别针、袖扣、饰扣、宗教性或其他勋章及徽章），应归入品目7117。

例 “铂制的戒指”归入品目7113，而“铜制的戒指”归入品目7117。

第十五类：贱金属及其制品（第72～83章）

（一）主要内容

本类共12章，主要包括贱金属材料及结构较简单的贱金属制品、金属陶瓷及其制品。其中第72章主要包括钢铁锭、板、条杆及丝等；第73章主要包括钢铁制品；第74～81章主要包括有色金属、金属陶瓷及其制品；第82章主要包括贱金属工具等；第83章包括贱金属杂项制品。本类的排列结构如下：

钢铁及其制品……………………………………第72、73章

有色金属、金属陶瓷及其制品……………………第74～81章

其他贱金属制品……………………………………第82、83章

其中第72～81章是按金属属性分章的，除第72、73章外，同一章内一般按加工程度由低到高的顺序排列，即：初级形状→半制成品→制成品。

钢铁作为最重要的贱金属被分为两章，即第72章只包括钢铁的初级形状和半制成品（即钢材），第73章主要包括钢铁制品。

第74～81章为有色金属、金属陶瓷及其制品，其中第74章是铜及其制品，第75章是镍及其制品，第76章是铝及其制品，第77章是空章，第78章是铅及其制品，第79章是锌及其制品，第80章是锡及其制品，第81章是其他贱金属、金属陶瓷及其制品。

第82、83章是按商品的功能及用途排列的，主要包括特定功能和用途的制成品。其中，第82章包括贱金属工具等；第83章是杂项金属制品。

（二）归类方法

1. “通用零件”的归类

（1）第十五类注释二明确了《协调制度》“通用零件”的范围，主要包括：

1）品目 7307 的钢铁制管子附件，品目 7312 的线、绳、索、缆，品目 7315 的链，品目 7317 或 7318 的各种钉及其他贱金属制的类似品（第 74 ～ 81 章的相关品目）。

2）品目 7320 的钢铁制弹簧及弹簧片及其他贱金属制的弹簧及弹簧片（第 74 ～ 81 章的相关品目）。

3）品目 8301 的锁等，品目 8302 的家具等用的五金件，品目 8306 的框架及镜子，品目 8308 的管形铆钉等，品目 8310 的标志牌等。

（2）由于《协调制度》中第十六、第十七、第十八、第十九、第二十类的类注释或章注释中均将第十五类注释二的“通用零件”排除掉，因此，即使这些零件作为其他机器设备、器具的零件，仍归入本类。

例 “内燃机排气门用合金钢制螺旋弹簧”，属于本类注释二“通用零件”的范围，应归入子目 7320.2090。

2. 第 82、83 章列名制品的归类

只要是贱金属制的第 82、83 章列名的制品，应优先归入这两章，而不再按材料属性归入前面各章。

例 “铝制的易拉罐盖”应归入第 83 章的品目 8309，而不按铝制品归入第 76 章；“钢铁制成条的订书机用订书钉”应归入第 83 章的品目 8305，而不按普通钉归入第 73 章的品目 7317。

3. 合金及复合材料制品的归类

（1）贱金属与贱金属的合金按所含重量最大的那种金属归类；本类贱金属与非本类元素（贵金属除外）构成的合金，只有本类贱金属的总重量等于或超过其他类元素的总重量时才归入本类。但有两种特例：品目 7202 的铁合金及品目 7405 的铜母合金，它们不按含量最大的金属归类。

例 “由 65% 的铜和 35% 的锌构成的铜锌合金管材”，该管材铜的含量高于锌的含量，故按铜的合金归入品目 7411。

（2）含有两种或两种以上贱金属的制品，应按其所含重量最大的那种贱金属的制品归类。

例 “多种材料制成的烟灰缸，包括一个铁制底座（占总重量的 30%），一个铝制的托盘（占总重量的 30%），一个钢制的托盘板（占总重量的 30%），一个铜制的按钮（占总重量的 10%）”，该商品是由多种贱金属组成的制品，应把铁和钢的部分相加（30%+30%=60%），其总重量超过了铝的总重量，也超过了铜的重量，故按钢铁制品归入第 73 章的品目 7323。

4. 钢及钢材的分类

第 72 章按钢的加工程度和类型分为 4 个分章。在《协调制度》中钢按所含元素的不同分为非合金和合金钢。一般只含碳元素的钢称为非合金钢，或称为碳钢；除碳元素外，还含有其他元素的钢称为合金钢。钢的详细分类见表 3-3。

表 3-3　钢的详细分类表

名　称		特　点
非合金钢		在冶金行业又称为碳钢
合金钢	不锈钢	主要含铬的合金钢，且各种元素含量符合《协调制度》定义
	硅电钢	主要含硅的合金钢，且各种元素含量符合《协调制度》定义
	高速钢	主要含钨、钒、钼等，且各种元素含量符合《协调制度》定义
	硅锰钢	主要含硅及锰的合金钢，且各种元素含量符合《协调制度》定义
	其他合金钢	加入不同元素，呈现不同性质，用于不同场合

其中，合金钢中最常见的为不锈钢，只有符合下列条件的合金钢才视为不锈钢：按重量计含碳量在 1.2% 及以下，含铬量在 10.5% 及以上，不论是否含有其他元素。

钢材在《协调制度》中一般分为平板轧材、条杆、丝和各种型材、异型材等。

5. 非合金钢平板轧材的归类

（1）截面为矩形（正方形除外）并且不符合第 72 章章注 1（9）款所述定义的下列形状实心轧制产品才能作为平板轧材归类：

1）层叠的卷材。

2）平直形状，其厚度如果在 4.75 毫米以下，则宽度至少是厚度的 10 倍；其厚度如果在 4.75 毫米及以上，其宽度应超过 150 毫米，并且至少应为厚度的 2 倍。

平板轧材包括直接轧制而成并有凸起式样（例如，凹槽、肋条形、格槽、珠粒、菱形）的产品以及穿孔、抛光或制成瓦楞形的产品，但不具有其他品目所列制品或产品的特征。

（2）非合金钢平板轧材归类时还要考虑其他因素，如规格（宽度、厚度）、轧制方式（热轧还是冷轧）、有无镀涂层和包覆层、报验状态（卷状、非卷状）等。

例 “非合金钢镀锌（热浸镀）平板轧材，长度为 2 400 毫米，宽度为 1 200 毫米，厚度为 1.2 毫米”，该钢材符合平板轧材的条件，且宽度大于 600 毫米，所以归入子目 7210.4900。

6. 非合金钢条杆、型材、丝及空心材的归类

对这些钢材归类时，必须符合第 72 章章注 1（11）～（14）的条件。

非合金钢条杆、型材、丝及空心材的归类见表 3-4。

表 3-4　非合金钢条杆、型材、丝及空心材归类表

名称		特点	归类
条杆类	盘条	热轧不规则盘卷状	品目 7213
	热轧条杆	热轧直条状	品目 7214
	冷轧条杆	冷轧直条状	品目 7215
角材 / 型材 / 异型材		符合第 72 章章注 1（13）的要求	品目 7216
丝		冷加工规则盘卷状	品目 7217
空心材	空心钻钢	用于钻探，且外形尺寸在 15 ～ 52 毫米之间，最大内孔小于最大外形的 1/2	品目 7228
	管	全长截面相同并且只有一个闭合空间的同心中空产品	品目 7304 ～ 7306
	空心异型材	不符合“管”的定义，且主要是内外截面形状不同的空心产品	品目 7306

7. 钢铁容器的归类

盛装物料用的钢铁囤、柜、罐、桶、盒及类似容器一般按其容积的不同，归入品目 7309 ～ 7310，但这两个品目并不是包括所有的钢铁容器，一般只包括非家用的；若是家庭或厨房用的钢铁容器，如粗腰饼干桶、茶叶罐、糖听及类似容器应归入品目 7323，这些容器不能误按容积小于 300 升的容器归入品目 7310。

8. 各种“钢铁钉”的归类

在《协调制度》中有各种“钢铁钉”，如果类型、用途不同，它们的归类也不同，见表 3-5。

表 3-5　钢铁钉归类表

商品描述	归类
普通钢铁钉、平头钉、图钉	品目 7317
钢铁制螺钉、普通铆钉（实心的）	品目 7318
带有铜或铜合金钉头的钢铁钉、平头钉	品目 7415
订书机用的钉书钉	品目 8305
管形铆钉 / 开口铆钉（主要用于衣着、鞋帽、帐篷、皮革制品和工程技术）	品目 8308

9. 可互换性工具及刀具的归类

机床用可互换性工具及刀具，如锻压、冲压用模具，机床上用的各种刀具，虽作为第十六类机器的零件，但仍要归入第 82 章。

例 钻床用的钻头、车床用的车刀、铣床用的铣刀等归入品目 8207，但木工锯床用的锯片要归入品目 8202。

10. 成套工具及餐具的归类

（1）由品目 8205 中不同种类的货品构成的成套工具仍归入该品目内，即子目

8205.9000。

（2）由品目 8202 ～ 8205 中两个或多个品目所列工具组成的零售包装成套工具归入品目 8206。

（3）由品目 8211 中不同种类的刀构成的成套刀具仍归入该品目内，即子目 8211.1000。

（4）由品目 8211 中的一把或多把刀具与品目 8215 至少数量相同的物品构成的成套餐具，以及由品目 8215 中不同种类的贱金属货品构成的成套餐具，应归入品目 8215。

例 由 10 把品目 8211 的西餐用刀具和 10 把品目 8215 的西餐用餐叉（均为不锈钢制）组成成套餐具后一并归入子目 8215.2000。

11. 手动机械器具的归类

手动机械器具一般归入第 82 章，有的还有重量的限制。

例 手摇的钻孔工具归入品目 8205；用于加工或调制食品或饮料的手动机械器具（且重量不超过 10 千克）归入品目 8210。

第十六类：机器、机械器具、电器设备及其零件；录音机及放声机、电视图像、声音的录制和重放设备及其零件、附件（第 84、85 章）

（一）主要内容

本类只有 2 章。其中，第 84 章主要包括非电气的机器、机械器具及其零件；第 85 章主要包括电气电子产品及其零件。

（二）归类方法

1. 组合机器、多功能机器的归类

组合机器是指由两部及两部以上机器装配在一起形成的机器。一般是一台机器装在另一台机器的内部或上面，或者两者装在同一底座、支架上或同一个机壳内，且这组机器必须是永久性地连在一起。

多功能机器是指具有两种及两种以上互补或交替功能的机器。

组合机器与多功能机器的归类原则：按机器的主要功能归类，当不能确定其主要功能时，按“从后归类”的原则归类。

例 “具有提供热、冷水功能的饮水机”，该设备具有加热和制冷两种功能，其用途为提供饮用水，属于多功能机器，比较两种功能，很难确定哪一种为主要功能，所以按“从后归类”的原则归入品目 8516。

2. 功能机组的归类

功能机组是由几个具有不同功能的机器（包括机组部件）结合在一起而构成的。这些机器通常由管道、传动装置、电缆或其他装置连接起来。

功能机组的归类原则：组合后的功能明显符合第 84 章或第 85 章某个品目所列功能时，全部机器或部件均归入该品目，而不再分别归类。

例　“番茄酱的成套加工设备，由番茄破碎设备、番茄汁浓缩设备、杀菌设备、电气控制柜等组成”，这套设备的主要功能是食品加工，符合功能机组的条件，应将成套设备一并归入子目 8438.6000。

3. 机器零件的归类

本类机器所属零件归类的一般步骤为：

（1）考虑是否是本类类注一、第 84 章章注 1 和第 85 章章注 1 排他条款中的商品，若已排除，则不能归入本类。

（2）考虑是否是第 84、85 章列名的商品，若已列名，则按列名归类。

（3）考虑是否是专用零件，若符合条件则与机器一并归类，或归入指定的专用零件品目。

（4）考虑是否可归入品目 8487 或品目 8548。

例　“电冰箱用压缩机”，作为电冰箱的一个部件，在品目 8414 内有列名，故应归入 8414.30 项下的相关子目。

例　“电冰箱用壳体”，作为冰箱的专用零件，应归入 8418.99 项下的相关子目。

4. 可归入多个品目的机器或零件的归类

（1）当出现既可按功能归入品目 8401 ～ 8424 或品目 8486，又可按应用行业归入品目 8425 ～ 8480 的情况时，优先归入品目 8401 ～ 8424 或品目 8486。

例　“工业用火腿蒸煮器”，既可按利用温度变化工作的机器归入品目 8419，又可按食品（肉类）的加工机器归入品目 8438，应优先归入品目 8419。

但下列情况除外：

1）品目 8419 不包括：

①催芽装置、孵卵器或育雏器（品目 8436）。

②谷物调湿机（品目 8437）。

③萃取糖汁的浸提装置（品目 8438）。

④纱线、织物及纺织制品的热处理机器（品目 8451）。

⑤温度变化（即使必不可少）仅作为辅助功能的机器设备。

2）品目 8422 不包括：

①缝合袋子或类似品用的缝纫机（品目 8452）。

②品目 8472 的办公室用机器。

3）品目 8424 不包括：喷墨印刷（打印）机器（品目 8443）或水射流切割机（品目 8456）。

（2）在对特种机床归类时，也会出现可归入多个品目的情况：既可按特种机床归入品目 8456，同时又可按功能归入品目 8457 ～ 8465，此时应优先按特种机床归入品目 8456。

例 “利用激光在各种材料上打孔的机床”，该机床既可按加工方式（激光加工）归入品目 8456，又可按功能（钻孔）归入品目 8459，此时，应将该机床归入子目 8456.1000。

（3）对于集成电路、晶体管等，也会出现可归入多个品目的情况：既可按其功能归入品目 8542 或 8541，又可按所用机器设备的零件归入相关品目，此时应优先归入品目 8542 或 8541。

5. 第 84 章结构规律

第 84 章主要包含非电气的机器、机械器具及其零件，是《协调制度》中品目最多的一章，有 87 个品目，其结构主要按下列规律排列。

（1）品目 8401 ～ 8424，主要按商品的功能列目：

核反应堆等……………………………………品目 8401

锅炉及其他气体发生器………………………品目 8402 ～ 8405

动力机器………………………………………品目 8406 ～ 8412

液体泵、气体泵或压缩机……………………品目 8413 ～ 8414

能量的转化机器………………………………品目 8415 ～ 8419

其他按功能列名的机器………………………品目 8420 ～ 8424

（2）品目 8425 ～ 8478，主要按商品的应用行业（或用途）列目：

起重与搬运机器………………………………品目 8425 ～ 8431

农、林、食品加工机器………………………品目 8432 ～ 8438

造纸、印刷机器………………………………品目 8439 ～ 8443

纺织及相关机器………………………………品目 8444 ～ 8452

皮革加工机器…………………………………品目 8453

冶金制造机器…………………………………品目 8454 ～ 8455

机床……………………………………………品目 8456 ～ 8466

办公机器………………………………………品目 8469 ～ 8473

其他……………………………………………品目 8474 ～ 8478

（3）品目 8479 包括不能归入本章该品目以前任何品目的机器及机械器具；品目 8480 包括金属铸造用的型箱及阳模，还包括模制某些材料用的手工模具或机器模具（锭模除外）；品目 8481 ～ 8484 包括某些可作为机器零件使用或可用作其他章货品零件的通用物品；品目 8486 包括专用于或主要用于制造半导体单晶柱或圆片、半导体器件、集成电路或平板显示器的机器及装置，以及本章章注 9（3）所列的机器及装置；品目 8487 包括其他品目未列名的非电气零件。

6. 动力机器及其零部件的归类

动力机器（电动机除外）归入品目 8406 ～ 8412。其中内燃机为最广泛的动力机器之一，点燃式内燃发动机（主要包括汽油机）归入品目 8407，压燃式内燃发动机（即柴油机）归入品目 8408。

液压、气压动力装置（即以液体能或压缩气体作为动力源的装置）也作为动力装置归入品目 8412。

电动机（将电能转变成机械能的动力装置）归入品目 8501。

只有“主要用于或专用于”内燃机的零部件才归入品目 8409，如活塞、连杆、汽缸体、汽缸盖等。

例 “别克轿车用发动机，气缸容量为 1.6 升，发动机为点燃往复式内燃发动机”，应归入子目 8407.3410。

例 “摩托车用汽缸盖”，属于内燃机专用的零件，应归入品目 8409，又因摩托车用的发动机一般为点燃式内燃发动机，所以归入子目 8409.9199。

7. 液体泵、气体泵和压缩机的归类

液体泵、气体泵和压缩机是应用较广泛的通用机器。

液体泵归入品目 8413。归入本品目的，液体泵可以带有计量装置或计价装置，不要将计量泵按仪器归入第 90 章。

气泵、压缩机等归入品目 8414。本品目还包括手动或动力驱动的用以压缩空气或其他气体（如氟利昂）或抽成真空的机器设备，空气或其他气体循环用的机器（风机和风扇），如手动的打气筒也归入此品目。

例 “活塞式内燃机冷却用水泵”，该水泵属于液体泵，按其功能归入品目 8413，然后根据其用途按活塞式内燃机用冷却剂泵归入子目 8413.3090。

例 “轿车空调用压缩机”，该压缩机用于制冷设备，按其功能归入品目 8414，又因轿车用的压缩机一般由发动机直接驱动，属于非电动机驱动的压缩机，所以归入子目 8414.3090。

8. 制冷设备的归类

制冷设备主要包括空调器和电冰箱等。空调器及其专用零件归入品目 8415，其他制冷设备及其零件归入品目 8418。

例 “家用壁式分体式空调，具有制冷和制热功能，制冷量为 3 200 千卡[⊖]/ 时”，此空调属于分体式，归入品目 8415，根据分体式和制冷量再归入子目 8415.1021。

例 “可逆式热泵，制冷量为 2 800 千卡 / 时”，可逆式热泵为双向传送热量的热泵，属于装有冷热循环换向阀的制冷装置，应按空调器归入品目 8415，再根据其制冷量归入子目 8415.8110。

9. 利用温度变化处理材料的设备的归类

利用温度变化处理材料的设备一般归入品目 8419，但品目 8419 的条文分成两部分，分号前面的商品必须是非家用的，不论是否用电加热，而分号后面的商品必须是非电热的，不论是否家用。

例 “电热医用消毒设备（将要消毒的物品或材料放入设备内加热至高温以杀灭细菌）”，该消毒设备属于利用温度变化处理材料的设备，根据其功能归入品目 8419，然后按医用消毒器具归入子目 8419.2000。

10. 印刷机械及打印、复印、传真等多功能机器的归类

印刷（打印）、复印、传真等机器归入品目 8443，归类见表 3-6。

表 3-6 印刷（打印）、复印、传真等机器归类表

商品描述			归类
传统印刷机器（即采用品目 8442 的印版进行印刷的机器）			8443.1
其他机器	可与自动数据处理设备或网络相连的	具有多功能	8443.31
		具有单功能	8443.32
	不可与自动数据处理设备或网络相连的		8443.39
零件			8443.9

归入本品目的机器在确定子目时，主要考虑的因素有：是否是传统的印刷机器，是否可与自动数据处理设备或网络（这里的网络既包括计算机网络，也包括电话网络、电报网络等）相连，是否具有打印、复印、传真等多种功能。

这里应注意，具有单一功能的打印机不能按自动数据处理设备的输出部件归入品目 8471，具有单一功能的传真机不能按通信设备归入品目 8517。

例 “激光打印机（只有打印功能）”，该打印机可与自动数据处理设备相连，归入子目 8443.3212。

⊖ 1 卡 =4.186 8 焦（耳）

例　“激光打印机用硒鼓”，硒鼓作为打印机的零件，应归入子目 8443.9990。

11. 各种加工机床及零件的归类

各种加工机床归入品目 8456 ～ 8465，归类见表 3-7。

表 3-7　各种加工机床归类表

商品描述			归类
特种加工机床			8456
金属加工机床	金属切削机床	加工中心、组合机床	8457
		车床	8458
		钻、镗、铣、攻丝机床	8459
		磨床（不含齿轮磨床）	8460
		刨、插、拉、齿轮加工（含齿轮磨床）锯机床	8461
	压力加工机床		8462
	其他非切削加工机床		8463
其他加工机床	加工矿物质等		8464
	加工木材、塑料、橡胶等		8465

机床的一般归类方法如下：

（1）判断其是否符合本章章注 9 有关品目 8486 的设备和装置的规定，若符合则优先归入品目 8486。

（2）判断其是否是用激光、光子束、超声波等加工各种材料的特种加工机床，若是则优先归入品目 8456；若不是，则根据加工对象的不同归类，加工金属的机床归入品目 8457 ～ 8463，加工其他材料的机床归入品目 8464 ～ 8465。而加工金属的机床，还要区分是金属切削机床（即加工过程中有切屑产生）还是压力加工机床或其他非切削加工机床，前者按加工方式归入品目 8457 ～ 8461，后者则按压力加工机床或其他非切削加工机床归入 8462 ～ 8463。

品目 8457 的加工中心不包括车削中心，因为车削中心以车削为主要加工方式，因此仍按车床归入品目 8458。

（3）确定某些子目时还要考虑是立式机床还是卧式机床，立式机床指机床的回转主轴为垂直方向，卧式机床指机床的回转主轴为水平方向。

（4）品目 8464 的机床加工对象包括石料、陶瓷、混凝土、石棉水泥、玻璃等矿物质；品目 8465 的加工对象包括木材、软木、骨、硬质橡胶、硬质塑料等（例如，木工用刨床、钻床、铣床等应归入品目 8465）。

（5）只有专用于上述机床的零、附件才归入零件专用品目 8466，如工具夹具、工件夹具及分度头等；若是在其他品目列名的零、附件，则归入其他相关品目〔例如，机床上用的刀具（如车刀、铣刀、钻头等）归入品目 8207〕。

例 “数控齿轮磨床”，加工普通工件的一般磨床归入品目8460，但在品目8460的条文中已明确品目8461的用于加工齿轮的磨床除外，所以将此磨床归入品目8461，然后按功能及数控的条件归入子目8461.4010。

例 “非数控卷板机（用于将较厚的板材卷成圆筒状）”，此卷板机通过压力使板材弯曲，属于通过压力加工金属的设备，应归入品目8462，然后按功能和非数控的条件归入子目8462.2990。

12. 自动数据处理设备及零部件的归类

（1）自动数据处理设备只有符合下列条件的才归入品目8471：

1）存储处理程序和执行程序直接需要的基础数据。

2）按照用户的要求随意编辑程序。

3）按照用户指令进行算术计算。

4）在运行过程中，可不需人为干预而通过逻辑判断，执行一个处理程序，这个处理程序可改变计算机指令的执行。

（2）自动数据处理设备的部件如果单独报验，应归入品目8471。

常见的自动数据处理设备及部件归类见表3-8。

表3-8 自动数据处理设备及部件归类表

<table>
<tr><th colspan="2">商品描述</th><th>归 类</th></tr>
<tr><td colspan="2">便携式自动数据处理设备</td><td>8471.30</td></tr>
<tr><td colspan="2">其他以系统形式报验的自动数据处理设备</td><td>8471.49</td></tr>
<tr><td rowspan="4">单独报验的部件</td><td>自动数据处理部件</td><td>8471.50</td></tr>
<tr><td>输入输出部件</td><td>8471.60</td></tr>
<tr><td>存储部件</td><td>8471.70</td></tr>
<tr><td>其他部件</td><td>8471.80</td></tr>
</table>

例 一起报验的微型计算机主机（含CPU、主板、硬盘等）、键盘（输入设备）和显示器（输出设备）一并按“系统”归入子目8471.49，而单独报验的微型计算机主机（含CPU、主板、硬盘等）归入子目8471.50，单独报验的键盘归入8471.6071，单独报验的微电脑用内存条应作为自动数据处理设备的零件归入8473.3090，而单独报验的显示器则应归入品目8528的相关子目。

（3）配有自动数据处理设备，或与数据处理设备连用，但却从事数据处理以外的某项专门功能的机器、仪器或设备不归入品目8471，应按其功能归入相应的品目。

例 “与计算机连接使用的名片印刷机”，主要功能是印刷，应归入品目8443。

13. 半导体、集成电路及平板显示器制造设备的归类

半导体、集成电路及平板显示器制造设备归入品目 8486。根据第 84 章章注 9（4），符合品目 8486 规定的设备和装置在归类时优先于《协调制度》的其他所有品目。

14. 通用机械零部件的归类

通用机械零部件归入品目 8480 ～ 8484 及 8487，其中：

（1）模具（包括金属铸造、玻璃热加工、陶瓷、水泥制品、橡胶、塑料制品等用的模具）归入品目 8480。

（2）机器设备用的各种阀门及龙头归入品目 8481。

（3）机器设备用的传动装置（如传动轴、变速箱及单个齿轮、离合器及联轴器等）归入品目 8483。

（4）滚动轴承和滑动轴承都属于轴承，但前者归入品目 8482，后者归入品目 8483，安装这些轴承的轴承座归入品目 8483。

（5）只有用金属片与其他材料制成或用双层或多层金属片制成的密封垫或类似接合衬垫才归入品目 8484，而用单一材料制的密封垫不归入品目 8484，应按所用材料归类；只有成套的各式密封垫（必须至少配有两个及两个以上由不同材料制成）才归入品目 8484。

例 “点燃式内燃发动机用的气缸密封垫(由两层铜片中间夹一层纸板构成)”，该密封垫是用金属片与其他材料制成的，符合品目 8484 条文的描述，所以归入子目 8484.1000。

（6）本章其他品目未列名的通用机器零件归入品目 8487，如不同行业的机器上可通用的手轮就归入品目 8487。

15. 第 85 章结构规律

第 85 章主要包含电气电子产品及其零件，主要按商品的功能列目：

电能的产生、交换及储存设备………品目 8501 ～ 8504、8506 ～ 8507

电动机械器具…………………………品目 8508 ～ 8510

依靠电性能工作的设备………………品目 8505、8511 ～ 8518、8525 ～ 8531、8543

声音、图像录放设备…………………品目 8519 ～ 8522

记录媒体………………………………品目 8523

电子元器件、电路开关、连接设备…品目 8532 ～ 8542、8545

绝缘电导体及绝缘体…………………品目 8544、8546 ～ 8547

16. 电池的归类

电池按其是否可充电分为原电池和蓄电池，一般不可充电的原电池归入品目 8506，

可以充电的蓄电池归入品目 8507。

例 93 “石英手表用的扣式锂电池”为不可充电的电池，归入子目 8506.5000；而“手机用锂电池”为可充电电池，归入子目 8507.6000。

但与这两类电池工作原理不同的光电池则要归入子目 8541。

废的原电池、蓄电池归入品目 8548。

17. 电动机械器具的归类

（1）一般电动机械器具归入品目 8508 ～ 8510。其中真空吸尘器不论是家用还是非家用，一律归入品目 8508，电动剃须刀归入品目 8510，其他家用的电动机械器具归入品目 8509。

（2）品目 8509 仅适用于“家用”和“电动”的器具，还应注意归入该品目的有些家用电动器具要受重量的限制（不超过 20 千克）。

例 “不同类型绞肉机的归类”，小于 20 千克的家用电动绞肉机归入品目 8509，大于 20 千克的电动绞肉机则要按工业用的食品加工机器归入品目 8438，不超过 10 千克的手摇绞肉机则应按手工工具归入品目 8210。

另外，其他品目已列名的家用电动器具不归入本品目（例如，家用洗衣机在品目 8450 已有列名）。

18. 加热器具的归类

加热器具归类时一般要考虑的因素包括：工业或实验室用还是家用，是炉具还是一般加热器具，是电加热还是非电加热。

一般将电加热的工业或实验室用炉具归入品目 8514，而非电加热的工业或实验室用炉具归入品目 8417；一般家用的电加热器具归入品目 8516，家用非电热的器具归入品目 7321、7322、7418 或 8419，非家用的加热器具归入品目 8419 或 7322。

例 “燃气热水器”，由于其为非电热的，故应归入品目 8419；“农产品干燥用的器具”，由于其为非家用的，故应归入品目 8419。

19. 焊接设备的归类

对焊接设备归类时，首先判断其工作方式，若是以电气、激光、光子束、超声波、电子束、等离子弧等方式工作的焊接设备，归入品目 8515；若是以其他方式工作的焊接设备（例如，气焊设备、摩擦焊设备），则归入品目 8468。

20. 通信设备的归类

不论是有线通信设备还是无线通信设备，一律归入品目 8517，只有在确定子目时才区分是有线通信设备还是无线通信设备。常见的通信设备包括有线电话、蜂窝网络电话或其他无线网络电话（主要指手机），基站，电话交换机，光通信用设备（如光端机等），计算机网络通信用设备（如以太网交换机、路由器、集线器等），其他声音、图像或其他数据的转换及接收设备和发送设备。

这里应注意，无绳电话机不同于无线电话机，无绳电话机又称子母机，由主机和副机两部分组成，因主机与电话线相连，只是主机与副机的通信为无线方式，故无绳电话机仍属有线通信设备，而无线电话机属无线通信设备。

用于声音、图像或其他数据的发送设备不要误归入品目 8525，计算机通信用的路由器、集线器等不要误按自动数据处理设备的部件归入品目 8471；其他品目已列名的通信设备，不归入本品目（例如，传真机已在品目 8443 列名，不要误按通信设备归入本品目）。

21. 音像设备及无线广播、电视接收设备的归类

音像设备主要包括声音的录制、播放设备，转化设备（话筒和喇叭）等，图像的录制、播放设备，摄像机等。音像设备及无线广播、电视接收设备的归类情况归纳见表 3–9。

表 3–9　音像设备及无线广播、电视接收设备归类表

信号种类	变换方式	归类
声音	话筒和喇叭（声音⇌电信号）	8518
	放音（记录媒体→声音）	8519
	录音（声音→记录媒体）	8519
	收音（无线电广播信号→声音）	8527
图像	录放像（图像电信号⇌记录媒体）	8521
	摄像（图像→记录媒体）	8525
	电视（无线电电视信号→图像、声音）	8528

22. 记录媒体的归类

记录媒体一律归入品目 8523，只有在确定本国的第 7、8 位子目时才考虑是否录制信息。目前常见的记录媒体主要包括磁性媒体、光学媒体和半导体媒体。磁性媒体常见的类型为磁带、磁盘及磁卡；光学媒体常见的类型主要是光盘；半导体媒体常见的类型有 U 盘、数码相机用的记忆棒、SD 卡、CF 卡、SM 卡等。

例 “DVD 光盘（内含国外获奖影片）”，此光盘属光学记录媒体，归入品目 8523，因它既包含声音信息，又包含图像信息，所以归入子目 8523.4990。

例 “微型计算机用内存条”不能作为记录媒体归入品目 8523，应作为自动数据处理设备的零件归入 8473.3090；“移动硬盘”不能作为记录媒体归入品目 8523，应作为自动数据处理设备的存储部件归入 8471.7010。

23. 灯、灯具的归类

对灯、灯具进行归类时，一般考虑的因素包括：是否带有灯座、有何种用途等。不带灯座的各种灯泡、灯管等电光源归入品目 8539；带有灯座的灯具归入品目 9405；机动车辆（不含火车、飞机）的照明灯、信号灯归入品目 8512；火车和飞机的前灯等归入品目 9405；自供电源的灯（如手电筒、手提式应急灯）归入品目 8513；交通管理用的信号灯（交叉路口的红绿灯等）归入品目 8530；照相机用的闪光灯及灯泡归入品目 9006。

24. 通用电子元器件及简单电器装置的归类

通用电子元器件一般按其不同的特性归入品目 8532 ～ 8533、8540 ～ 8542，这些元器件一般作为电气设备的零件，其中无源元件主要包括归入品目 8532 的电容器，归入品目 8533 的电阻器（但加热电阻器归入品目 8516）；有源元件主要包括归入品目 8540 的热电子管、冷阴极管或光阴极管，归入品目 8541 的半导体器件（二极管、晶体管等）。

集成电路归入品目 8542，然后按其用途（处理器及控制器用、存储器用、放大器用等）归入不同的子目。

常见的电感元器件在前面的品目已有列名，应归入品目 8504。

简单的电器装置一般分为高压电器（电压>1 000 伏）和低压电器（电压≤1 000 伏），前者归入品目 8535，后者归入品目 8536；而由品目 8535 的高压电器或品目 8536 的低压电器组成的通常装于盘、板、台上或柜子里的组合体，应归入品目 8537，如一些电器控制柜、数控装置等，本品目同时也包含一些较为复杂的装置，如可编程序控制器等。

例　“耳机插座属于连接电路的电气装置，且为低压电器（电压<1 000 伏）”，归入品目 8536，然后按插座归入子目 8536.6900。

25. 具有独立功能未列名机电产品的归类

具有独立功能且其他品目未列名的机电产品一般归入品目 8479（机械设备）或 8543（电气设备）。这两个品目又可看作第 84、85 章的兜底品目，归入这两个品目的商品必须满足下列条件：

（1）任何类注或章注中均未规定不包括在这两章内。

（2）未更为具体地列入《协调制度》其他各章的某一品目内。

（3）根据其功能和用途均不能归入这两章的其他品目。

例　“配有机械装置的潜水箱”，应作为未列名的机械设备归入品目 8479。

第十七类：车辆、航空器、船舶及有关运输设备（第 86 ～ 89 章）

（一）主要内容

本类共 4 章，包括各种铁道车辆（第 86 章），其他陆上车辆（第 87 章），航空器及航天器（第 88 章），船舶及浮动结构体（第 89 章）。此外还包括与运输设备有关的具体列名的货品，如归入品目 8609 的集装箱，归入品目 8608 的铁道或电车轨道固定装置及附件和机械信号装置，归入品目 8804 的降落伞等。

（二）归类方法

1. 多用途运输设备的归类

既能在道路上又能在轨道上行驶的车辆归入第 87 章。

水陆两用的机动车辆归入第 87 章。

可兼作地面车辆的航空器归入第 88 章。

在导轨上运行的气垫火车归入第 86 章。

水陆两用的气垫运输工具归入第 87 章。

水上航行但只能在海滩或浮码头上登陆或在冰上行驶的气垫运输工具归入第 89 章。

2. 运输设备零件、附件的归类

根据本类注释二，其他类已列名的零件、附件不归入本类，常见的有第 84 章、第 85 章列名的机电产品，第十五类注释二规定的“通用零件”及塑料制的类似品（例如，汽车发动机是车辆的一个部件，在第 84 章有列名，故归入第 84 章，而不归入第 87 章）。

只有专用于本类设备的零件、附件才与设备一并归类或归入零件专用的品目。同时应注意，本类只有第 86 ～ 88 章包括这些运输设备的零件、附件，第 89 章不包括零件、附件，只包括船舶及浮动结构体等运输设备，所以即使能确定专用于或主要用于船舶也不归入本章，一般按主要用途归入前面各章。例如，船舶用舵机作为船舶的一个部件，应归入子目 8479.8910，而不归入第 89 章。

3. 客车、货车的归类

（1）用于载人的机动车辆按座位数分为两种：

1）10 座及以上的车辆和 10 座以下的车辆。10 座及以上的车辆，主要按发动机类型（压燃式活塞内燃发动机、其他内燃发动机）和座位数等因素归入品目 8702 项下的相关子目，其中座位数包括驾驶员座位和折叠椅座位数。

2）10 座以下的车辆，主要按用途、发动机类型（点燃式活塞内燃发动机、压燃式活塞内燃发动机）、气缸容量（即指发动机运转时气缸所排出气体的体积）等因素归入品目 8703。项下的相关子目包括：

①点燃式活塞内燃发动机主要包括用火花塞点火的汽油发动机和沼气发动机。

②压燃式活塞内燃发动机主要包括柴油发动机。

（2）用于载货的车辆按发动机类型（点燃式活塞内燃发动机、压燃式活塞内燃发动机）和车辆总重量（车辆总重量 = 车辆的自重 + 最大设计载荷 + 加满油的油箱重量 + 驾驶员的重量）归入品目 8704 项下的相关子目。

例 "旅游观光电瓶车，16 座（包括驾驶员座）"，此车属 10 座以上载人的客运车辆，应归入品目 8702。

4. 特种车辆的归类

不以载人、载货为主要目的的特种车辆归入品目 8705（例如，消防车、起重车等）。而有些特殊用途的车辆仍以载人、载货为主要目的（例如，囚车、警车、灵车、赛车等），要归入品目 8702 ～ 8703，不按特种车辆归类；冷藏货车、液罐车、运钞车、自动装卸货车（装有绞车、提升机等装置，但主要用于运输）等仍以载货为主要目的，要归入品目 8704，不按特种车辆归类。

用于展示、教学用而无其他用途的未剖开或已剖开的模型车辆及真实车辆不归入第 87 章，而归入品目 9023。

5. 机动车辆底盘的归类

常见的机动车辆底盘有三种类型，分别归类如下：

（1）只装有发动机的机动车辆底盘归入品目 8706。

（2）装有驾驶室和发动机的机动车辆底盘，按相应的整车归入品目 8702 ～ 8704。

（3）未装有驾驶室和发动机的机动车辆底盘，按机动车辆的零件归入品目 8708。

6. 汽车零件、附件的归类

通常所称的汽车零件、附件，一般指品目 8701 ～ 8705 所列机动车辆用的零件、附件。

对这些零件、附件进行归类时，首先判断是否是本类注释二已排除掉的（即在其他类已列名），只有确定在其他类未列名的情况下，才归入品目 8708；其次根据零件所在车辆的部位（缓冲器、车身、制动器、变速箱、驱动桥、车轮、悬挂系统等）确定第 5 位子目；最后确定第 6 ～ 8 位子目，由于我国所列的某些第 7、8 位子目是按前面整车类型所列，所以在确定这些子目前必须先确定整车的编码。

例 "变速箱（车辆总重量为 12 吨的重型货车用，柴油发动机）"，应按货车专用零件归入品目 8708，然后按列名归入子目 8708.4，又因该货车整车归入子目 8704.2230，故最后将此变速箱归入子目 8708.4040。

例 "带充气系统的安全气囊（小轿车用）"，安全气囊属于轿车专用的零件，归入品目 8708，比较该品目下的一级子目，归入子目 8708.9，然后按列名归入子目 8708.9500。

7. 摩托车和自行车的归类

摩托车和自行车分别归入品目 8711 和 8712。摩托车按发动机类型和气缸容量归入不同的子目，自行车按用途和车轮直径（以英寸为单位）归入不同的子目。

电动自行车应按装有辅助动力的脚踏车归入子目 8711.9010。

摩托车及自行车的零件、附件归入品目 8714，但摩托车用的发动机及发动机的零件因在第 84 章已有列名，不归入本品目。

8. 其他运输设备的归类

坦克及其他机动装甲战斗车辆，不论是否装有武器，一律归入品目 8710，不能按武器归入第 93 章。

第 86 章主要包括铁道运输设备及其零件，但也有部分设备即使不用于铁道运输仍归入本章。例如，用于内河航道、港口、停车场或机场等场所的机械交通信号设备归入品目 8608（若是电气的交通信号设备应归入品目 8530），集装箱即使不用于铁道运输（如用于海运）仍归入品目 8609。

第十八类：光学、照相、电影、计量、检验、医疗或外科用仪器及设备、精密仪器及设备；钟表；乐器；上述物品的零件、附件（第 90 ～ 92 章）

（一）主要内容

本类共 3 章。其中，第 90 章主要包括光学、计量、医疗仪器、精密仪器及设备等；第 91 章主要包括钟表；第 92 章主要包括乐器。

（二）归类方法

1. 第 90 章的归类

第 90 章的光学、计量、医疗仪器、精密仪器，在结构编排上有一定规律，掌握这个规律，有助于正确归类，见表 3-10。

表 3-10　各种光学仪器设备归类表

设备种类		归　类
光学仪器设备	简单光学元件（分未装配和已装配）	9001 ～ 9002
	简单光学器具（眼镜、眼镜架、望远镜）	9003 ～ 9005
	复杂光学器具（照相机、摄影机、显微镜等）	9006 ～ 9013
计量、测绘等仪器及器具		9014 ～ 9017 及 9028、9029
医疗仪器及器械		9018 ～ 9022
专供示范而无其他用途的仪器、装置及模型		9023
其他测试分析仪器及自动调节和控制装置		9024 ～ 9027、9029 ～ 9032

2. 光学元件的归类

对于玻璃制的光学元件，只有经过光学加工的光学元件（但未装配的）才归入品目9001，未经光学加工的光学元件应按材料归入品目7014；其他材料（如有机玻璃）制的光学元件不论是否经过光学加工，一律归入品目9001。

已装配（即带有镜筒或框架）同时还要“作为仪器装置的零件、配件”的光学元件才归入品目9002。

例　“已装配的用于显微镜的物镜”归入9002.1990；而“已装框的放大镜”，因其不作为仪器装置的零件、配件，所以不归入本品目，应归入子目9013.8010。

3. 光学仪器的归类

光学仪器一般按其功能和用途归入品目9005～9013，其中：

（1）双筒望远镜、单筒望远镜等普通望远镜归入品目9005，但用于机床上的校直望远镜和坦克上的潜望镜要归入品目9013。

（2）印刷制版用的电子分色机、激光照相排版设备归入品目9006，不能按制版的设备归入品目8442。

（3）品目9005～9013包含的商品大部分是光学仪器，但也包括一些看起来不属于光学仪器的设备。

例　“电子显微镜”归入子目9012.1000；“液晶显示板”归入子目9013.8030。

4. 医疗器械及器具的归类

医疗器械及器具一般归入品目9018～9022。

在确定其品目时，一般要根据其工作原理、特性及用途等因素。同样用于疾病诊断的医疗器械，因其工作原理不同而归入不同的品目。例如，B型超声波检查仪、核磁共振成像仪和X射线断层检查仪均是通过影像进行疾病诊断的仪器，但因其成像原理不同而归入不同的品目。B型超声波检查仪、核磁共振成像仪归入品目9018；而X射线断层检查仪（又称CT机），利用X射线进行扫描成像，归入品目9022。

机械疗法、氧疗法、臭氧疗法、吸入疗法、人工呼吸及按摩等用的设备及装置归入品目9019。

矫形用具、人造假肢及骨折用具（包括兽用）、弥补人体生理缺陷的器具归入品目9021。

X射线或α射线、β射线、γ射线的应用设备归入品目9022，不仅包括用于医疗上的，还包括用于其他行业（如工业）上的（例如，冶金工业中用于检查合金均匀性的X射线设备仍归入此品目）。但是，用于探测X射线或α射线、β射线、γ射线的设备不归入本品目，应归入品目9030。

其他用于医疗、外科、牙科或兽医的仪器及器具（未在其他品目列名）归入品目9018（例如，“电子眼压记录仪”属于医疗电子诊断设备，应归入品目9018）。但也有部分医疗仪器已在其他品目列名（例如，“测量体温的体温表”归入品目9025，“观察病理切片的生物显微镜”归入品目9011或9012，“分析、检验血液、组织液、尿液等的仪器设备和检镜切片机”归入品目9027，“眼底照相机”归入品目9006）。

5. 第90章设备所用零件、附件的归类

第90章设备用零件、附件的归类流程归纳如图3–1所示。

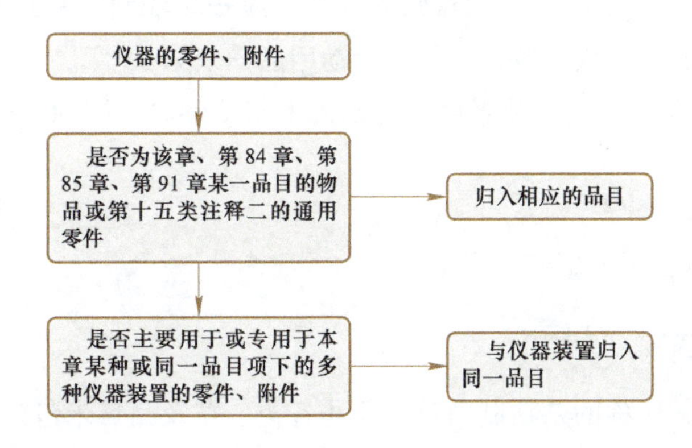

图3–1　设备用零件、附件的归类流程

同时适用于该章不同品目的多种机器、器具、仪器或设备的零件或附件，应归入品目9033，除非其本身构成其他品目具体列名的完整仪器等。

6. 钟表及计时器具的归类

用于计时或与时间有关的某些操作器具（如考勤钟、定时开关等）及其零件归入第91章。本章的排列结构顺序为：完整品→不完整品（如钟表芯）→零件。

品目9101与9102所列手表的区别：只有表壳全部用贵金属或包贵金属制得的表才归入品目9101；若是表壳用贵金属或包贵金属以外的材料制成，表壳用贵金属或包贵金属制成而表背面用钢制成，或表壳用镶嵌贵金属的贱金属制成的表均归入品目9102。

某些钟表零件已在第91章章注1中排除，不要归入本章。

7. 乐器的归类

各种乐器及其零件归入第92章。乐器归类的关键是确定其种类（弦乐器、管乐器、打击乐器、电子乐器、其他未列名乐器）（例如，普通钢琴归入品目9201）。而目前市场上销售的电钢琴，不能按普通钢琴归类，因它属于电子乐器，应归入品目9207。

归入第92章的乐器可以带有电拾音器及扩音器，但这类电气装置必须已构成乐器的不可分割部分或与乐器装在同一机壳内。

第十九类：武器、弹药及其零件、附件（第 93 章）

（一）主要内容

本类仅有 1 章，主要包括供军队、警察或其他有组织的机构（海关、边防等）在陆、海、空战斗中使用的各种武器，个人自卫、狩猎等用的武器等。

（二）归类方法

本类商品在归类时应注意以下两点：

（1）装甲战斗车辆不能作为武器归入本章，应按车辆归入品目 8710；弓、箭、钝头击剑等不能作为武器归入本章，应作为运动用品归入第 95 章。

（2）其他章已列名的武器及零件不应归入本章（例如，第 90 章的武器瞄准用的望远镜）。

第二十类：杂项制品（第 94 ～ 96 章）

（一）主要内容

本类共 3 章，其所称的杂项制品是指前述各类、章及品目未包括的货品。其中，第 94 章包括各种家具、寝具、其他章未列名灯具和活动房屋等；第 95 章包括各种玩具、运动或游戏用设备等；第 96 章包括雕刻或模塑制品，扫把、刷子和筛子，书写及办公用品，烟具，化妆品用具及其他品目未列名的物品。

（二）归类方法

1. 家具及其零件的归类

具有实用价值的落地式“可移动”的家具（如桌、椅等），落地式或悬挂的、固定在墙壁上叠摞的碗橱、书柜、其他架式家具，坐具及床归入品目 9401 ～ 9403；单独报验的组合家具各件均归入第 94 章，但落地灯不能按家具归类，应按灯具归入品目 9405。

品目 9402 的医疗、外科、牙科或兽医用的家具不能带有医疗器械（设备），如带有牙科器械的牙科用椅不能归入本品目，而应按医疗器械归入品目 9018。

具有特定用途或为安装特定用途的装置、设备而特制的家具，一般按特定用途的装置、设备归类（例如，“有象棋盘桌面的桌子和桌球台”归入品目 9504，而“作为缝纫机台架用的家具”归入品目 8452）。

品目 9401 ～ 9403 的家具可用木、柳条、竹、藤、塑料、贱金属、玻璃、皮革、石、陶瓷等材料制成（例如，“玻璃制的柜台”仍归入第 94 章，而不按玻璃制品归类）。专用于或主要用于第 94 章家具的零件归入本章相应品目；单独报验的玻璃或镜子、大理石等按材料归类。

第 94 章也包括机动车辆、飞机等用的坐具及零件（如座椅调角器），这些坐具及零件不能按车辆或飞机的零件归入第十七类。

2. 床上用品及寝具的归类

装有弹簧或内部填充棉花、羊毛、马毛、羽绒、合成纤维等，或以海绵橡胶或泡沫塑料制成的床上用品及寝具〔例如，褥垫、被褥及床罩（内含填充物）、鸭绒被、棉被、枕头、靠垫、坐垫、睡袋等〕归入品目 9404。

未装有内部填充物的床上用品及寝具（例如，床单、床罩、枕头套、鸭绒被套、靠垫套、毯子等），则按纺织品归入第 63 章。

3. 玩具的归类

儿童乘骑的带轮玩具（例如，三轮车、踏板车、踏板汽车等），玩偶车，玩偶及其零件、附件（例如，玩偶用的服装、鞋、靴、帽等）和其他供儿童或成人娱乐用的各种智力玩具或其他玩具均归入品目 9503，但宠物玩具不归入品目 9503。

4. 体育用品和游乐场用娱乐设备的归类

一般体育用品归入品目 9506 或 9507，游乐场用娱乐设备归入品目 9508。

体育用品中不同用途的球归入不同的子目，归纳如下：

（1）可充气的足球、篮球、排球归入子目 9506.6210。

（2）草地网球归入子目 9506.6100。

（3）乒乓球归入子目 9506.4010。

（4）高尔夫球归入子目 9506.3200。

（5）羽毛球归入子目 9506.9190。

5. 杂项制品的归类

各种纽扣归入品目 9606，拉链归入品目 9607，梳子归入品目 9615，这些不应按制成材料归入其他类。

打字机色带归入品目 9612，不应按打印机的零件归入第 84 章。

裁缝用和商品陈列或广告宣传用的人体活动模型归入品目 9618，不应按专供示范用模型归入品目 9023。

第二十一类：艺术品、收藏品及古物（第 97 章）

（一）主要内容

本类只有 1 章，一般归入本类商品的最大特点是具有一定的收藏价值，主要包括艺术品和收藏品。例如，完全手工绘制的油画、粉画，雕版画、印制画、石印画原本，雕塑品原件，邮票，动物、植物、矿物等的标本和超过百年的古物。

（二）归类方法

1. 超过百年古物的归类

除品目 9701 ～ 9705 以外的物品，若超过百年则优先归入品目 9706（例如，超过百年的乐器不按乐器归入第 92 章，而应归入品目 9706）；而品目 9701 ～ 9705 的物品即使超过百年，仍归入原品目。

2. 雕版画、印制画、石印画原本和雕塑品原件的归类

只有完全用手工制作的印版直接印制出的原本才归入品目 9702，而使用机器或照相制版方法制作的印版印制出的原本不能归入本品目；只有各种材料制的雕塑品原件才归入品目 9703，而成批生产的复制品不能归入本品目。

3. 其他艺术品、收藏品的归类

对于已装框的油画、粉画：若框架的种类、价值与作品相称，此时一并按作品归类；若框架种类、价值与作品不相称，则框架与作品应分别归类。

本章与第 49 章未使用过的邮票的区别：本章邮票具有收藏价值，以收藏为主要目的；而第 49 章邮票不具有收藏价值。

Part two

第二部分

报检实务

报检工作是进出口企业与检验检疫部门工作中的重要环节，了解出入境检验检疫相关法律法规、掌握报检的方式和程序、熟悉检验检疫单证的种类及用途、能够进行出入境检验检疫有关业务的办理是从业人员必备的知识和技能。

Module 1

模块一

出入境检验检疫知识

➲ 职业素养 // 绿水青山就是金山银山

“洋垃圾”主要指不符合国家环保控制标准、对环境安全和人体健康存在危害的进口固体废物，往往夹带生活垃圾、医疗废物、放射性物质及易燃易爆物等。“洋垃圾”在加工利用过程中，会产生大量污染物，处理处置难度大，对环境和健康会造成一定危害。“洋垃圾”出口的行为实际上造成了污染转嫁。

自20世纪80年代开始，全球其他地区的垃圾有超过45%都出口到中国内地。不想再做“世界垃圾桶”的中国在2017年就表达了减少垃圾进口的决心，并在2018年和2019年逐步公布了禁止进口的固体废物的名录，并最终从2021年起全面禁止进口固体废物。

党的十八大以来，中央坚定不移推进生态文明建设，美丽中国建设迈出重要步伐。保护农林牧渔以及环境的安全是中国检验检疫部门的重要使命。绿水青山就是金山银山，检验检疫部门紧控国门，绝不能以牺牲生态环境为代价换取经济的一时发展，“既要金山银山，又要绿水青山，绿水青山就是金山银山”的理念一定要贯彻落实，保护绿水青山、做大金山银山，不断丰富发展经济和保护生态之间的辩证关系，在实践中将“绿水青山就是金山银山”化为生动的现实，应成为从业者的自觉行动。

单元一　出入境检验检疫的概念和历史沿革

一、出入境检验检疫的概念

出入境检验检疫，是指检验检疫管理机构为了确保人民的生命健康和生活环境的安全，依照法律、行政法规和国际惯例等的要求，对出入境的货物、交通运输工具、人员及其事项等进行检验检疫、认证及签发官方检验检疫证明等监督管理工作，以保护国家整体利益和社会效益。

出入境检验检疫工作，是指出入境检验检疫机构依照国家检验检疫法律规定，对进出境的商品（包括动植物产品）和物品，以及运载这些商品、物品和旅客的交通工具、运输设备，分别实施检验、检疫、鉴定、监督管理和对出入境人员实施卫生检疫及口岸卫生监督的总称。

二、我国出入境检验检疫工作的历史沿革

我国出入境检验检疫产生于19世纪后期，源自进出口商品检验、进出境动植物检疫和国境卫生检疫，迄今已有100多年的历史。

（一）进出口商品检验

清同治三年（1864年），由英商劳合氏的保险代理人上海任记洋行代办水险和船舶检验、鉴定业务，这是我国第一个办理商品检验的机构。

1928年，国民政府工商部颁发了《商品出口检验暂行规则》。

1929年，工商部颁布了《商品检验局暂行章程》。同年，工商部上海商品检验局成立。这是我国第一家由国家设立的官方商品检验局。

1932年，国民政府行政院通过了《商品检验法》，这是我国商品检验最早的法律。

1949年，中华人民共和国成立后，中央贸易部国外贸易司设立商品检验处，统一领导全国商检工作，并在各地设立了商品检验局。

1952年，中央贸易部分为商业部和对外贸易部，在对外贸易部内设立了商品检验总局，统一管理全国的进出口商品检验工作。

1980年，国务院做出了关于改革商检管理体制的决定，将外贸部商品检验总局改为中华人民共和国进出口商品检验总局，各地机构改为进出口商品检验局。

1982年，中华人民共和国进出口商品检验总局更名为中华人民共和国国家进出口商品检验局。

1989年，第七届全国人大常委会第六次会议通过公布了《中华人民共和国进出口商品检验法》（以下简称《商检法》）。

2005年，国务院第101次常务会议通过了最新修改的《中华人民共和国进出口商品检验法实施条例》（以下简称《商检法实施条例》）。

（二）进出境动植物检疫

1903年，中东铁路管理局建立铁路兽医检疫处，对来自沙俄的各种肉类食品进行检疫工作。这是我国最早的进出境动植物检疫。

1927年，在天津成立了“农工部毛革肉类检查所”，这是我国官方最早的动植物

检疫机构。

1928 年，国民政府制定了《农产物检查所检查农产物规则》等一系列规章，这是我国官方最早的动植物检疫法规。

1952 年，明确由外贸部商检总局负责对动植物检疫工作。

1964 年，国务院决定将动植物检疫从外贸部划归农业部领导，并于 1965 年在全国 27 个口岸设立了中华人民共和国动植物检疫所。

1982 年，国务院正式批准成立国家动植物检疫总所，代表国家行使对外动植物检疫的管理职权。

1991 年，第七届全国人大常委会第 22 次会议通过公布了《中华人民共和国进出境动植物检疫法》（以下简称《动植物检疫法》），并于 1992 年 4 月 1 日起实施。

1995 年，国家动植物检疫总所更名为国家动植物检疫局。

1996 年，国务院批准发布了《中华人民共和国进出境动植物检疫法实施条例》（以下简称《动植物检疫法实施条例》）。

（三）国境卫生检疫

1873 年，由于印度、泰国、马来半岛等地霍乱流行并向外广泛传播，我国在上海、厦门海关设立卫生检疫机构，订立相应的检疫章程，这是我国出入境卫生检疫的雏形。

1930 年，各地卫生检疫机构从当时的海关分离出来，组成了隶属国民政府卫生署的独立部门。

1946 年，国民政府卫生署颁布了全国统一的一系列卫生检疫法规，对检疫所的组织建制、检疫机关的权利义务等均做了明确的规定。

1949 年，中央人民政府卫生部防疫处设立防疫科，接管了原来的 17 个海陆空检疫所并更名为“交通检疫所”。除天津、塘沽、秦皇岛检疫所由卫生部直接领导外，其他各所分别划归东北、华北和中南大行政区军政委员会卫生部领导。

1957 年，第一届全国人大常委会第 88 次会议通过《中华人民共和国国境卫生检疫条例》，这是中华人民共和国成立以来颁布的第一部卫生检疫法规。

1986 年，六届全国人大常委会第 18 次会议通过并公布了《中华人民共和国国境卫生检疫法》（以下简称《卫生检疫法》）。

1988 年，中华人民共和国卫生检疫总所成立。

1989 年，卫生部发布并实施了《中华人民共和国国境卫生检疫法实施细则》（以下简称《卫生检疫法实施细则》）。

1995 年，中华人民共和国卫生检疫总所更名为中华人民共和国卫生检疫局。

（四）出入境检验检疫局的成立

1998 年，国家进出口商品检验局、国家动植物检疫局和国家卫生检疫局合并组建国家出入境检验检疫局。这就是统称的“三检合一”。合并后，国家出入境检验检疫局继承了原来“三检”机构的执法授权，其职责更加明确，法律地位更加清晰，机构和人员更加精简、高效。

1999年8月10日，各地35个直属检验检疫局同时挂牌成立。

1999年12月，全国278个分支检验检疫机构陆续挂牌成立。

（五）国家质量监督检验检疫总局的成立

2001年，原国家出入境检验检疫局和国家质量技术监督局合并，组建国家质量监督检验检疫总局（AQSIQ）（以下简称国家质检总局），为国务院正部级直属机构。

成立国家认证认可监督管理委员会（以下简称国家认监委）和国家标准化管理委员会，分别统一管理全国质量认证、认可和标准化工作。

国家质检总局成立后，原国家出入境检验检疫局设在各地的出入境检验机构，管理体制及业务不变。

国家质检总局的成立转变了政府职能，适应了社会主义市场经济体制的需要，主要表现在：

（1）有利于制定统一的质量技术标准，防止和打击了质量违法行为。

（2）有利于引导企业提高产品和服务质量，保护了企业和消费者的合法权益。

（3）有利于充分发挥检验检疫和质量监督的整体优势，进一步加强质量监督和出入境检验检疫工作，把好出入境检验检疫关。

（4）有利于我国在WTO规则内更好地开展国际经济合作和竞争。

（六）关检合一

2018年3月13日，经十三届全国人大一次会议审议决定，将国家质量监督检验检疫总局的出入境检验检疫管理职责和队伍划入海关总署。

将出入境检验检疫管理职责和队伍划入海关，是深化党和国家机构改革的重要组成部分。关检业务的整合优化，有利于口岸监管资源的统筹配置，通过流程简化和优化，降低了企业成本，提升了通关效率，改善了口岸的营商环境。

单元二 出入境检验检疫工作内容

一、我国出入境检验检疫工作的主要目的和任务

依据国家有关法律、法规规定，出入境检验检疫工作的主要目的和任务是：

（1）对进出口商品进行检验、鉴定和监督管理，加强进出口商品检验工作，规范进

出口商品检验行为，维护社会公共利益和进出口贸易有关各方的合法权益，促进对外贸易的顺利发展。

（2）对出入境动植物及其产品，包括其运输工具、包装材料的检疫和监督管理，防止危害动植物的病菌、害虫、杂草种子及其他有害生物由国外传入或由国内传出，保护我国农、林、牧、渔业生产和国际生态环境与人类的健康。

（3）对出入境人员、交通工具、运输设备以及可能传播检疫传染病的行李、货物、邮包等物品实施国境卫生检疫和口岸卫生监督，防止传染病由国外传入或由国内传出，保护人类健康。

（4）出入境检验检疫机构按照《实施卫生与植物卫生措施协定》（SPS 协定）及《技术性贸易壁垒协定》（TBT 协定）建立有关制度，在保护我国人民的健康和安全及我国动植物生命和健康的同时采取有效措施，打破国外技术壁垒。

二、我国出入境检验检疫的主要工作内容

依据我国有关法律、法规规定，检验检疫工作的主要内容包括：

1. 进出口商品检验

凡列入《出入境检验检疫机构实施检验检疫的进出境商品目录》（以下简称《法检目录》）的进出口商品和其他法律、法规规定必须经检验的进出口商品，必须经过出入境检验检疫部门或其指定的检验检疫机构检验。规定进口商品应检验未检验的，不准销售、使用；出口商品未检验合格的，不准出口。

2. 进口商品认证管理

国家对涉及人类健康和动植物健康，以及环境保护和公共安全的产品实行强制性认证制度。

列入《中华人民共和国实施强制性产品认证的产品目录》内的商品，必须经过指定的认证机构认证合格、取得指定认证机构颁发的认证证书，并加施认证标志后，方可进口。

此外，我国对显示器、液晶电视机、等离子电视机、电饭锅、电磁炉、家用洗衣机、电冰箱、储水式电热水器、节能灯、高压钠灯、打印机、复印机、电风扇、空调等产品强制实施能效标识。

3. 出口商品质量许可

国家对重要出口商品实行质量许可制度。出入境检验检疫部门单独或会同有关主管部门共同负责发放质量许可证的工作，未获得质量许可证书的商品不准出口。检验检疫部门已对机械、电子、轻工、机电、玩具、医疗器械、煤炭等类商品实施出口产品质量许可制度。国内生产企业或其他代理人均可向当地检检疫机构申请出口质量许可证书。对于实施许可制度的出口产品实行验证管理。

4. 食品卫生监督检验

进口食品（包括饮料、酒类、糖类）、食品添加剂、食品容器、包装材料、食品用工具及设备必须符合我国有关法律法规规定。申请人须向检验检疫机构申报并接受卫生监督检验，检验检疫机构对进口食品按食品危险性等级分类进行管理。依照国家卫生标准进行监督检验，检验合格的，方准进口。

一切出口食品（包括各种供人食用、饮用的成品和原料以及按照传统习惯加入药物的食品）必须经过检验，未经检验或检验不合格的不准出口。凡在我国境内生产、加工、存储相应的出口食品的企业，未经备案登记的，检验检疫机构不予受理报检。出口食品生产企业需要办理国外卫生注册的，必须按照规定取得卫生注册证书或者卫生登记证书，依照《出口食品生产企业申请国外卫生注册管理办法》的有关要求，向所在地检验检疫机构提出申请，由其向国家认监委申请推荐，国家认监委负责统一向进出口卫生主管当局推荐。未取得有关进口国批准或认可的，不得向该国出口食品。

5. 动植物检疫

检验检疫部门依法实施动植物检疫的有：出境、入境、过境的动植物，动植物产品和其他检疫物；装载动植物、动植物产品和其他检疫物的装载容器、包装物、铺垫材料；来自动植物疫区的运输工具，进境拆卸的废旧船舶；有关法律、行政法规、国际条约规定或者贸易合同约定应当实施进出境动植物检疫的其他货物、物品。

对进境动物、动物产品、植物种子、种苗及其他繁殖材料实行进境检疫许可制度，办理检疫审批。

对于出境动植物、动植物产品或其他检疫物，检验检疫机构对其生产、加工、存放过程实施检疫监管。

对过境运输的动植物、动植物产品和其他检疫物实行检疫监管。对携带、邮寄动植物，动植物产品和其他检疫物的进境实行检疫监管。对来自疫区的运输工具，口岸检验检疫机构实施现场检疫和有关消毒处理。

6. 卫生检疫与处理

出入境检验检疫部门统一负责对出入境的人员、交通工具、集装箱、行李、货物、邮包等实施医学检查和卫生检查。检验检疫机构对未染有检疫传染病或者已实施卫生处理的交通工具，签发入境或者出境检疫证。

检验检疫机构对入境、出境人员实施传染病监测，有权要求入境人员填写健康申明卡，出示预防接种证书、健康证书或其他有关证件。

检验检疫机构负责对国境口岸和停留在国境口岸的出入境交通工具的卫生状况实施卫生监督，包括：监督和指导对啮齿动物、病媒昆虫的防除；检查和检验食品、饮用水及其存储、供应、运输设施；监督从事食品、饮用水供应的从业人员的健康状况；监督和检查垃圾、废水、污水、粪便、压舱水的处理。可对卫生状况不良和可能引起传染病传播的因素采取必要措施。

检验检疫机构负责对发现患有检疫传染病、监测传染病、疑似检疫传染病的入境人员实施隔离、留验和就地诊验等医学措施。对来自疫区，被传染病污染，发现传染病媒介的出入境交通工具、集装箱、行李、货物、邮包等物品进行消毒、除鼠、除虫等卫生处理。

7. 进口废物原料、旧机电装运前检验

对国家允许作为原料进口的废物，实施装运前检验制度，防止境外有害废物向我国转运。收货人与发货人签订的废物原料进口合同中，必须订明所进口的废物原料须符合我国环境保护控制标准的要求，并约定由出入境检验检疫机构或海关总署认可的检验机构实施装运前检验，检验合格后方可装运。

进口旧机电产品的收货人或其代理人应当在合同签署前向海关总署或收货人所在地检验检疫机构办理备案手续。对需要实施装运前检验的，实施装运前检验。

8. 出口商品运输包装检验

对列入《法检目录》和其他法律、法规规定必须经检验检疫机构检验的出口商品的运输包装进行性能检验，未经检验或检验不合格的，不准用于盛装出口商品，对出口危险货物包装容器实行危包出口质量许可制度，危险货物包装容器须经检验检疫机构进行性能检验和使用鉴定后，方能生产使用。

9. 外商投资财产鉴定

各地检验检疫机构凭财产关系人或代理人及经济利益有关各方的申请或司法、仲裁、验资等机构的指定或委托，办理外商投资财产的鉴定工作。外商投资财产鉴定包括对商品的价值鉴定、损失鉴定，对商品的品种、质量和数量等的鉴定等。

10. 货物装载和残损鉴定

用船舶和集装箱装运粮油食品，冷冻品等易腐食品出口的，应向口岸检验检疫机构申请检验船舱和集装箱，经检验合格装运技术条件并发给证书后，方准装运。

对外贸易关系人及仲裁、司法等机构，对海运进口商品可向检疫机构申请办理监视，残损鉴定，监视卸载，海损鉴定，验残等残损鉴定工作。

11. 涉外检验、鉴定、认证审核认可和监督

对于拟设立的中外合资，合作进出口商品检验、鉴定、认证公司的资格信誉、技术力量、装备设施及业务范围进行审查。合格后出具“外商投资检验公司资格审定意见书”，然后交由商务部批准。在工商行政管理部门办理登记手续领取营业执照后，再到海关总署办理“外商投资检验公司资格证书”，方可开展经营活动。

对于从事进出口商品检验、鉴定、认证业务的中外合资、合作机构、公司及中资企业的经营活动实行统一监督管理。对于境内外检验鉴定认证公司设在各地的办事处，实

行备案管理。

12. 与外国和国际组织开展合作

检验检疫部门承担 WTO/TBT 协议和 SPS 协议咨询点业务；承担 UN、APEC、ASEM 等国际组织在标准与一致化和检验检疫领域的联络点工作；负责对外签订政府部门间的检验检疫合作协议，认证认可合作协议、检验检疫协议执行议定书等，并组织实施。

13. 特殊监管区域检验检疫管理

我国海关对保税区、边境特别管理区等特殊区域制定了检验检疫的管理办法，如《沙头角边境特别管理区进出物品检验检疫管理规定》《保税区检验检疫监督管理办法》等，适用于对进出保税区，法律法规规定应当实施检验检疫的货物及其包装物、铺垫材料、运输工具、集装箱的检验检疫及监督管理工作。

14. 其他

除以上出入境检验检疫的主要工作内容外，我国为方便特定货物的检验检疫，对特定货物的贸易关系人及特定货物的资质管理也有相应的法律法规，对进出口特定货物的企业备案、生产、加工、存放、标识等形成了全方位的管理和要求。

单元三 出入境检验检疫工作的重要意义

随着改革开放和经济的不断发展，对外贸易不断扩大，出入境检验检疫对保证经济的顺利发展、保证进出口货物的质量、保证农林牧渔业的生产安全和人民健康、维护对外贸易有关各方的合法权益和正常的国际经济贸易秩序、促进对外贸易的发展都起到了积极作用。我国出入境检验检疫的作用主要体现在以下几个方面。

1. 体现国家主权，维护国家安全和发展利益

海关作为执法机构，按照国家法律规定，对出入境货物、运输工具、人员等法定检验检疫对象进行检验、检疫、鉴定、认证及监督管理。不符合我国强制性要求的入境货物，一律不得销售、使用；对涉及安全卫生及检疫产品的国外生产企业进行注册登记；对不符合安全卫生条件的商品、物品、包装和运输工具，有权禁止进口，或视情况在进行消毒、灭菌、杀虫或其他排除安全隐患的措施等无害化处理合格后，方准进口；对于应经海关实施注册登记的、向我国输出有关产品的外国生产加工企业，必须取得注册登记证后方准向我国出口其产品。

2. 保障国内生产安全

随着对外贸易的发展，进口商品逐渐增多，如果不认真检验，不仅会遭受经济损失，还会严重影响生产建设和人民身体健康。进口商品会存在以次充好、以旧顶新、以少冒

多、掺杂使假等不少问题，所以有必要对进口商品的质量、规格、包装和数量等严格检验，把好进口商品质量关。此外，对农林牧渔业生产安全的保护，是我国海关担负的重要使命。对动植物及其产品和其他检疫物品，以及装载动植物及其产品和其他检疫物品的容器、包装物和来自动植物疫区的运输工具（含集装箱）实施强制性检疫，对防止动物传染病、寄生虫和植物危险性病、虫、杂草及其他有害生物等检疫对象和危险疫情的传入、传出，保护国家农林牧渔业生产安全和人民身体健康具有重要作用。

3. 保护我国人民健康

近年来，各种检疫传染病和监测传染病仍在一些国家或地区发生和流行，甚至出现了一批新的传染病，特别是随着国际贸易、旅游和交通运输的发展，以及出入境人员的增加，鼠疫、霍乱、黄热病等一些烈性传染病及其传播媒介随时都有传入的危险，给我国人民的身体健康造成严重威胁。因此，对出入境人员、交通工具、运输设备及可能传播传染病的行李、货物、邮包等物品实施强制性检疫，对防止检疫传染病的传入、传出，保护人民身体健康具有重要作用。

4. 控制商品质量，提升国际竞争能力

当前，世界贸易竞争日益激烈，世界各国大都奖出限进，对进口商品加强限制，消费者对商品质量要求也越来越高。出口商品如果质量差，必然会影响对外成交，卖不出去或卖不上好价。即使勉强推销出去，也会引起不良影响，招致退货或索赔，甚至会丢失国外市场，使国家遭受经济损失和不良政治影响。为了维护国家经济利益和对外信誉，有必要对重要的出口商品实施强制性检验。

5. 为对外贸易各方提供了公正、权威的凭证

在对外贸易中，贸易、运输、保险各方往往要求由官方或权威的非当事人对进出口商品的质量、重量、包装、装运技术条件等提供检验合格证明，为出口商品交货、结算、计费、计税和进口商品质量、残短索赔等提供有效凭证。我国海关对进出口商品实施检验并出具各种检验检疫证明，为对外贸易有关各方履行贸易、运输、保险契约和处理索赔争议提供了公正、权威的凭证。

6. 建立国家技术保护屏障的重要手段

我国海关加强对进口产品的检验检疫和对相关的国外生产企业的注册登记与监督管理，通过合理的技术规范和措施保护国内产业和国民经济的健康发展，保护我国消费者、生产者的合法权益，履行我国与国外签订的检疫协议义务，突破进口国在动植物检疫中设置的贸易技术壁垒。

综上所述，出入境检验检疫对保证国民经济的发展、消除国际贸易中的技术壁垒、维护国家权益和消费者的利益等，都有非常重要的作用。

Module 2

模块二 报检单位的管理

职业素养 // 敬业

出入境检验检疫是指政府行政部门以法律、行政法规、国际惯例或进口国法规要求为准则，对出入境货物、交通工具、人员及其他事项等进行管理及认证，并提供官方检验证明、民间检验公证和鉴定完毕的全部活动。在出入境检验检疫报检作业时，要求从业者保持敬业精神。敬业是从业者基于对职业的敬畏和热爱而产生的一种全身心投入、认认真真、尽职尽责的职业精神状态，是我国的传统美德，也是当今社会主义核心价值观的基本要求之一。

2020 年爆发的新冠疫情是一场没有硝烟的战争，全国海关上下全力以赴、尽锐出战。坚决守卫口岸防护第一线的上海浦东国际机场海关关员就是万千国门卫士的代表。

2020 年 3 月开始，随着境外疫情快速蔓延，拥有全国最大空港的上海成了全国口岸严防境外疫情输入的“主战场”“最前线”，海关牵头创设了首个口岸闭环管理大流程，随后与地方联防联控，错位管控，对入境人员实施 100% 核酸检测、100% 健康申明卡审核、100% 二道体温检测，形成了“海关全采样，地方全隔离”的上海口岸疫情防控新格局。在疫情肆虐于欧美发达国家时，正是这些国门卫士组成了坚实牢固的防线，为我们正常安逸的生活提供了保障，他们众志成城、齐心抗疫的日日夜夜生动诠释了敬业的内涵。

在各行各业爱岗敬业的人，都应该得到尊敬。在这张荣誉榜上，希望未来也有你的名字。

单元一 报检的概念及范围

一、报检的概念

报检是指有关当事人根据法律、行政法规的规定，对外贸易合同的约定或证明履约的需要，向海关申请检验、检疫、鉴定，以获准出入境或取得销售使用的合法凭证及某种公证证明所必须履行的法定程序和手续。

《商检法实施条例》第十六条规定："法定检验的进口商品的收货人应当持合同、发票、装箱单、提单等必要的凭证和相关批准文件，向报关地的出入境检验检疫机构报检；通关放行后 20 日内，收货人应当依照本条例第十八条的规定，向出入境检验检疫机构申请检验。法定检验的进口商品未经检验的，不准销售，不准使用。"第二十四条规定："法定检验的出口商品的发货人应当在海关总署统一规定的地点和期限内，持合同等必要的凭证和相关批准文件向出入境检验检疫机构报检。法定检验的出口商品未经检验或者经检验不合格的，不准出口。"

《动植物检疫法实施条例》第十八条规定："输入动植物、动植物产品和其他检疫物的，货主或者其代理人应当在进境前或者进境时向进境口岸动植物检疫机关报检。属于调离海关监管区检疫的，运达指定地点时，货主或者其代理人应当通知有关口岸动植物检疫机关。属于转关货物的，货主或者其代理人应当在进境时向进境口岸动植物检疫机关申报；到达指运地时，应当向指运地口岸动植物检疫机关报检。输入种畜禽及其精液、胚胎的，应当在进境前 30 日报检；输入其他动物的，应当在进境前 15 日报检；输入植物种子、种苗及其他繁殖材料的，应当在进境前 7 日报检。动植物性包装物、铺垫材料进境时，货主或者其代理人应当及时向口岸动植物检疫机关申报；动植物检疫机关可以根据具体情况对申报物实施检疫。前款所称动植物性包装物、铺垫材料，是指直接用作包装物、铺垫材料的动物产品和植物、植物产品。"

《卫生检疫法实施细则》第十一条规定："入境、出境的微生物、人体组织、生物制品、血液及其制品等特殊物品的携带人、托运人或者邮递人，必须向卫生检疫机关申报并接受卫生检疫，未经卫生检疫机关许可，不准入境、出境。海关凭卫生检疫机关签发的特殊物品审批单放行。"

二、报检的范围

根据《出入境检验检疫报检规定》第三条，报检范围包括：

1. 国家法律法规规定须经检验检疫的

由《商检法》及其实施条例、《动植物检疫法》及其实施条例、《卫生检疫法》及其实施细则、《食品安全法》及其实施条例等有关法律、行政法规规定必须检验检疫的出入境货物、交通运输工具、人员及其他法定检验检疫物，在出入境时必须向海关报检，由海关实施检验检疫或鉴定工作。

2. 输入国家或地区规定必须凭检验检疫证书方准入境的

国际贸易中有的国家（地区）发布法令或行政规定要求，对一些特定的入境货物须凭出口国海关签发的证书方可入境。例如，一些国家（地区）规定，对来自境外的动植物、动植物产品，凭出口国（地区）海关签发的动植物检疫证书及有关证书方可入境。因此，凡出口货物输入国家（地区）有此类要求的，报检人须报经海关实施检验检疫或进行除害处理，取得相关证书或标识。

3. 有关国际条约规定须经检验检疫的

随着加入世界贸易组织和其他一些区域性经济组织，我国已成为一些国际条约、公约和协定的成员。此外，我国还与世界几十个国家和地区缔结了有关商品检验或动植物检疫的双边协定、协议。认真履行国际条约、公约、协议（协定）中的检验检疫条款是我们的义务。

4. 申请签发原产地证明书及普惠制原产地证明书的

产地证明书是一种证明货物原产地或制造地的文件，是进口方国家（地区）给予出口国（地区）配额或优惠关税待遇的核定依据。出入境检验检疫机构依照有关法律、行政法规的规定，签发出口货物普惠制原产地证明、区域性优惠原产地证明、专用原产证明。因此，凡对外贸易合同、协议中规定以我国海关签发的检验检疫证书为交接、结算依据的货物，报检人必须向海关报检，由海关按照合同、协议的要求实施检验检疫或鉴定并签发有关证书。

单元二　报检单位的资质管理

依据我国《出入境检验检疫报检规定》，出入境检验检疫报检的单位分为两类：自理报检单位和代理报检单位。海关总署主管全国报检企业的管理工作，主管海关负责所辖区域报检企业的日常监督管理工作。

一、自理报检与代理报检

自理报检企业，是指向海关办理本企业报检业务的进出口货物收发货人。出口货物的生产、加工单位办理报检业务的，按照《出入境检验检疫报检规定》有关自报检企业的规定管理。代理报检企业，是指接受进出口货物收发货人（即委托人）的委托，为其向海关办理报检业务的境内企业。

海关总署发布的2018年第28号公告提出，为贯彻落实《深化党和国家机构改革方案》工作部署，海关总署对企业报关报检资质进行了优化整合。企业报关报检资质合并范围如下：

（1）将检验检疫自理报检企业备案与海关进出口货物收发货人备案，合并为海关进出口货物收发货人备案。企业备案后同时取得报关和报检资质。

（2）将检验检疫代理报检企业备案与海关报关企业（包括海关特殊监管区域双重身份企业）注册登记或者报关企业分支机构备案，合并为海关报关企业注册登记和报关企业分支机构备案。企业注册登记或者企业分支机构备案后，同时取得报关和报检资质。

（3）将检验检疫报检人员备案与海关报关人员备案，合并为报关人员备案。报关人员备案后同时取得报关和报检资质。

二、新企业注册登记或者备案业务办理方式

自2018年4月20日起，企业在海关注册登记或者备案后，同时取得报关和报检资质。

1. 注册登记或备案申请

企业在互联网上办理注册登记或者备案的，应当通过“中国国际贸易单一窗口”标准版（以下简称“单一窗口”，网址：http://www.singlewindow.cn）“企业资质”子系统填写相关信息，并向海关提交申请。企业申请提交成功后，可以到其所在地海关任一业务现场提交申请材料。

企业同时办理报关人员备案的，应当在“单一窗口”相关业务办理中，同时填写报关人员备案信息。其中，报关人员身份证件信息应当填写居民身份证相关信息，“单一窗口”暂时不支持使用其他身份证件办理报关人员备案。

除在“单一窗口”办理注册登记或者备案申请外，企业还可以携带书面申请材料到业务现场申请办理相关业务。

2. 提交申请材料

企业按照申请经营类别情况，向海关业务现场提交下列书面申请材料：

（1）申请进出口货物收发货人备案的，需要提交：营业执照复印件、对外贸易经营者备案登记表（或者外商投资企业批准证书、外商投资企业设立备案回执、外商投资企业变更备案回执）复印件。

（2）申请报关企业（海关特殊监管区域双重身份企业）注册登记的，需要提交：注册登记许可申请书、企业法人营业执照复印件、报关服务营业场所所有权证明或者使用权证明。

（3）申请报关企业分支机构备案的，需要提交：报关企业“中华人民共和国海关报关单位注册登记证书”复印件、分支机构营业执照复印件、报关服务营业场所所有权证明或者使用权证明。

此外，企业通过“单一窗口”还可向海关申请备案成为加工生产企业或者无报关权的其他企业，企业需要提交营业执照复印件。企业备案后可以办理报检业务，但不能办理报关业务。

企业提交的书面申请材料应当加盖企业印章；向海关提交复印件的，应当同时交验原件。

3. 海关审核

海关在收取企业申请材料后进行审核，审核通过的，予以注册登记或者备案；审核不通过的，应当一次性告知企业需要补正的全部内容。海关将审核结果通过“单一窗口”反馈企业，企业登陆“单一窗口”可以查询注册登记或者备案办理结果。

4. 证书发放

自2018年4月20日起，海关向注册登记或者备案企业同时核发“中华人民共和国海关报关单位注册登记证书”和“出入境检验检疫报检企业备案表”，相关证书或者备案表加盖海关注册备案专用章。

三、已办理注册登记或者备案企业处理方式

（1）2018年4月20日前已在海关和原检验检疫部门办理了报关和报检注册登记或者备案的企业，无须再到海关办理相关手续，原报关和报检资质继续有效。

（2）只办理了报关或者报检注册登记或者备案的企业，可以通过“单一窗口”补录企业和报关人员注册登记或者备案相关信息，补录完成后，获得报关、报检资质。

Module 3

模块三
报检工作程序

职业素养 // 诚信

在国际经济贸易中，由于地域、经济状况、语言文化以及政治背景等方面的差异，诚信显得尤为重要。诚信是一种比技术、产品等更具膨化作用的重要因素。传统文化中的“仁义礼智信”，体现着诚信是人与人、国家与国家之间交往的一种重要载体，它是一种道德资源，一种无形资产。中国自2001年加入WTO，成功应对了各种挑战，用事实击穿了流言，在取得了本国经济社会的快速发展的同时，世界经济也因此而受益，这是因为绝大多数商人以诚信示人，树立了重规则、讲诚实、守信用的国际形象。

在出入境检验检疫报检作业时，要求从业者坚守职业道德，坚守诚信精神。诚信是一个道德范畴，是法定检验检疫的第二个“身份证”，我们不仅要在法定检验检疫作业中诚实守信、尊重事实，在整个贸易过程中也要实事求是、信守承诺。

单元一　法定检验检疫的范围及依据

一、法定检验检疫的含义及范围

法定检验检疫是指出入境检验检疫机构依照国家法律、行政法规的规定对必须检验检疫的出入境货物、交通运输工具、人员及其他法定检验检疫物依照规定的程序实施检验、检疫、鉴定等检验检疫业务，又称强制性检验检疫。法定检验检疫的范围包括：

（1）列入《法检目录》内的货物。

（2）入境废物、进口旧机电产品。

（3）出口危险货物包装容器的性能检验和使用鉴定。

（4）进出境集装箱。

（5）进境、出境、过境的动植物，动植物产品及其他检疫物。

（6）装载动植物、动植物产品和其他检疫物的装载容器、包装物、铺垫材料，进境动植物性包装物、铺垫材料。

（7）来自动植物疫区的运输工具，装载进境、出境、过境的动植物、动植物产品及其他检疫物的运输工具。

（8）进境拆解的废旧船舶。

（9）出入境人员、交通工具、运输设备及可能传播检疫传染病的行李、货物和邮包等物品。

（10）旅客携带物（包括微生物、人体组织、生物制品、血液及其制品、骸骨、骨灰、废旧物品和可能传播传染病的物品，以及动植物、动植物产品和其他检疫物）和携带伴侣动物。

（11）国际邮寄物（包括动植物、动植物产品和其他检疫物、微生物、人体组织、生物制品、血液及其制品，以及其他需要实施检疫的国际邮寄物）。

（12）其他法律、行政法规规定需经海关实施检验检疫的其他应检对象。

二、《法检目录》

《法检目录》即《出入境检验检疫机构实施检验检疫的进出境商品目录》（《海关实施检验检疫的进出境商品目录》），也可简称为《检验检疫目录》。所谓“法检”，是进出口商品必须依照法律进行检验检疫，即“法定检验检疫”的简称。《法检目录》的作用是明确列入目录的进出口商品应当符合国家技术规范的强制性要求，这也是“法定检验检疫”的根本目的。

1.《法检目录》的产生

1999 年，原国家出入境检验检疫局根据国家出入境检验检疫局、海关总署联合下发的《关于印发〈进出口商品检验种类表〉〈进出境动植物检疫商品与 HS 目录对照表〉〈进口卫生监督检验食品与 HS 目录对照表〉的通知》，对实施进出境检验检疫的货物以目录形式进行了明确，共涉及商品编码 5249 个。

2000 年，原国家出入境检验检疫局、海关总署发布关于《法检目录》调整的公告，将《进出口商品检验种类表》《进出境动植物检疫商品与 HS 目录对照表》和《进口卫生监督检验食品与HS目录对照表》合并，调整为《法检目录》。《法检目录》自2000年2月1日起施行，调整后的《法检目录》涉及商品编码4113个。原国家出入境检验检疫局、海关总署《关于印发〈进出口商品检验种类表〉〈进出境动植物检疫商品与HS目录对照表〉〈进口卫生监督检验食品与HS目录对照表〉的通知》同时废止。当时，根据有关法律规定，列入《法检目录》内的进出境商品，出入境时必须向检验检疫机构报检，由检验检疫机构实施检验检疫和监管，海关凭出入境检验检疫机构签发的入境货物通关单或出境货物通关单办理验放手续。

2. 《法检目录》的结构

税率和监管条件

《法检目录》由“商品编码”“商品名称及备注”“计量单位”“海关监管条件”和“检验检疫类别”五栏组成。其中的“商品编码”“商品名称及备注”和“计量单位”是以《商品名称及编码协调制度》为基础进行编制的。

对于《法检目录》中商品的“海关监管条件”：“A”表示须实施进境检验检疫，“B”表示须实施出境检验检疫，“D”表示海关与检验检疫联合监管。

对于《法检目录》中商品的“检验检疫类别”：“M”表示进口商品检验，“N”表示出口商品检验，“P”表示进境动植物、动植物产品检疫，“Q”表示出境动植物、动植物产品检疫，“R”表示进口食品卫生监督检验，“S”表示出口食品卫生监督检验，“V”表示进境卫生检疫，“W”表示出境卫生检疫，“L”表示民用商品入境验证。

以“硬粒小麦（配额内）”为例：其对应的商品编码为10011000.10，计量单位为“千克”；海关监管条件为“A/B”，这表示该商品在入境和出境时均须实施检验检疫；检验检疫类别为“M.P.R/Q.S”，表示该商品进口时应实施商品检验、植物产品检疫和食品卫生监督检验，出口时应实施植物产品检疫和食品卫生监督检验。

《法检目录》中，部分商品编码的检验检疫和监管具有特别解释，主要包括：海关监管条件为“A/B”，实施卫生检疫监管，暂不设检验检疫类别的商品编码；海关监管条件为“D”，实施海关与检验检疫联合监管，暂不设检验检疫类别的商品编码；部分商品编码（海关监管条件为“A”，检验检疫类别为“M”）项下的商品仅实施现场放射性检测，不实施品质检验；部分商品编码（海关监管条件为“A/B”，检验检疫类别为“L.M/”或检验检疫类别为空）项下的商品出口时，出入境检验检疫机构仅对进出口单位提供的非氯氟烃制冷剂、发泡剂证明（产品说明书、技术文件以及供货商的证明）进行符合性确认；部分商品编码（海关监管条件为“A/B”，检验检疫类别为“R/”或海关监管条件为“/B”，检验检疫类别为空）项下的出口商品，出入境检验检疫机构实施强制性出口检验管理，但属临时强制措施，解除时另行公告。

3. 《法检目录》的制定和调整

根据2019年3月2日，国务院令第709号公布的《国务院关于修改部分行政法规的决定》对于《商检法实施条例》第三条规定修改的内容中明确了海关总署应当依照《商检法》第四条规定，制定、调整必须实施检验的进出口商品目录并公布实施。

每年《法检目录》的调整是根据有关法律法规的规定，对外贸易发展和国际动植物疫情的变化情况。结合海关总署当年年底《协调制度》调整的情况，对《法检目录》实施动态的调整。调整包括：将部分商品编码调入或调出《法检目录》；对部分商品编码的海关监管条件或检验检疫类别进行调整等。另外，《法检目录》与海关总署《协调制度》的调整保持同步。调整内容由海关总署发布公告执行。

除列入《法检目录》的商品，其他国家法律、法规和相关规章规定的应当实施出入境检验检疫的商品、货物、运输工具或出入境人员等，均需实施出入境检验检疫。

三、商品检验检疫的依据

商品检验是对商品质量进行的检查、核实行为，是使用规定的科学检测手段，检查商品是否符合规格、标准的活动。商品检验必须依照相关标准或技术法规的规定方法和程序进行，判断商品合格与否。按照《商检法实施条例》的有关规定，检验检疫机构依据相关标准对进出口商品实施检验，其具体要求为：

（1）法律、行政法规规定有强制性标准或者其他必须执行的检验标准的，按照法律、行政法规规定的检验标准检验。

这类规定所涉及的进出口商品大都关系国家利益、人民健康安全、环境保护、社会公共利益等，我国及许多国家和地区的政府部门为此制定了相应的法律、法规、技术标准，涉及的进出口商品按此规定进行检验，符合规定标准者准予进口或出口，不符合规定标准的不能进口或出口。执行这种标准检验是法律强制性的，与商业合同中有否规定无关。进出口食品卫生检验、出口危险货物包装容器安全检验、装运出口食品的船舱、集装箱的适载检验、动植物检疫等都属于依据强制性标准进行检验的。对于出口货物，若进口国（地区）标准高于我国检验标准的，依据进口国（地区）标准检验。

（2）法律、行政法规未规定有强制性标准或者其他必须执行的检验标准的，按照对外贸易合同约定的检验标准检验；凭样成交的，应当按照样品检验。

在对外贸易合同中制订的商品的品质、规格、检验方法是进行商品检验时的基本依据，也是贸易合同中必不可少的重要组成部分。在合同中明确凭样品成交和检验的，样品也是检验的依据。法律、行政法规规定的强制性标准或者其他必须执行的检验标准低于对外贸易合同约定的检验标准时，按照合同中规定的检验标准检验。

（3）法律、行政法规未规定有强制性标准或者其他必须执行的检验标准，对外贸易合同又未约定检验标准或者约定检验标准不明确的，按照生产国（地区）标准、有关国际标准或者出入境检验检疫部门指定的标准检验。

单元二　出入境检验检疫工作流程

出入境检验检疫工作流程是指申报/申请、计/收费、现场和实验室检验检疫（抽样/采样）、卫生除害处理（检疫处理）、综合评定及签证放行的全过程。

一、申报/申请

关检融合后，入境检验检疫业务的报检/申报与海关报关业务实施整合申报，报检单位通过“单一窗口”和“互联网+海关”预录入系统进行报检申报。

为了适应国际贸易特点和安全便利的需要，海关总署在整合申报基础上又进一步改革申报制度，企业根据需要可以实施两步申报，即第一步提货申报（概要申报），第二步完整申报。新的申报模式整合了原有报关、报检申报项目，满足了海关及检验检疫作业所关注内容的管理需要，全面优化了涉及检验检疫作业的申报管理方式。出境检验检疫申请是在出境货物报关前，企业根据相关要求向企业所在地海关申请出境报关申报前监管服务的过程。需要实施出口检验检疫作业的货物完成出境申报前监管的相关工作方可在口岸办理报关手续。

海关根据企业申报以随机抽查掌控风险防控覆盖面，以精准布控靶向锁定风险目标，构建随机抽查与精准布控协同分工、优势互补的风险统一防控机制，实现对申报数据的科学布控管理。

二、计/收费

对已受理报检的，检验检疫机构工作人员按照相关规定计费并收费。

三、现场和实验室检验检疫（抽样/采样）

海关对已申报的出入境货物，通过感官、物理、化学、微生物等方法进行检验检疫，以判定所检对象的各项指标是否符合有关强制性标准或合同及买方所在国（地区）官方机构的有关规定。目前，检验检疫的方式包括全数检验、抽样检验、型式试验、过程检验、登记备案、符合性验证、符合性评估、合格保证和免予检验等。对需实施实验室检测并出具检测结果的出入境货物，海关工作人员需到现场抽取（采取）样品并进行实验室检测。抽取（采取）的样品不能直接进行检验的，需要对样品进行一定的加工，称为“制样”。根据样品管理的规定，样品及制备的小样经检验检疫后应重新封识，超过样品保存期后方可销毁。

四、卫生除害处理（检疫处理）

按照《卫生检疫法》及其实施细则、《动植物检疫法》及其实施条例的有关规定，检验检疫机构对来自传染病疫区或动植物疫区的有关出入境货物、交通工具、运输工具及废旧物品等实施卫生除害处理。

五、综合评定及签证放行

根据上述单证审核、现场和实验室检验检疫以及卫生除害处理等检验检疫作业的相关结果，海关对货物实施综合评定并给出评定结果。

出境货物，经检验检疫合格的，办理货物通关手续；经检验检疫或口岸核查货证不合格的，签发出境货物不合格通知单。

入境货物经检验检疫合格，或经检验检疫不合格、但已进行有效处理合格的，签发入境货物检验检疫证明。不合格需做退货或销毁处理的，签发检验检疫处理通知书，不合格需办理对外索赔的，签发检验检疫证书，供有关方面办理对外索赔及相关手续。

单元三　出境检验检疫货物一般规定

一、出境货物检验方式

1. 出口检验

法定检验检疫的出口商品的发货人应当在海关总署统一规定的地点和期限内，持合同等必要的凭证和相关批准文件向海关报关。法定检验检疫的出口商品未经检验或者经检验不合格的，不准出口。

出口商品应当在商品的生产地检验；海关总署可以根据便利对外贸易和进出口商品检验工作的需要，指定在其他地点检验。

2. 适载检验

对装运出口的易腐烂变质食品、冷冻品的集装箱、船舱、飞机、车辆等运载工具，承运人、装箱单位或者其代理人应当在装运前向海关申请清洁、卫生、冷藏、密固等适载检验。未经检验或者经检验不合格的，不准装运。

3. 出口装运前检验

依据《装运前检验协议》，目前我国对向塞拉利昂、埃塞俄比亚出口的每批次价值在2 000美元以上的贸易性质商品，对我国出口伊朗和也门的列入《法检目录》的部分产品实施政府协议的装运前检验。从2018年8月1日起，实施出口检验检疫的货物，企业应在报关前向产地、组货地海关申请，海关实施检验检疫监管后建立电子底账，向企业反馈电子底账数据号，符合要求的按规定签发检验检疫证书；企业报关时应填写电子底账数据号，办理出口通关手续。按照《出口申报前监管实施方案》（署通法〔2018〕143号）的要求，将原出口货物的报检、检验检疫、签证等作业转化为出口申报前监管，并形成电子底账；同时将出口货物检验检疫的申报要素纳入报关申报内容，报关时可调用电子底账数据，企业无须二次录入；将法定检验检疫出口货物的口岸查验纳入通关作业流程，实现"一次查验、一次放行"。

二、出口检验检疫申报

法定检验检疫出境货物的货主或其代理人，办理出口货物通关手续前，持有关单证向产地海关申请检验检疫以取得出境电子底账数据号及其他单证。对于出境需要实施检验检疫的货物，产地海关检验检疫合格后，在口岸海关报关时，货主或其代理人凭产地海关签发出境电子底账信息方可向口岸海关报关。

三、报检时限和地点

出境货物最迟应于报关或装运前7日报检，对于个别检验检疫周期较长的货物，应留有相应的检验检疫时间。

出境的运输工具和人员应在出境前向口岸海关报检或申报。

需隔离检疫的出境动物在出境前60日预报，隔离前7日报检。

法定检验检疫货物，原则上应向产地海关报检并由产地海关实施检验检疫。

四、报检时应提供的单据

出境货物报检时，应以电子形式提供合同、信用证（以信用证方式结汇时提供）、发票、装运箱单等必要的凭证及其他海关要求提供的特殊单证，并根据海关需要提供相关纸质单证。

下列情况报检时还应按要求提供有关文件：

（1）国家实施许可制度管理的货物，应提供有关证明。

（2）出境货物须经生产者或经营者检验合格并加附检验合格证或检测报告；申请重量鉴定的，应加附重量明细单或磅码单。

（3）凭样成交的货物，应提供经买卖双方确认的样品。

（4）出境人员应向海关申请办理国际旅行健康证明书及国际预防接种证书。

（5）报检出境运输工具、集装箱时，还应提供检疫证明，并申报有关人员健康状况。

（6）生产出境危险货物包装容器的企业，必须向海关申请包装容器的性能鉴定；生产出境危险货物的企业，必须向海关申请危险货物包装容器的使用鉴定。

（7）报检出境危险货物时，必须提供危险货物包装容器性能鉴定结果单和使用鉴定结果单。

（8）申请原产地证明书和普惠制原产地证明书的，应提供商业发票等资料。

（9）出境特殊物品的，根据法律法规规定应提供有关的审批文件。

单元四　入境检验检疫货物一般规定

一、入境货物检验方式

1. 境内检验

法定检验检疫的进口一般商品原则上应当在申报的目的地检验，大宗散装商品、易腐烂变质商品、可用作原料的固体废物及已发生残损、短缺的商品等应当在卸货口岸检验。检验合格后按照法定程序出具相应的检验证单。

2. 境外装运前检验

对属于法定检验检疫范围内的关系国计民生、价值较高、技术复杂的，以及其他重要的进口商品和大型成套设备，应当按照对外贸易合同约定监造、装运前检验或者监装。收货人保留到货后最终检验和索赔的权利。海关可以根据需要派出检验人员参加或者组织实施监造、装运前检验或者监装。

《装运前检验协议》是世界贸易组织（WTO）管辖的一项多边贸易协议，是世界贸易组织货物贸易协议之一，适用于由成员方政府通过政府授权或政府合同的方式，指定专门检验机构对进口产品的数量、质量、价格、汇率与融资条件及货物的海关分类等，在出口方境内进行的所有装运前的检验活动。

属于境外装运前检验的商品进口时，收货人应当提供海关或检验机构签发的装运前检验证书，办理进口报关手续。

二、入境检验检疫申报

法定检验检疫入境货物的货主或其代理人，持有关单证向报关地海关申请对入境货物进行检验检疫以获得入境通关放行凭证，并取得入境货物销售、使用合法凭证。对入境一般报检业务而言，签发放行指令和对货物的检验检疫都由报关地海关完成，货主或其代理人在办理完通关手续后，应主动与海关联系落实检验检疫工作。

三、报检时限和地点

对入境货物，应在入境前或入境时向入境口岸、指定的或到达站的海关办理报检手续；入境的运输工具及人员应在入境前或入境时申报。

入境货物需对外索赔出证的，应在索赔有效期前不少于 20 日内向到货口岸或货物到达地的海关报检。

输入微生物、人体组织、生物制品、血液及其制品或种畜、禽及其精液、胚胎、受精卵的，应当在入境前 30 日报检。

输入其他动物的，应当在入境前 15 日报检。

输入植物、种子、种苗及其他繁殖材料的，应当在入境前 7 日报检。

四、报检时应提供的单据（含电子单据）

入境货物报检时，应以电子形式提供外贸合同、发票、提（运）单、装箱单等必要的凭证及其他海关要求提供的特殊单证，并根据海关需要提供相关纸质单证。

下列情况报检时还应按要求提供有关文件：

（1）国家实施许可制度管理的货物，应提供有关证明。

（2）品质检验的还应提供国外品质证书或质量保证书、产品使用说明书及有关标准和技术资料；凭样成交的，须加附成交样品；以品级或公量计价结算的，应同时申请重量鉴定。

（3）报检入境废物原料时，还应提供主管海关或者其他检验机构签发的装运前检验证书；属于限制类废物原料的，应当提供进口许可证明。

（4）申请残损鉴定的还应提供理货残损单、铁路商务记录、空运事故记录或海事报告等证明货损情况的有关单证。

（5）申请重（数）量鉴定的还应提供重量明细单、理货清单等。

（6）货物验收、用货部门验收或其他单位检测的，应随附验收报告或检测结果及重量明细单等。

（7）入境的国际旅行者，国内外发生重大传染病疫情时，应当填写出入境检疫健康申明卡。

（8）入境的动植物及其产品，在提供贸易合同、发票、产地证书的同时，还必须提供输出国家（地区）官方的检疫证书；需办理入境检疫审批手续的，还应提供进境动植物检疫许可证。

（9）过境动植物及其产品报检时，应持货运单和输出国家（地区）官方出具的检疫证书；运输动物过境时，还应提交海关总署签发的动植物过境许可证。

（10）报检入境运输工具、集装箱时，应提供检疫证明，并申报有关人员健康状况。

（11）入境旅客、交通运输工具上的员工携带伴侣动物的，应提供入境动物检疫证书及预防接种证明。

（12）因科研等特殊需要，输入禁止入境物的，必须提供海关总署签发的特许审批证明。

（13）入境特殊物品的、应提供有关的批件或规定的文件。

单元五　关检融合整合申报

按照海关总署统一部署，全国海关于 2018 年 8 月 1 日起正式实施进出口货物整合申报，报关单、报检单合并为一张报关单，此次整合申报项目是关检业务融合标志性的改革举措，改变了企业原有报关流程和作业模式，实现报关报检“一张大表”的货物申报。

一、报检方式

通过“单一窗口”（如图 3-1 所示）、“互联网 + 海关”预录入系统进行报检申报。

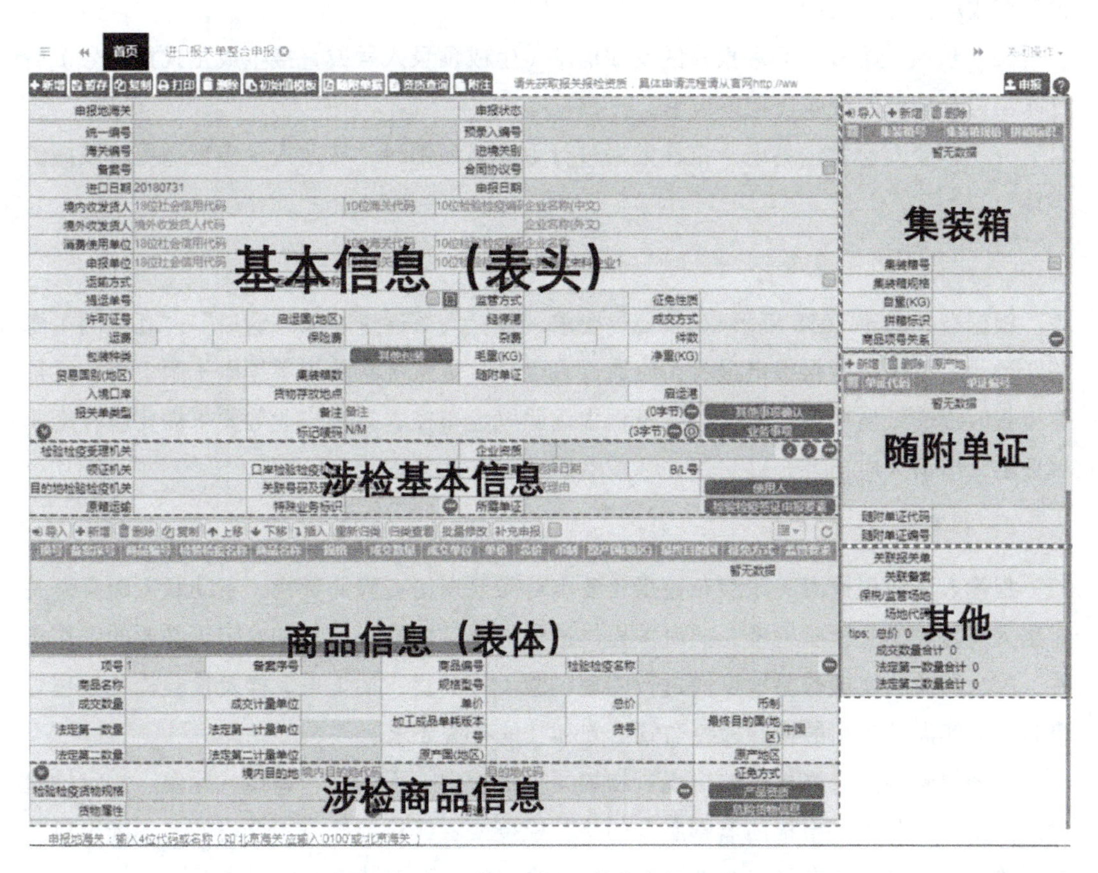

图 3-1　“单一窗口”货物申报界面

二、报检程序

出入境报检程序一般包括准备报检单证、电子报检数据录入、上传无纸化单据、联系配合现场查验、签领单证等几个环节。

1. 准备报检单证

从业人员了解出入境货物基本情况后，应按照货物的性质，根据海关有关规定和要求，准备好报检单证，并确认提供的数据和各种单证正确、齐全、真实、有效。需办理检疫审批、强制性认证、卫生注册等有关批准文件的，还应在报检前办妥相关手续。

2. 电子报检数据录入

（1）从业人员通过“单一窗口”“互联网＋海关”预录入系统进行报检申报。

（2）须在规定的报检时限内将相关出入境货物的报检数据发送至报检地海关。

（3）对于合同或信用证中涉及检验检疫特殊条款和特殊要求的，应在电子报检中同时提出。

（4）对经审核不符合要求的电子报检数据，报检人员可按照海关的有关要求对报检数据修改后，再次报检。

（5）从业人员收到受理报检的反馈信息（生成预录入号或直接生成正式报检号）后打印出符合规范的纸质货物报检单。

（6）需要对已发送的电子报检数据进行更改或撤销时，从业人员应发送更改或撤销申请。

3. 上传无纸化单据

根据海关总署2018年第90号公告要求，报检人员通过“单一窗口”“互联网＋海关”预录入系统进行报检申报时，应通过无纸化上传系统将随附单据电子版上传，无须在申报时提交纸质单证，海关监管过程中按照风险布控、签注作业等要求需要验核纸质单证的，申请人应当补充提交相关纸质单证。

4. 联系配合现场查验

报检人员应根据海关风险布控指令要求对需要现场查验的货物，主动联系配合海关对出入境货物实施检验检疫；向海关提供进行抽样、检验、检疫和鉴定等必要的工作条件，配合海关为实施检验检疫而进行的现场验（查）货、抽（采）样及检验检疫处理等事宜；落实海关提出的检验检疫监管措施和其他有关要求。

对经检验检疫合格放行的出境货物加强批次管理，不错发、错运、漏发。法定检验检疫的出口货物未经申报前监管服务的检验检疫或者经检验检疫不合格的，不准出口。未经检验检疫合格或未经海关许可的入境法检货物，不准销售、使用或拆卸、运递。

5. 签领单证

对出入境货物检验检疫完毕后，海关根据评定结果签发相应的单证，从业人员在领取海关出具的有关检验检疫单证时应如实签署姓名和领证时间。各类单证应按其特定的范围使用。

三、更改、撤销及重新报检

1. 更改

（1）有以下两种情形的，经海关审核批准后进行更改：

1）已报检的出入境货物，海关尚未实施检验检疫或虽已实施检验检疫但尚未出具单证的，由于某种原因报检人需要更改报检信息的，可以向受理报检的海关申请，经审核批准后按规定进行更改。

2）检验检疫单证发出后，报检人提出更改或补充内容的，应填写更改申请单，经海关有关部门审核批准后，予以办理。

（2）以下两种情形不予更改：

1）品名、数（重）量、包装、发货人、收货人等重要项目更改后与合同、信用证不符的，或者更改后与输入国（地区）法律法规规定不符的，均不能更改。

2）超过检验检疫单证有效期的，不予更改、补充或重发。

（3）办理更改应提供以下单据：

1）填写更改申请单，说明更改的事项和理由。

2）提供有关函电等证明文件，交原发检验检疫单证机构。

3）变更合同或信用证的，须提供新的合同或信用证。

4）更改检验检疫单证的，应交还原单证（含正副本）；确有特殊情况不能交还的，申请人应书面说明理由，经法定代表人签字、加盖公章，在指定的报纸上声明作废，并经海关审批后，方可重新签发。

2. 撤销

报检人申请撤销报检时，应书面说明原因，经批准后方可办理撤销手续。报检后30日内未联系检验检疫事宜的，按自动撤销报检处理。

3. 重新报检

有下列情况之一的应重新报检：

（1）超过检验检疫有效期限的。

（2）变更输入国家（地区），并有不同检验检疫要求的。

（3）改换包装或重新拼装的。

（4）已撤销报检的。

四、检验检疫复验管理

报检人对海关做出的检验结果有异议的，可以向做出检验结果的主管海关或其上一级海关申请复验，也可以向海关总署申请复验。受理复验的海关或海关总署负责组织实施复验，报检人应予以配合。

报检人对同一检验结果只能向同一海关申请一次复验。

报检人对受理复验的海关或海关总署做出的复验结论不服的，可以依法申请行政复议，也可以向人民法院提起行政诉讼。

单元六　检验检疫单证的管理

一、检验检疫单证的种类

出入境检验检疫单证泛指海关总署公开发布的、具有固定格式和填制要求的各种单证，包括证书类、凭单类、监督管理证明类和专用单证类等。

（1）证书类所证明的内容较为详尽、专业，主要作为第三方公证证明供国内外有关方面了解受检对象的质量状况、采取相关处理措施和举证、采信的依据。例如，出入境海关对经检验不合格的进口货物签发品质检验证书，作为贸易相关方理赔的依据。

（2）凭单类所证明的内容较为简略、概括，主要包括出入境关系人为受检对象申请有关检验检疫事项而向海关提交的法律文件、供出入境海关内部使用或用于我国境内其他有关方面了解受检对象的质量状况、对受检对象采取相应处理措施和举证，采信的凭据等。个别单证也可供在国外使用，例如，某些国家（地区）要求提供的国际旅行人员健康检查记录等。

（3）监督管理证明类是海关实施某种行政许可或行政授权的凭证。

（4）专用单证类目前主要有海峡两岸直航专用单证等。

二、检验检疫单证的用途

（1）检验检疫单证是出入境货物通关的重要凭证。

（2）检验检疫单证是海关征收和减免、退税的有效凭证。

（3）检验检疫单证是履行交接、结算及进口国（地区）准入的有效证件。

（4）检验检疫单证是议付货款的有效证件。

（5）检验检疫单证是明确责任的有效证件。

（6）检验检疫单证是办理索赔、仲裁及诉讼的有效证件。

三、检验检疫单证的管理和有效期

检验检疫单证的签发应符合国家有关法律法规和有关规定，以及国际惯例的有关要求。报检人在申请签发检验检疫单证时应了解海关签证的有关规定。

1. 关于单证正副本

检验检疫证书一般由一正三副组成，其中正本对外签发，可同时向报检人提供两份副本、海关留存一份副本。目前海关签发的单证则有一正一副、一正两副和一正三副等多种情况。证书一般只签发一份正本。报检人要求两份或两份以上正本的，须经综合部门负责人审批同意，并在证书备注栏内声明“本证书是 ××× 号证书正本的重本”。

2. 关于签证时限

综合部门签发单证，出境应在收到证稿后两个工作日、入境应在收到证稿后三个工作日内完成，特殊情况除外。

3. 关于单证文字和文本

检验检疫单证必须严格按照海关总署制定或批准的格式，分别使用英文、中文、中英文合璧签发。进口国（地区）政府要求单证文字使用本国（地区）官方语言的，或有特定内容要求的，应视情况予以办理。使用中英文合璧签发单证的，两种文字视为具有同等法律效力。

4. 检验检疫单证的有效期

检验检疫单证一般应以检讫日期作为签发日期。

检验检疫单证的有效期不得超过检验检疫有效期。检验检疫有效期由施检部门根据国家有关规定，结合对货物的检验检疫监管情况确定。

不同出境货物的出运期限及检验检疫单证的有效期也有所不同：一般货物为 60 日；植物和植物产品为 21 日，北方冬季可适当延长至 35 日；鲜活类货物为 14 日。

电讯卫生检疫的交通工具卫生证书的有效期：用于船舶的为 12 个月；用于飞机、列车的为 6 个月。

船舶免予卫生控制措施证书 / 船舶卫生控制措施证书的有效期为 6 个月。

国际旅行健康检查证明书的有效期为 12 个月；疫苗接种或预防措施国际证书的有效期根据疫苗的有效保护期确定。

海关总署对检验检疫单证有效期另有规定的从其规定。例如，供港澳活猪的动物卫生证书有效期为 14 日。

四、检验检疫单证的更改、补充和重发

任何单位或个人不得擅自更改检验检疫单证内容，伪造或变造检验检疫单证均属于违法行为。检验检疫单证签发后，报检人提出更改或补充内容的，应填写更改申请单，向原签发单证的海关提出申请，经海关综合部门审核批准后予以办理。更改、补充涉及检验检疫内容的，还需由施检部门核准。超过检验检疫单证有效期的，不予更改、补充或重发。

Module 4

模块四

出入境特殊货物报检业务

职业素养 // 法治

某公司委托代理公司向海关申报出口一批牙刷、蜡锅、袜子等货物，但海关在实施现场查验时未发现袜子等申报货物，反而发现另有多项未申报的货物，其中口红、眉笔、睫毛膏等化妆品均属于法检商品，出口须经过检验。该公司对法定检验的出口商品不予报检的行为涉嫌逃避出口商品检验，根据《中华人民共和国进出口商品检验法》第三十三条及其实施条例第四十六条第一款的有关规定，海关对该公司实施了相应的行政处罚。

这个案例充分说明，在出入境特殊货物的报检作业中，从业者要坚守社会主义法治观念，自觉遵纪守法。

随着经济体制的深刻变革、社会结构的深刻变动、利益格局的深刻调整和思想观念的深刻变化，法治在国家和社会治理中的重要作用越来越凸显。

依法治国是中国共产党领导人民治理国家的基本方略，是发展社会主义市场经济的客观需要，是社会文明进步的显著标志，也是国家长治久安的必要保障。依法治国、建设社会主义法治国家，是人民当家做主的根本保证。我们要自觉遵法、学法、守法、用法，坚守法治底线，依法办事，真正用法治思维和法治能力来开展工作。

在出入境货物检验检疫工作中，由于货物的属性不同，检验检疫标准和监督管理的要求也不尽相同。为保护人类健康和安全、保护动植物的生命和健康、保护环境、防止欺诈行为、维护国家安全，海关根据检验检疫工作的需要，针对不同的出入境货物在报检环节提出了不同的要求。本模块主要介绍出入境动物及其产品、植物及其产品、食品、化妆品、玩具、机动车辆、危险化学品、竹木草制品、旧机电产品、涂料、可用作原料的废物、展览物品，以及集装箱、交通运输工具、快件等货物报检的特殊规定。

单元一　出境特殊货物的报检要求

一、出境货物木质包装的报检

为规范木质包装检疫监督管理，确保出境货物使用的木质包装符合输入国家或者地区检疫要求，依据《动植物检疫法》及其实施条例，参照国际植物检疫措施标准第15号《国际贸易中木质包装材料管理准则》（简称第15号国际标准）的规定，对出境植物、植物产品及其他检疫物的装载容量、包装物及铺垫材料依照规定实施检疫。

出境货物木质包装应当按照《出境货物木质包装除害处理方法及标识要求》列明的检疫除害处理方法实施处理，并按照要求加施IPPC专用标识。

海关对出境货物使用的木质包装实施抽查检疫，对标识加施企业实施日常监督检查。

1. 报检范围

出境货物木质包装的报检范围包括用于承载、包装、铺垫、支撑、加固货物的木质材料，如木板箱、木条箱、木托盘、木框、木桶、木轴、木楔、垫木、枕木、衬木等。

经人工合成或者经加热、加压等深度加工的包装用木质材料（如胶合板、纤维板等）和薄板旋切芯、锯屑、木丝、刨花等以及厚度等于或者小于6毫米的木质材料除外。

2. 报检要求

（1）直属海关对木质包装标识加施企业的热处理或者熏蒸设施、人员及相关质量管理体系等进行考核，符合要求的，颁发除害处理标识加施资格证书，并公布标识加施企业名单，同时报海关总署备案，标识加施资格有效期为3年；不符合要求的，不予颁发资格证书。未取得资格证书的，不得擅自加施除害处理标识。

（2）标识式样如图，至少包括四个方面的信息：

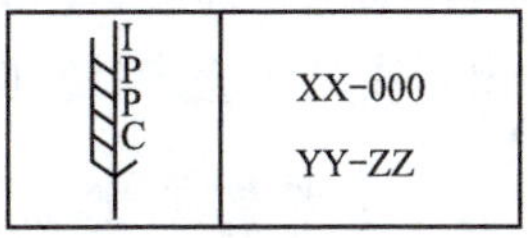

图4-1是国际植物保护公约（IPPC）注册的用于按规定实施除害处理合格的木质包装上的符号。

IPPC
XX-000
YY-ZZ

图4-1　IPPC标识图

XX是国际标准化组织的2个字母国家编码（我国编码为CN）；000代表国家植保机构给予木质包装生产企业的独特登记号。

YY代表除害处理方法（如MB表示溴甲烷熏蒸处理，HT表示热处理）；输出国（地区）官方植物检疫机构或木质包装生产企业可以根据需要增加其他信息。

标识必须加施于木质包装的显著位置，至少应在相对的两面，标识应清晰易辨，具永久性和不可改变性，避免使用红色或橙色。

（3）对木质包装实施除害处理并加施标识的企业（标识加施企业）应当建立木质包装生产防疫制度和质量控制体系。未获得标识加施资格的木质包装使用企业，可以从海关公布的标识加施企业购买木质包装，并要求标识加施企业提供出境货物木质包装除害处理合格凭证。

二、出境食品的报检

1. 报检范围

出境食品的报检范围包括各种供人食用、饮用的成品和原料，按照传统习惯加入药物的食品，以及用于出口食品的食品添加剂等。食品添加剂是指为改善食品品质和色、香、味，以及为防腐和加工工艺的需要而加入食品中的化学合成或者天然物质。出境食品具体可归纳为列入《人类食品和动物饲料添加剂及原料产品目录》的 124 种产品。

2. 报检应提供的单证

出口食品的出口商或者其代理人应当按照规定，凭合同、发票、装箱单、出厂合格证明、出口食品加工原料供货证明文件等必要的凭证和相关批准文件向出口食品生产企业所在地海关报检。报检时，应当将所出口的食品按照品名、规格、数（重）量、生产日期逐一申报。

除按规定申报并提供合同、信用证（以信用证方式结汇时提供）、发票、装箱单等有关外贸单证电子信息外，还应提供以下相应的单证：

（1）生产企业（包括加工厂、冷库、仓库）的出口食品生产企业备案证明。

（2）海关出具的出入境食品包装及材料检验检疫结果单。

三、出境食品包装的报检

为加强对出口食品包装容器、包装材料的安全卫生检验检疫和监督管理，保证出口食品安全，保护消费者身体健康，海关总署对出口食品包装生产企业实施备案管理，对出口食品包装产品实施检验。

1. 报检范围

出境食品包装的报检范围包括出口食品的包装容器和包装材料，即指已经与食品接触或预期会与食品接触的出口食品内包装、销售包装、运输包装及包装材料。

2. 报检应提供的单证

除需提供生产企业厂检合格单、销售合同外，还需提供以下单证：

（1）出入境货物运输包装检验申请单。

（2）食品包装的周期检测报告及原辅料检测报告。

食品包装生产企业在提供出口食品包装给出口食品生产企业前应到所在地海关申请对该出口食品包装的检验。出口食品报检时需提供海关出具的出境货物运输包装性能检验结果单，并应注明出口国别（地区）。

四、出境动物及动物产品的报检

海关依照《动植物检疫法》的规定，对出境动物及动物产品实施检疫。

动物是指饲养、野生的活动物，如畜、禽、兽、蛇、龟、鱼、虾、蟹、贝、蚕、蜂等。

动物产品是指来源于动物未经加工或者虽经加工但仍有可能传播疫病的产品，如生皮张、毛类、肉类、脏器、油脂、动物水产品、奶制品、蛋类、血液、精液、胚胎、骨、蹄、角等。

1. 出境动物

（1）报检时间和地点。需隔离检疫的出境动物，货主或其代理人应在出境前 60 日向启运地海关预报检，隔离前 7 日向启运地海关正式报检；出境观赏动物（观赏鱼除外，下同），应在出境前 30 日到出境口岸海关报检；出境野生捕捞水生动物的货主或者其代理人应当在水生动物出境 3 日前向出境口岸海关报检；出境养殖水生动物（包括观赏鱼，下同）的货主或者其代理人应当在水生动物出境 7 日前向注册登记养殖场、中转场所在地海关报检。

（2）报检应提供的单证。除按规定申报提供合同、信用证（以信用证方式结汇时提供）、发票、装箱单等有关外贸单证电子信息外，报检以下出境动物还应提供其他相应的单证：

1）观赏动物，应提供贸易合同或展出合约、产地检疫证书。

2）非供屠宰用的畜禽，应有农牧部门出具的品种审批单。

3）实验动物，应有我国濒危物种进出口管理办公室出具的允许进出口证明书。

4）实行检疫监督的动物，须出示生产企业的输出动物检疫许可证。

5）野生捕捞水生动物，应提供下列单证：

①所在地县级以上渔业主管部门出具的捕捞船舶登记证和捕捞许可证。

②捕捞渔船与出口企业的供货协议（应有捕捞船只负责人签字）。

③海关规定的其他单证。

进境国家（地区）对捕捞海域有特定要求的，报检时应当申明捕捞海域。

6）养殖水生动物：应当提供出境水生动物养殖场 / 中转场检验检疫注册登记证复印件，并交验原件。

2. 纳入《进出口野生动植物种商品目录》管理范围的出境野生动物及其制品

（1）报检范围。出境野生动物及其制品的报检范围包括：珍贵、濒危的陆生、水生野生动物和有益的或者有重要经济、科学研究价值的陆生野生动物；列入《国家重点保护野生动物名录》的国家一级、二级保护野生动物和列入《濒危野生动植物种国际贸易公约》（又称《华盛顿公约》）附录一、附录二的野生动物，以及驯养繁殖的上述物种；含有《进出口野生动植物种商品目录》所列野生动物成分的中成药；国家重点保护的和我国参加的国际公约限制出口的野生动物产品，包括其皮张、羽毛、掌骨、器官等；列入《进出口野生动植物种商品目录》的动物及其产品，既包括野外来源的，也包括通过人工驯养或人工繁殖获得的。

（2）报检应提供的单证。报检时除按规定申报提供合同、信用证（以信用证方式结汇时提供）、发票、装箱单等有关外贸单证电子信息外，还须提供国家濒危物种进出口管理办公室或其授权的办事处核发的濒危物种允许出口证明书或物种证明。

3. 出口肉类产品

（1）报检范围。肉类产品是指动物身体的任何可供人类食用部分，包括胴体、脏器、副产品及以上述产品为原料的制品，不包括罐头产品。

（2）报检时间和地点。发货人或者其代理人应当在出口肉类产品起运前，向出口肉类产品生产企业所在地海关报检。出口肉类产品运抵中转冷库时应当向其所在地海关申报。中转冷库所在地海关凭生产企业所在地海关签发的检验检疫单证监督出口肉类产品入库。

4. 出境水产品

（1）报检范围。水产品包括供人类食用的水生动物产品及其制品，包括水母类、软体类、甲壳类、棘皮类、头索类、鱼类、两栖类、爬行类、水生哺乳类动物等其他水生动物产品及藻类等海洋植物产品及其制品，不包括活水生动物及水生动植物繁殖材料。

（2）报检地点。出口水产品生产企业或者其代理人应当向产地海关报检。

（3）报检应提供的单证。除按规定申报提供合同、信用证（以信用证方式结汇时提供）、发票、装箱单等有关外贸单证电子信息外，报检水产品还应提供以下相应的单证：

1）生产企业检验报告（出厂合格证明）。

2）出货清单。

3）所用原料中药物残留、重金属、微生物等有毒、有害物质含量符合输入国家（地区）及我国要求的书面证明。

五、出境植物及植物产品的报检

海关依照《动植物检疫法》的规定，对出境植物及植物产品实施检疫。

1. 报检范围

出境植物及植物产品的报检范围包括：出境植物、植物产品和其他检疫物；装载植物、植物产品和其他检疫物的装载容器、包装物、铺垫材料；有关法律、行政法规、国际条约规定或者贸易合同约定应当实施出境植物检疫的其他货物、物品。

植物是指栽培植物、野生植物及其种子、种苗及其他繁殖材料等。

植物产品是指来源于植物未经加工或者虽经加工但仍有可能传播病虫害的产品，如粮食、豆、棉花、油、麻、烟草、籽仁、干果、鲜果、蔬菜、生药材、木材、饲料等。

其他检疫物包括植物废弃物，如垫舱木、芦苇、草帘、竹篓、麻袋、纸等废旧植物性包装物、有机肥料等。

2. 报检地点

出境水果应在包装厂所在地海关报检，按报检规定提供有关单证及产地供货证明。出境水果来源不清楚的，不予受理报检。

3. 报检应提供的单证

除按规定申报提供合同、信用证（以信用证方式结汇时提供）、发票、装箱单等有关外贸单证电子信息外，出口纳入《进出口野生动植物种商品目录》管理范围的野生植物及其制品的，还须提供以下相应的单证：

（1）中华人民共和国濒危物种进出口管理办公室或其授权的办事处签发的濒危物种允许出口证明书或物种证明。

（2）输往欧盟、美国、加拿大等国家（地区）的出境盆景，应提供出境盆景场 / 苗木种植场检疫注册证。

（3）出境水果来自注册登记果园、包装厂的，应当提供注册登记证书复印件；来自本辖区以外其他注册果园的，由注册果园所在地海关出具水果产地供货证明。

（4）供港澳蔬菜，应当提交供港澳蔬菜加工原料证明文件、出货清单及出厂合格证明。

六、出境化妆品的报检

化妆品指以涂、擦、散布于人体表面任何部位（皮肤、毛发、指甲、口唇等）或口腔黏膜，以达到清洁、护肤、美容和修饰目的的产品。化妆品是和人体直接接触的物质，对安全和卫生要求很高。国际上许多国家对它进行立法管理，我国对进出境化妆品实施法定检验。

1. 报检范围

出境化妆品的报检范围包括：香水及花露水；唇用化妆品；眼用化妆品；指（趾）用化妆品；香粉（不论是否压紧）；护肤品（包括防晒油或晒黑油，但药品除外）；其他美容化妆品；洗发剂（香波）烫发剂；定型剂；其他护发品等。

2. 报检要求

出口化妆品生产企业应当保证其出口化妆品符合进口国家（地区）标准或者合同要

求。进口国家（地区）无相关标准且合同未有要求的，可以由海关总署指定相关标准。

海关总署对出口化妆品生产企业实施备案管理。

出口化妆品由产地海关实施检验检疫，口岸海关实施口岸查验。海关受理报检后，对出口化妆品进行检验检疫，包括现场查验、抽样留样、实验室检验、出证等。

口岸海关应当将查验不合格信息通报产地海关，并按规定将不合格信息上报上级海关。

出口化妆品经检验检疫合格，进口国家（地区）对检验检疫证书有要求的，应当按照要求同时出具有关检验检疫证书。出口化妆品经检验检疫不合格的，可以在海关的监督下进行技术处理，经重新检验检疫合格的，方准出口；不能进行技术处理或者技术处理后重新检验仍不合格的，不准出口。

3. 报检时应提供的单据

除按规定申报并提供合同、信用证（以信用证方式结汇时提供）、发票、装箱单等有关外贸单证电子信息外，首次出口的化妆品必须提供以下相应的文件：

（1）出口化妆品生产企业备案材料。

（2）自我声明。声明企业已经取得化妆品生产许可证，且化妆品符合进口国家（地区）相关法规和标准的要求，正常使用不会对人体健康产生危害等内容。

（3）销售包装化妆品成品应当提交外文标签样张和中文翻译件。

七、出境烟花爆竹的报检

烟花爆竹是我国传统的出口商品，同时烟花爆竹又属易燃、易爆的危险品，在生产、储存、装卸、运输各环节极易发生安全事故。为保证其安全运输出口，我国对出境烟花爆竹的生产企业实施登记管理制度，出境烟花爆竹的检验和监管采取产地检验和口岸查验相结合的办法。

1. 报检范围

商品编码为36041000.00的烟花爆竹产品。

2. 报检应提供的单证

除按规定申请并提供合同、信用证（以信用证方式结汇时提供）、发票、装箱单等有关外贸单证电子信息外，还应提供如下相应单证：

（1）出境货物运输包装性能检验结果单。

（2）出境危险货物运输包装使用鉴定结果单。

（3）生产企业对出口烟花爆竹的质量和安全做出承诺的声明。

八、出境打火机、点火枪类商品的报检

打火机、点火枪类商品是涉及运输及消费者人身安全的危险品，美国、加拿大及欧

盟等国家和地区已陆续对该类产品强制性地执行国际安全质量标准。我国是打火机、点火枪类商品生产和出口大国，为提高我国该类商品的质量，促进贸易发展，保障运输及消费者人身安全，对出境打火机、点火枪类商品实施法定检验。

1. 报检范围

出境打火机、点火枪类商品的报检范围包括商品编码为 96131000.00 的一次性袖珍气体打火机、96132000.00 的可充气袖珍气体打火机、96138000.00 其他打火器（包括点火枪）等。

2. 报检应提供的单证

除按规定填写出境货物报检单，并提供合同、信用证（以信用证方式结汇时提供）、发票、装箱单等有关外贸单证外，还应提供如下相应单证：

（1）出口打火机、点火枪类商品生产企业自我声明。

（2）出口打火机、点火枪类商品生产企业登记证。

（3）出口打火机、点火枪类商品的型式试验报告。

（4）出境货物运输包装性能检验结果单。

（5）出境危险货物运输包装使用鉴定结果单。

九、出境危险货物包装容器的性能检验及使用鉴定的报检

危险货物指具有燃烧、爆炸、腐蚀、毒害以及放射性、辐射性等危害生命、财产、环境的物质和物品。盛装这些物质或物品的容器，称为危险货物包装容器，对于出口危险货物，如果包装不良、不适载或不适于正常的运输、装卸和储存，造成危险货物泄漏，甚至引起爆炸等，会危及人员、运输工具、港口码头、仓库的安全。国际上对运输危险货物有一套比较完整的规则，如《国际海运危险货物规则》《国际铁路运输危险货物规则》《国际公路运输危险货物规则》《国际空运危险货物规则》等。各国出口危险货物，必须符合国际运输规则的要求。海关对出口危险货物运输包装容器实施检验，是按照上述有关国际危险品管理规则进行的。

盛装危险货物的包装容器称为危险货物包装容器，均被列入法定检验范围。对出口危险货物运输包装容器的检验分为性能检验和使用鉴定两种。

1. 出境危险货物运输包装容器的性能检验

（1）报检义务人。按照《商检法》的规定，为出口危险货物生产运输包装容器的企业，必须向海关申请运输包装容器性能检验。

（2）报检应提供的单证：

1）出境货物运输包装检验申请单。

2）运输包装容器生产厂出具的出口危险货物运输包装容器质量许可证。

3）运输包装容器的生产标准。

4）企业符合性声明。

5）运输包装容器的设计工艺、材料检验标准等技术资料。

2. 出境危险货物运输包装容器的使用鉴定

性能检验良好的运输包装容器，如果使用不当，仍达不到保障运输安全及保护商品的目的。

为保证危险货物运输安全，危险货物运输包装容器经性能检验合格后，还必须进行使用鉴定。危险货物运输包装容器经海关鉴定合格并取得出境危险货物运输包装使用鉴定结果单后，方可包装危险货物出境。

根据联合国《关于危险货物运输的建议书：规章范本》的分类，气体发生器类产品（包括汽车安全气囊、气囊充气器、安全带卷收器、安全带预紧器等）分为三类：第一类危险品（1.4G，联合国编号为UN0503）；第二类危险品（2.2，联合国编号为UN3353）；第三类危险品（联合国编号为UN3268）。只有按照联合国《关于危险货物运输的建议书：试验与标准手册》的要求，通过6（c）篝火试验，才能确定气体发生器类产品的危险类别。因此，出口气体发生器类产品的企业，必须申请危险品包装容器的使用鉴定。

（1）报检义务人。按照《商检法》的规定，生产出口危险货物的企业，必须向海关申请包装容器的使用鉴定。

（2）报检应提供的单证：

1）出境货物运输包装检验申请单。

2）出境货物运输包装性能检验结果单正本。

3）危险货物说明。包括提供危险货物的危险特性分类鉴别报告、安全数据表和危险信息公示标签样本，首次使用塑料容器、塑料复合容器及有涂（镀）层的容器，应提供相容性试验报告。

4）出口气体发生器类产品的包装申报时，须提供经中国合格评定国家认可委员会认可的检测机构出具的6（c）篝火试验检测报告。

5）出口危险货物生产企业声明。

6）其他法律、法规规定的有关资料。

十、出境普通货物运输包装容器的报检

1. 报检范围

出境普通货物运输包装容器，是指列入《法检目录》及其他法律、行政法规规定须

经海关检验检疫的出口货物运输包装容器。

目前海关实施性能鉴定的出境货物运输包装容器包括：钢桶、铝桶、镀锌桶、钢塑复合桶、纸板桶、塑料桶（罐）、纸箱、集装袋、塑料编织袋、麻袋、纸塑复合袋、钙塑瓦楞箱、木箱、胶合板箱（桶）、纤维板箱（桶）等。

2. 报检应提供的单证：

（1）出境货物运输包装检验申请单。

（2）生产单位出具的包装容器检验结果单。

（3）包装容器规格清单。

（4）客户订单及对包装容器的有关要求。

（5）包装容器的设计工艺、材料检验标准等技术资料。

十一、出境竹木草制品的报检

1. 报检范围

出境竹木草制品的报检范围包括出境的竹、木、藤、柳、草、芒等制品。

2. 报检要求

海关总署对出境竹木草制品及其生产加工企业实施分级分类监督管理。

输出竹木草制品的检疫依据有：①我国与输入国家或者地区签订的双边检疫协定（含协议、备忘录等）；②输入国家或者地区的竹木草制品检疫规定；③我国有关出境竹木草制品的检疫规定；④贸易合同、信用证等订明的检疫要求。

出境竹木草制品经检疫合格的，按照有关规定出具相关证单；经检疫不合格的，经过除害、重新加工等处理合格后方可放行；无有效处理方法的，不准出境。

3. 报检应提供的单证

除按规定申报并提供合同、信用证（以信用证方式结汇时提供）、发票、装箱单等有关外贸单证电子信息外，出境竹木草制品一类、二类企业报检时应当同时提供出境竹木草制品厂检记录单。

单元二 入境特殊货物的报检要求

为了保护国家经济的顺利发展，保护人民的生命和生活环境的安全与健康，国家对一些重要的商品实施强制性检验检疫。本单元主要介绍部分重要入境货物在报检时的特殊要求及相关制度等。

一、入境木质包装的报检

1. 报检范围

法定检验的木质包装包括：输入我国货物的木质包装。这里的货物木质包装是指用于承载、包装、铺垫、支撑、加固货物的木质材料，如木板箱、木条箱、木托盘、木框、木桶（盛装酒类的橡木桶除外）、木轴、木楔、垫木、枕木、衬木等。不包括经人工合成或者经加热、加压等深度加工的包装用木质材料（如胶合板、刨花板、纤维板等）以及薄板旋切芯、锯屑、木丝、刨花等以及厚度等于或者小于6毫米的木质材料。

2. 报检要求

海关总署统一管理全国进境货物木质包装的检疫监督管理工作。主管海关负责所辖地区进境货物木质包装的检疫监督管理工作。

进境货物使用木质包装的，应当在输出国家或者地区政府检疫主管部门监督下按照国际植物保护公约（以下简称IPPC）的要求进行除害处理，并加施IPPC专用标识。除害处理方法和专用标识应当符合相关规定。

进境货物使用木质包装的，货主或者其代理人应当向海关报检。海关按照以下情况处理：

（1）对已加施IPPC专用标识的木质包装，按规定抽查检疫，未发现活的有害生物的，立即予以放行；发现活的有害生物的，监督货主或者其代理人对木质包装进行除害处理。

（2）对未加施IPPC专用标识的木质包装，在海关监督下对木质包装进行除害处理或者销毁处理。

（3）对报检时不能确定木质包装是否加施IPPC专用标识的，海关按规定抽查检疫。经抽查确认木质包装加施了IPPC专用标识，且未发现活的有害生物的，予以放行；发现活的有害生物的，监督货主或者其代理人对木质包装进行除害处理；经抽查发现木质包装未加施IPPC专用标识的，对木质包装进行除害处理或者销毁处理。

二、入境食品的报检

1. 报检范围

进口食品的报检范围包括食品、食品添加剂和食品相关产品。

食品是指各种供人食用或者饮用的成品和原料及按照传统既是食品又是药品的物品，但是不以治疗为目的的物品。

食品添加剂是指为改善食品品质和色、香、味及为防腐、保鲜和加工工艺需要而加入食品中的人工合成或者天然物质。

食品相关产品是指用于食品的包装材料、容器、洗涤剂、消毒剂和用于食品生产经营的工具、设备。

预包装食品是指经预先定量包装，或装入（灌入）容器中，向消费者直接提供的食品。

2. 报检要求

进口食品、食品添加剂和食品相关产品，应当经出入境海关检验合格后，海关凭出入境海关签发的通关证明放行。在此之前，货主或其代理人应当持合同、发票、装箱单、提单等必要的凭证和相关批准证明文件，向报关地出入境海关报检。

海关总署对进口食品境外生产企业实施注册管理，对向我国境内出口食品的出口商或者代理商实施备案管理，对进口食品实施检验。

（1）入境动植物源性食品的货主或其代理人在报检时应根据产品的不同提供相应的动植物检疫许可证、输出国家（地区）出具的检验检疫证书及原产地证书。

（2）入境食用植物油的货主或其代理人在报检时除提供产品符合我国现行食品安全国家标准的证明文件等材料外，还应在申报信息的“合同订立的特殊条款以及其他要求”栏中注明其产品境外生产企业的名称。

（3）食品添加剂进口企业报检时应当提供如下资料：注明产品用途（食品加工用）的贸易合同，或者贸易合同中买卖双方出具的用途声明（食品加工用）；食品添加剂完整的成分说明；

进口企业是经营企业的，应提供加盖进口企业公章的工商营业执照或经营许可证复印件；进口企业是食品生产企业的，应提供加盖进口企业公章的食品生产许可证复印件；需办理检验检疫审批的，还应提供进境动植物检疫许可证。

（4）进口预包装食品被抽中现场查验或实验室检验的，进口商应当向海关人员提交其合格证明材料、进口预包装食品的标签原件和翻译件、中文标签样张及其他证明材料。

食品标签是印制在食品包装容器上或附于食品包装容器上的一切附签、吊牌、文字、图形、符号说明物。海关应当对标签内容是否符合法律法规和食品安全国家标准要求以及与质量有关内容的真实性、准确性进行检验，包括格式版面检验和标签标注内容的符合性检测。进口食品标签、说明书中强调获奖、获证、产区及其他内容的，或者强调含有特殊成分的，应当提供相应证明材料。

3. 报检应提供的单证

进口食品的货主或其代理人应当按照规定，持下列材料向海关报检：

（1）合同、发票、装箱单、提单等必要的凭证。

（2）相关批准文件。

（3）法律法规、双边协定、议定书以及其他规定要求提交的输出国家（地区）官方检疫（卫生）证书。

（4）首次进口预包装食品，应当提供进口食品标签样张和翻译件。

报检时，货主或其代理人应当将所进口的食品按照品名、品牌、原产国（地区）、规格、数/重量、总值、生产日期（批号）及海关总署规定的其他内容逐一申报。

三、入境动物及动物产品的报检

1. 报检范围

入境动物及动物产品的报检范围包括入境的动物、动物产品及其他检疫物。动物是指饲养、野生的活动物，如畜、禽、兽、蛇、龟、鱼、虾、蟹、贝、蚕、蜂等；动物产品是指来源于动物未经加工或者虽经加工但仍有可能传播疫病的产品，如生皮张、毛类、肉类、脏器、油脂、动物水产品、奶制品、蛋类、血液、精液、胚胎、骨、蹄、角等；其他检疫物是指动物疫苗、血清、诊断液、动植物性废弃物等。

2. 入境动物及动物遗传物质

动物遗传物质是指哺乳动物精液、胚胎和卵细胞。

（1）报检时限和地点。输入种畜、禽及其精液、胚胎的，货主或其代理人应在入境30日前报检；输入其他动物的，则应在入境15日前报检。

输入动物及动物遗传物质，应当按照指定的口岸入境。

输入动物及动物遗传物质，货主或其代理人应向入境口岸海关报检，由口岸海关实施检疫；入境后需调离入境口岸办理转关手续的，除活动物和来自动植物疫情流行国家或地区的检疫物由入境口岸检疫外，其他均应分别向入境口岸海关报检和指运地海关申报，货主或其代理人向指运地海关申报检疫时，应提供相关单证的复印件和进境口岸海关签发的审结通知书，指运地一般为转关货物运输目的地和最终报关地。

（2）报检时应提供的单证。货主或其代理人在办理入境报检手续时，除按报检的一般要求录入报检数据并提供电子版贸易合同、发票、装箱单、海运提单（或铁路运单、航空运单、海运单），还应提供原产地证书、输出国家（地区）官方出具的检疫证书正本、进境动植物检疫许可证正本（分批入境的，还需提供许可证复印件进行核销）、隔离场使用证（输入种用/观赏用水生动物、畜、禽等活动物的应提供）、备案证明书（输入动物遗传物质的，应提供经所在地海关批准并出具的使用单位备案证明书）。

无输出国家（地区）官方机构出具有效检疫证书的，或者未依法办理检疫审批手续的，海关根据具体情况，做退回或销毁处理。

3. 入境肉类产品及水产品

肉类产品是指动物身体的任何可供人类食用的部分，包括胴体、肉类、脏器、副产品及以上述产品为原料的制品（熟制肉类产品，如熟制香肠、火腿、肉类罐头、高温炼制食用油脂除外）。

水产品是指供人类食用的水生动物产品及其制品，包括水母类、软体类、甲壳类、棘皮类、头索类、鱼类、两栖类、爬行类、水生哺乳类等其他水生动物产品及藻类等海洋植物产品及其制品，不包括活水生动物及水生动植物繁殖材料。

（1）报检时限和地点。货主或其代理人应在货物入境前或入境时向口岸海关报检，约定检疫时间。

入境后需调离入境口岸办理转关手续的，货主或其代理人应向口岸海关报检，到达指运地时，应当向指运地海关申报并实施检疫。

肉类产品及水产品只能从海关总署指定的口岸入境。

（2）报检时应提供的单证。肉类产品及水产品入境前或者入境时，货主或者其代理人应当持进境动植物检疫许可证正本原件、输出国家（地区）官方签发的检验检疫证书正本原件、原产地证书、贸易合同、提单、装箱单、发票等单证向入境口岸海关报检。

经我国港澳地区中转入境的肉类产品，必须加验港澳中检公司签发的检验证书正本。没有港澳中检公司的检验证书正本，不得受理报检。

入境水产品随附的输出国家（地区）官方的检验检疫证书，应当符合海关总署对该证书的要求。证书中应注明入境水产品的养殖或野生属性。对列入《实施企业注册的进口食品目录》的水产品，报检时还应当提供注册编号。

4. 入境动物源性饲料及饲料添加剂

动物源性饲料及饲料添加剂是指源于动物或产自于动物的产品经工业化加工、制作的供动物食用的产品及其原料。主要包括饵料用活动物、饲料用（含饵料用）冰鲜冷冻动物产品及水产品、加工动物蛋白及油脂、宠物食品及咬胶、配合饲料及含有动物源性成分的添加剂预混合饲料及饲料添加剂。

其中，加工动物蛋白及油脂包括肉粉（畜禽）、肉骨粉（畜禽）、鱼粉、鱼油、鱼膏、虾粉、鱿鱼肝粉、鱿鱼粉、乌贼膏、乌贼粉、鱼精粉、干贝精粉、血粉、血浆粉、血球粉、血细胞粉、血清粉、发酵血粉、动物下脚料粉、羽毛粉、水解羽毛粉、水解毛发蛋白粉、皮革蛋白粉、蹄粉、角粉、鸡杂粉、肠膜蛋白粉、明胶、乳清粉、乳粉、蛋粉、干蚕蛹及其粉、骨粉、骨灰、骨炭、骨制磷酸氢钙、虾壳粉、蛋壳粉、骨胶、动物油渣、动物脂肪、饲料级混合油、干虫及其粉等。

货主或者其代理人应当在饲料入境前或者入境时向海关报检，报检时应当提供原产地证书、贸易合同、提单、发票等，并根据对产品的不同要求提供进境动植物检疫许可证、输出国家（地区）检验检疫证书、进口饲料和饲料添加剂产品登记证复印件。

《进口饲料和饲料添加剂登记管理办法》（农业部2014年第2号令）规定了需要办理并取得进口饲料和饲料添加剂产品登记证的产品种类。

5. 入境其他动物产品及其他检疫物

这里的入境其他动物产品特指上述未列名的来源于动物未经加工或者虽经加工但仍有可能传播疫病的产品，如皮张类、毛类、蜂产品、蛋制品、奶制品、肠衣等。

其他检疫物是指动物疫苗、血清、诊断液、动植物性废弃物等。

货主或其代理人应在货物入境前或入境时向口岸海关报检，约定检疫时间。

报检时应当提供原产地证书、输出国家（地区）检验检疫证书、贸易合同、提单、发票等，并根据产品的不同要求提供进境动植物检疫许可证。

四、入境植物及植物产品的报检

1. 报检范围

入境植物及植物产品的报检范围包括入境植物、植物产品及其他检疫物。植物是指栽培植物、野生植物及其种子、种苗及其他繁殖材料等；植物产品是指来源于植物未经加工或者虽经加工但仍有可能传播病虫害的产品，如粮食、豆、棉花、油、麻、烟草、籽仁、干果、鲜果、蔬菜、生药材、木材、饲料等；其他检疫物包括植物废弃物，垫舱木、芦、草帘、竹篓、麻袋、纸等废旧植物性包装物，有机肥料等。

2. 入境种子、苗木等植物繁殖材料

植物繁殖材料是植物种子、种苗及其他繁殖材料的统称，指栽培、野生的可供繁殖的植物全株或者部分，如植株、苗木（含试管苗）、果实、种子、砧木、接穗、插条、叶片、芽体、块根、块茎、鳞茎、球茎、花粉、细胞培养材料（含转基因植物）等。

（1）报检时限和地点。输入植物、种子、种苗及其他繁殖材料的，货主或其代理人应在入境前 7 日持有关资料向海关报检，预约检疫时间。

（2）报检应提供的单据。货主或其代理人报检时，除按报检的一般要求录入报检数据外，还需提供电子版合同、发票、提单、进境动植物检疫许可证（适用于需海关总署审批的种子、苗木）或引进种子、苗木检疫审批单或引进林木种子、苗木和其他繁殖材料检疫审批单及输出国（地区）官方植物检疫证书、原产地证等有关文件。

3. 入境水果、烟叶和茄科蔬菜

（1）报检时限和地点。货主或其代理人应在入境前持有关资料向海关报检，预约检疫时间。

（2）报检应提供的单据。货主或其代理人报检时除按报检的一般要求录入报检数据外，还需提供电子版合同，发票、提单、进境动植物检疫许可证及输出国（地区）官方植物检疫证书、产地证等有关文件。

4. 入境粮食和植物源性饲料

粮食是指禾谷类（如小麦、玉米、稻谷、大麦、黑麦、燕麦、高粱等）、豆类（如大豆、绿豆、豌豆、赤豆、蚕豆、鹰嘴豆等）、薯类（如马铃薯、木薯、甘薯等）等粮食作物的籽实（非繁殖用）及其加工产品（如大米、麦芽、面粉等）；植物源性饲料是指源于植物或产自于植物的产品经工业化加工、制作的供动物食用的产品及其原料，包括饲料粮谷类、饲料用草籽、饲草类、麦麸类、糠麸饼粕渣类（麦麸除外）、青贮料、

加工植物蛋白及植物粉类、配合饲料等。

货主或其代理人应当在入境前向入境口岸海关报检。报检时除按报检的一般要求录入报检数据外，还需提供电子版合同、发票、提单、约定的检验方法标准或成交样品、原产地证及按规定应当提供的其他有关单证，并根据产品的不同要求提供进境动植物检疫许可证、输出国家（地区）检验检疫证书。

需要办理并取得农业农村部进口饲料和饲料添加剂产品登记证的产品还应提供进口饲料和饲料添加剂产品登记证复印件。

海关工作人员对入境转基因产品还须查验农业农村部颁发的农业转基因生物安全证书（进口）、农业转基因生物标识审查认可批准文件正本。

5. 其他入境植物产品

入境原木须附有输出国家（地区）官方检疫部门出具的植物检疫证书，证明不带有中国关注的检疫性有害生物或双边植物检疫协定中规定的有害生物和土壤。入境原木带有树皮的应当在输出国家（地区）进行有效的除害处理，并在植物检疫证书中注明除害处理方法、使用药剂、剂量、处理时间和温度；入境原木不带树皮的，应在植物检疫证书中做出声明。

入境干果、干菜、原糖、天然树脂、土产类、植物性油类产品等，货主或其代理人应当根据这些货物的不同种类进行不同的报检准备。需要办理检疫审批的（如干辣椒等），在货物入境前事先提出申请，办理检疫审批手续，取得许可证。

在输入上述货物前应当持合同、输出国（地区）官方出具的植物检疫证书向海关报检，约定检疫时间。经海关实施现场检疫、实验室检疫合格或经检疫处理合格的、签发入境货物检验检疫证明，准予入境销售或使用。

6. 入境（过境）转基因产品

转基因产品是指国家《农业转基因生物安全管理条例》规定的农业转基因生物及其他法律法规规定的转基因生物与产品，包括通过各种方式（如贸易、来料加工、邮寄、携带、生产、代繁、科研、交换、展览、援助、赠送及其他方式）进出境的转基因产品。

海关总署对入境转基因动植物及其产品、微生物及其产品和食品实行申报制度。

（1）入境转基因产品的报检。货主或其代理人在办理入境报检手续时，应当在申报信息的货物名称栏中注明是否为转基因产品。申报为转基因产品的，除按规定提供有关单证外，还应当提供法律法规规定的主管部门签发的农业转基因生物安全证书和农业转基因生物标识审查认可批准文件。

国家对农业转基因生物实行标识制度。输入国务院农业行政主管部门制定并公布的第一批实施标识管理的农业转基因生物目录内的产品，海关核查标识，符合农业转基因生物标识审查认可批准文件的，准予进境；不按规定标识的，重新标识后方可进境；未标识的，不得进境。

对列入第一批《实施标识管理的农业转基因生物目录》的入境转基因产品，如申报为转基因的，海关实施转基因项目的符合性检测；如申报是非转基因的，海关进行转基因项目抽查检测；对《实施标识管理的农业转基因生物目录》以外的入境动植物及其产品、微生物及其产品和食品，海关可根据情况实施转基因项目抽查检测。

海关按照国家认可的检测方法和标准进行转基因项目检测。经转基因检测合格的，准予入境。如有下列情况之一的，海关通知货主或其代理人做退货或者销毁处理：

1）申报为转基因产品，但经检测其转基因成分与批准文件不符的。

2）申报为非转基因产品，但经检测其含有转基因成分的。

入境供展览用的转基因产品，须获得法律法规规定的主管部门签发的有关批准文件后方可入境，展览期间应当接受海关的监管。展览结束后，所有转基因产品必须做退回或者销毁处理。如因特殊原因，要改变用途的，须按有关规定补办入境检验检疫手续。

（2）过境转基因产品的报检。过境的转基因产品，货主或其代理人应当事先向海关总署提出过境许可申请，并提交以下资料：

1）转基因产品过境转移许可证申请表。

2）输出国家（地区）有关部门出具的国（境）外已进行相应研究的证明文件或者已允许作为相应用途并投放市场的证明文件。

3）转基因产品的用途说明和拟采取的安全防范措施。

4）其他相关资料。

海关总署自收到申请之日起20日内做出答复，对符合要求的，签发转基因产品过境转移许可证并通知入境口岸海关；对不符合要求的，签发不予过境转移许可证，并说明理由。

过境转基因产品进境时，货主或其代理人须持规定的单证和转基因产品过境转移许可证向入境口岸海关申报，经海关审查合格的，准予过境，并由出境口岸海关监督其出境。对改换原包装及变更过境线路的过境转基因产品，应当按照规定重新办理过境手续。

五、入境可用作原料的废物的报检

学习政策法规-限制进口固体废物（废电机）

入境可用作原料的废物是指以任何贸易方式和无偿提供、捐赠等方式进入我国境内的一切可用作原料的废物（含废料）。根据可用作原料的废物的物理特性及产生方式可分为：

（1）固体废物，是指在生产、生活和其他活动中产生的丧失原有利用价值或者虽未丧失利用价值但被抛弃或者放弃的固态、半固态和置于容器中的气态的物品、物质，以及法律、行政法规规定纳入固体废物管理的物品、物质。

（2）工业固体废物，是指在工业生产活动中产生的固体废物。

（3）生活垃圾，是指在日常生活中或者为日常生活提供服务的活动中产生的固体废物，以及法律、行政法规规定视为生活垃圾的固体废物。

（4）危险废物，是指列入《国家危险废物名录》或者根据国家规定的危险废物鉴别标准和鉴别方法认定的具有危险特性的固体废物。

1. 报检范围

为切实加强对进口废物的管理，国家将进口废物分两类进行管理：一类是禁止进口的不能用作原料或者不能以无害化方式利用的固体废物；另一类是可作为原料但必须严格限制进口的废物。

对国家禁止进口的废物，任何单位和个人都不准从事此类废物的进口贸易及其他经营活动；对可以用作原料的固体废物实行限制进口和自动许可进口分类管理。生态环境部、商务部、发展改革委、海关总署制定、调整并公布禁止进口、限制进口和自动许可进口的固体废物目录。禁止进口列入《禁止进口固体废物目录》内的废物；进口列入《限制进口类可用作原料的固体废物目录》内的固体废物，应当经国务院环境保护行政主管部门会同国务院对外贸易主管部门审查许可；进口列入《自动许可进口类可用作原料的固体废物目录》内的固体废物，应当依法办理自动许可手续。

2. 报检要求

进口废物原料运抵口岸后，货主或者其代理人应当凭合同、发票、装箱单、提（运）单等单证向入境口岸海关报检，接受检验检疫监管。进口废物原料应当取得装运前检验证书。

属于限制类废物原料的，货主或者其代理人还应当取得进口许可证明。海关对进口许可证件电子数据进行系统自动比对验核。

六、入境旧机电产品的报检

1. 报检范围

所谓旧机电产品，是指具有下列情形之一的机电产品：

（1）已经使用（不含使用前测试、调试的设备），仍具备基本功能和一定使用价值的。

（2）未经使用，但超过质量保证期（非保修期）的。

（3）未经使用，但存放时间过长，部件产生明显有形损耗的。

（4）新旧部件混装的。

（5）经过翻新的，如旧压力容器类、旧工程机械类、旧电器类、旧车船类、旧印刷机械类、旧食品机械类、旧农业机械类等。

进口旧机电产品，进口单位需向海关总署或其授权的检验机构申请办理入境检验。

2. 报检要求

进口旧机电产品应当符合法律法规对安全、卫生、健康、环境保护、防止欺诈、节约能源等方面的规定，以及国家技术规范的强制性要求。

进口旧机电产品应当实施口岸查验、目的地检验以及监督管理。价值较高、涉及人身财产安全、健康、环境保护项目的高风险进口旧机电产品，还需实施装运前检验。需实施装运前检验的进口旧机电产品清单由海关总署制定并在海关总署网站上公布。进口旧机电产品的装运前检验结果与口岸查验、目的地检验结果不一致的，以口岸查验、目的地检验结果为准。

货主或者其代理人应当凭合同、发票、装箱单、提单等资料向海关办理报检手续。需实施装运前检验的，报检前还应当取得装运前检验证书。

七、入境机动车辆的报检

机动车辆是指由动力装置驱动或牵引、在道路上行驶的、供乘用或运送物品或进行专项作业的轮式车辆，包括汽车及汽车列车、摩托车及轻便摩托车、拖拉机运输机组、轮式专用机械车和挂车等，但不包括任何在轨道上运行的车辆。

1. 报检范围

入境机动车辆的报检范围包括列入《法检目录》的进口机动车辆，以及虽未列入但国家有关法律法规明确由海关负责检验的入境机动车辆。

进口汽车的销售单位凭海关签发的进口机动车辆随车检验单等有关单证到当地工商行政管理部门办理进口汽车国内销售备案手续。

用户在国内购买进口汽车时必须取得海关签发的进口机动车辆随车检验单和购车发票。在办理正式牌证前，到所在地海关登检、换发进口机动车辆检验证明，作为到车辆管理机关办理正式牌证的依据。

2. 报检要求

进口机动车辆运抵入境口岸后，货主或其代理人应持有关单证向口岸海关办理报检手续。报检时，应提供合同、发票、提（运）单、装箱单（列明车架号）等单证及有关技术资料。进口汽车入境口岸海关负责进口汽车入境检验工作，经登记的进口汽车，在质量保证期内，发现质量问题，用户应向所在地海关申请检验出证。

进口汽车入境口岸海关对进口汽车的检验包括：一般项目检验、安全性能检验和品质检验。

一般项目检验。在进口汽车入境时逐台核查安全标志，并进行规格、型号、数量、外观质量、随车工具、技术文件和零备件等项目的检验。

安全性能检验。按国家有关汽车的安全环保等法律法规、强制性标准和《进出口汽车安全检验规程》（SN/T 0792-1999）实施检验。

品质检验。品质检验及其标准、方法等应在合同或合同附件中明确规定，进口合同无规定或规定不明确的，按《进出口汽车品质检验规程》（SN/T 0791–1999）检验。

对大批量进口汽车，外贸经营单位和收用货主管单位应在对外贸易合同中约定在出口国（地区）装运前进行预检验、监造或监装，海关可根据需要派出检验人员参加或者组织实施在出口国（地区）的检验。

八、入境化妆品的报检

1. 报检范围

化妆品指以涂、擦散布于人体表面任何部位（如皮肤、毛发、指甲、口唇等）或口腔黏膜，以达到清洁、护肤、美容和修饰目的的产品。

2. 报检要求

进口化妆品的货主或其代理人应当按照海关总署相关规定报检，同时提供收货人备案号。其中首次进口的化妆品应当符合下列要求：

（1）国家实施卫生许可的化妆品，应当取得国家相关主管部门批准的进口化妆品卫生许可批件，海关对进口化妆品卫生许可批件电子数据进行系统自动比对验核。

（2）国家实施备案的化妆品，应当凭备案凭证办理报检手续。

（3）国家没有实施卫生许可或者备案的化妆品，应当提供下列材料：

1）具有相关资质的机构出具的可能存在安全性风险物质的有关安全性评估资料。

2）在生产国家（地区）允许生产、销售的证明文件或者原产地证明。

（4）销售包装化妆品成品除前三项外，还应当提交中文标签样张和外文标签及翻译件。

（5）非销售包装的化妆品成品还应当提供产品的名称、数（重）量、规格、产地、生产批号和限期使用日期（生产日期和保质期），加施包装的目的地名称，加施包装的工厂名称、地址、联系方式等信息。

九、入境玩具的报检

1. 报检范围

入境玩具的报检范围包括列入《法检目录》及法律、行政法规规定必须经海关检验的进口玩具。海关对《法检目录》外的入境玩具按照海关总署的规定实施抽查检验。

2. 报检要求

进口玩具的货主或其代理人应在入境前或入境时向报关地海关报检。除按报检的一般要求录入报检数据外，还需提供电子版外贸合同、发票、装箱单、提（运）单等有关单证。对列入强制性产品认证目录的进口玩具还应当取得强制性产品认证证书。海关对强制性产品认证证书电子数据进行系统自动比对验核。

十、入境涂料的报检

1. 报检范围

进口涂料指《协调制度》中品目 3208、3209 项下的商品。

2. 报检要求

国家对进口涂料实行登记备案和专项检测制度。进口涂料的生产商、进口商和进口代理商根据需要，可以向备案机构申请进口涂料备案。备案申请应在涂料入境之前至少 2 个月向备案机构提出申请。

海关总署指定的进口涂料备案机构和涂料专项检测实验室，分别负责进口涂料的备案和专项检测。备案机构和专项检测实验室须具备检测能力和相应的资格。

3. 报检时应提供的单据

货主或其代理人应当在涂料入境前，到入境口岸海关办理报检手续。报检时除提供合同、发票、提单和装箱单等资料外，已经备案的涂料应同时提交进口涂料备案书或其复印件。

十一、入境危险化学品的报检

1. 报检范围

根据国务院《危险化学品安全管理条例》和原国家质检总局《关于进出口危险化学品及其包装检验监管有关问题的公告》要求，海关对列入国家《危险化学品目录》的出入境危险化学品实施检验监管。

2. 报检要求

入境危险化学品的货主或其代理人应按照《出入境检验检疫报检规定》向报关地海关报检，报检时按照《危险化学品目录》中的名称申报。

3. 报检时应提供的单据

（1）进口危险化学品经营企业符合性声明。

（2）对需要添加抑制剂或稳定剂的产品，应提供实际添加抑制剂或稳定剂的名称、数量等情况说明。

（3）中文危险公示标签（散装产品除外）、中文安全数据单的样本。

十二、入境展览物品的报检

1. 报检范围

参加国际展览的入境展览物品及其包装材料、运输工具等。

2. 报检要求及其他检验检疫规定

展览物品入境前或入境时，货主或其代理人应持有关单证向报关地海关报检。报检时，应如实申报并提供外贸合同（或参展函电）、发票、提（运）单等有关单证的电子信息。

需进行检疫审批的动植物及其产品，应提供相应的检疫审批手续。入境展览物为旧机电产品的应按旧机电产品备案手续办理相关证明。如属于 ATA 单证册项下的展览品，可以持 ATA 单证册作为证明文件报检。

入境展品不必进行品质检验和免于 3C 认证。

单元三　其他检验检疫对象的报检要求

一、进出境集装箱的报检

进出境集装箱是指国际标准化组织所规定的集装箱，包括出境、进境和过境集装箱。集装箱根据是否装载货物又分为重箱和空箱。根据《商检法》《动植物检疫法》《卫生检疫法》等有关法律法规的规定，海关总署修订了《进出境集装箱检验检疫管理办法》（海关总署 2018 年第 238 号令），依法对出入境集装箱实施检验检疫。

1. 报检范围

（1）进境集装箱检验检疫报检范围：

1）所有进境集装箱应实施卫生检疫。

2）来自动植物疫区的，装载动植物、动植物产品和其他检验检疫物的，以及箱内带有植物性包装物或铺垫材料的集装箱，应实施动植物检疫。

3）法律、行政法规、国际条约规定或者贸易合同约定的其他应当实施检验检疫的入境集装箱，按照有关规定、约定实施检验检疫。

（2）出境集装箱检验检疫报检范围：

1）所有出境集装箱应实施卫生检疫。

2）装载动植物、动植物产品和其他检验检疫物的集装箱，应实施动植物检疫。

3）装运出口易腐烂变质食品、冷冻品的集装箱，应实施清洁、卫生、冷藏、密固等适载检验。

4）输入国（地区）要求实施检验检疫的集装箱，按要求实施检验检疫。

5）法律、行政法规、国际条约规定或贸易合同约定的其他应当检验检疫的出境集装箱，按有关规定、约定实施检验检疫。

（3）过境集装箱检验检疫范围：

过境应检集装箱，由进境口岸海关实施查验，离境口岸海关不再检验检疫。

2. 报检要求

（1）进境集装箱的报检要求。进境集装箱承运人、货主或其代理人应当向进境口岸海关报检，未经海关许可，不得提运或拆箱。

进境集装箱报检时，应提供集装箱数量、规格、号码，到达或离开口岸的时间，装箱地点和目的地，货物的种类、数量和包装材料等单证或情况的电子信息。

（2）出境集装箱的报检要求。出境集装箱报检人应该在装货前向所在地海关报检。未经海关许可，不准装运。

二、出入境交通运输工具的报检

出入境交通运输工具是指出入境船舶、飞机、车辆（包括火车、汽车及其他车辆）等交通运输工具。根据《卫生检疫法》及其实施细则、《动植物检疫法》及其实施条例的规定，海关依法对出入境交通运输工具实施检验检疫。

1. 报检范围

出入境交通运输工具的报检范围包括：

（1）所有出入境交通运输工具，包括船舶、飞机、火车和车辆等，都应当向海关申报，并实施卫生检疫。

（2）来自动植物疫区的入境交通运输工具，装载入境或过境动物的运输工具，包括船舶（含供拆船用的废旧船舶）、飞机、火车和车辆等，都须实施动植物检疫。

来自动植物疫区的交通运输工具，是指本航次或本车次的始发或途经地是动植物疫区的交通运输工具。

2. 报检要求

（1）出入境船舶的报检要求。海关根据《国际航行船舶出入境检验检疫管理办法》（原国家质检总局 2002 年第 38 号令），对出入境船舶实施检验检疫。

1）入境船舶的报检要求。入境船舶报检时，船方或其代理人应当在船舶预计抵达口岸 24 小时前（航程不足 24 小时的，在驶离上一口岸时）向入境口岸海关报检，填报有关入境检疫申请书，并将船舶在航行中发现检疫传染病、疑似检疫传染病，或者有人非因意外伤害而死亡且死因不明的情况，立即向入境口岸海关报告。

办理入境检验检疫手续时，船方或者其代理人应当向海关提交航海健康申报书、总申报单、货物申报单、船员名单、旅客名单、船用物品申报单、压舱水报告单及载货清单，并应检验检疫人员的要求提交除鼠/免予除鼠证书、交通工具卫生证书、预防接种证书、健康证书，以及航海日志等有关资料。

报检后船舶动态或报检内容有变化的，船方或其代理人应当及时向海关更正。

根据《卫生检疫法》及其实施细则的规定，接受入境检疫的船舶，必须按照规定悬挂检疫信号等候查验，在海关发给入境检疫证前，不得降下检疫信号。白天入境时，在船舶的明显处悬挂国际通语。检疫信号旗说明如下："Q"字旗，表示本船没有染疫，请发放入境检疫证；"QQ"字旗，表示本船有染疫或有染疫嫌疑，请即刻实施检疫。夜间入境时，在船舶的明显处垂直悬挂下列灯号：红灯3盏，表示本船没有染疫，请发放入境检疫证；红、红、白、红灯4盏，表示本船有染疫或染疫嫌疑，请即刻实施检疫。

入境船舶抵港前或在港期间，船上发现疑似传染病人、啮齿动物反常死亡或其他有碍公共卫生的情况，船方或其代理人应当以最快的方式向当地口岸海关报告。

2）出境船舶的报检要求。出境的船舶在离境口岸接受检验检疫，办理出境检验检疫手续。出境的船舶，船方或者其代理人应当在船舶离境前4小时内向海关申报，办理出境检验检疫手续，同时提供下列资料：航海健康申报书、总申报单、货物申报单、船员名单、旅客名单及载货清单等有关资料（入境时已提交且无变动的可免于提供）。

已办理手续但出现人员，货物的变化或者因其他特殊情况24小时内不能离境的，须重新办理手续。

船舶在口岸停留时间不足24小时的，经海关同意，船方或者其代理人在办理入境手续时，可以同时办理出境手续。

（2）出入境航空器的报检要求。

1）入境飞机的报检要求。

①来自非检疫传染病疫区并且在飞行中未发现检疫传染病、疑似检疫传染病，或者有人非因意外伤害而死亡并死因不明的飞机，经海关同意，可通过地面航空站向海关采用电讯方式进行报检，其申报内容有：飞机的国籍、航班号、机型、机号、识别标志、预定到达时间、出发站、经停站、机组及旅客人数，以及飞机上是否载有病人或在飞行途中是否发现病人或死亡人员，若有应提供病名或者主要症状、患病人数、死亡人数等信息。飞机到达后，向海关提交总申报单、旅客名单及货物舱单。

②来自检疫传染病疫区的飞机，在飞行中发现检疫传染病、疑似检疫传染病，或者有人非因意外伤害而死亡并死因不明时，机长应当立即通知到达机场的航空站向海关申报，并在最先到达的国境口岸指定地点接受检疫。向海关申报的内容包括：飞机的国籍、航班号、机型、机号、识别标志、预定到达时间、出发站、经停站、机组及旅客人数，以及飞机上是否载有病人或在飞行途中是否发现病人或死亡人员，若有应提供病名或者主要症状、患病人数、死亡人数等信息。

2）出境飞机的报检要求。实施卫生检疫机场的航空站，应当在出境检疫的飞机起飞前向海关提交飞机总申报单、货物舱单和其他有关检疫证件，并向海关通知飞机的国籍、航班号、机型、机号、识别标志、预定起飞时间、经停站、目的站、机组及旅客人数。

（3）出入境列车及其他车辆的报检要求。

1）出入境列车的报检要求。出入境列车在到达或者出站前，车站有关人员应向海关提前预报列车预定到达时间或预定发车时间、始发站或终点站、车次、列车编组情况、行车路线、停靠站台、旅客人数、司乘人员人数、车上有无疾病发生等信息。

2）出入境汽车及其他车辆的报检要求。边境口岸出入境车辆指汽车、摩托车、手推车、自行车、牲畜车等。

固定时间客运汽车在出入境前由有关部门提前通报预计到达时间、旅客人数等信息；装载的货物应按规定提前向海关申报货物种类、数量及重量、到达地等信息。

三、出入境快件的报检

出入境快件是指依法经营出入境快件的企业（以下简称“快件运营人”）在特定时间内以快速的商业运输方式承运的出入境货物和物品。

《商检法》及其实施条例、《动植物检疫法》及其实施条例、《卫生检疫法》及其实施细则、《食品安全法》及其实施条例、《出入境快件检验检疫管理办法》等有关法律、法规和部门规章规定，海关依法对出入境快件实施检验检疫。

1. 出入境快件检验检疫范围

应当实施检验检疫的出入境快件包括：

（1）根据《动植物检疫法》及其实施条例和《卫生检疫法》及其实施细则，以及有关国际条约、双边协议规定应当实施动植物检疫和卫生检疫的。

（2）列入海关实施检验检疫的《法检目录》内的。

（3）属于实施进口安全质量许可制度、出口质量许可制度及卫生注册登记制度管理的。

（4）其他有关法律、法规规定应当实施检验检疫的。

2. 出入境快件的报检要求

（1）报检的时间与地点。入境快件到达海关监管区时，快件运营人应及时向所在地海关办理报检手续。

出境快件在其运输工具离境4小时前，快件运营人应向离境口岸海关办理报检手续。

快件运营人可以通过电子数据交换（EDI）的方式申请办理报检，海关对符合条件的，予以受理。

（2）报检应提供的单证。快件运营人在申请办理出入境快件报检时，应提供报检单、总运单、每一快件的分运单、发票等有关单证，并应当符合下列要求：

1）输入动物、动物产品、植物种子、种苗及其他繁殖材料的，应当取得相应的检疫审批许可证和检疫证明。

2）因科研等特殊需要，输入禁止进境物的，应当取得海关总署签发的特许审批证明。

3）属于微生物、人体组织、生物制品、血液及其制品等特殊物品的，应当取得相关审批。

4）属于实施进口安全质量许可制度、出口质量许可制度和卫生注册登记制度管理的，应提供有关证明。

四、出入境邮寄物的报检

1. 邮寄物检验检疫范围

邮寄物检验检疫是指对通过国际邮政渠道（包括邮政部门、国际邮件快递公司和其他经营际邮件的单位）出入境的动植物、动植物产品和其他检疫物实施检验检疫。

邮寄物检验检疫的范围包括通过邮政寄递的下列物品：

（1）进境的动植物、动植物产品及其他检疫物。

（2）进出境的微生物、人体组织、生物制品、血液及其制品等特殊物品。

（3）来自疫区的、被检疫传染病污染的或者可能成为检疫传染病传播媒介的邮包。

（4）进境邮寄物所使用或携带的植物性包装物、铺垫材料。

（5）含属许可证制度管理或须加贴检验检疫标志方可入境的物品。

（6）其他法律法规、国际条约规定需要实施检疫的进出境邮寄物。

（7）可能引起生物恐怖的可疑进出境邮寄物。

2. 入境检疫申报

邮寄物入境后，邮政部门应及时通知海关实施现场检疫，并向海关提供入境邮寄物清单。

由国际邮件互换局直分到邮局营业厅的邮寄物，由邮局通知收件人在规定期限内到海关办理检疫手续。对须检疫审批的物品，收件人应向海关提供检疫审批的有关单证。

快递邮寄物，由快递公司、收件人或其代理人在规定期限内到海关办理检疫手续。

3. 出境检疫申报

出境邮寄物有下列情况之一的，寄件人须向所在地海关报检，由海关按照有关国家（地区）的检验检疫要求实施现场和实验室检疫：

（1）寄往与我国签订双边植物检疫协定等的国家（地区），或输入国（地区）有检疫要求。

（2）出境邮寄物中含有微生物、人体组织、生物制品、血液及其制品等特殊物品。

（3）寄件人有检疫需要。

五、出入境特殊物品报检

1. 报检范围

出入境特殊物品指微生物、人体组织、生物制品、血液及其制品等。

微生物是指病毒、细菌、真菌、放线菌、立克次氏体、螺旋体、衣原体、支原体等医学微生物菌（毒）种及样本，以及寄生虫、环保微生物菌剂。

人体组织是指人体细胞、细胞系、胚胎、器官、组织、骨髓、分泌物、排泄物等。

生物制品是指用于人类医学、生命科学相关领域的疫苗、抗毒素、诊断用试剂、细胞因子、酶及其制剂，以及毒素、抗原、变态反应原、抗体、抗原–抗体复合物、核酸、免疫调节剂、微生态制剂等生物活性制剂。

血液是指人类的全血、血浆成分和特殊血液成分。

血液制品是指各种人类血浆蛋白制品。

出入境特殊物品单位是指从事特殊物品生产、使用、销售、科研、医疗、检验、医药研发外包的法人或者其他组织。

2. 报检要求

入境特殊物品到达口岸后，货主或其代理人应当凭特殊物品审批单及其他材料向入境口岸海关报检。

出境特殊物品的货主或其代理人应当在出境前凭特殊物品审批单及其他材料向其所在地海关报检。

报检材料不齐全或者不符合法定形式的，海关不予入境或者出境。

Module 5

模块五

原产地证业务

职业素养 // 人类命运共同体

人类命运共同体旨在追求本国利益时兼顾他国合理关切，在谋求本国发展中促进各国共同发展。人类只有一个地球，各国共处一个世界，要倡导“人类命运共同体”意识。

原产地证用来证明货物的原产地，是货物的生产地或制造地的一种证明文件。随着国际贸易的不断深入，国际分工的逐步细化，国际贸易中的商品生产涉及越来越多的国家。国际贸易日益成为一个你中有我、我中有你的“人类命运共同体”。人类命运共同体的概念源自中华文明历经沧桑始终不变的“天下”情怀。从“以和为贵”“协和万邦”的和平思想，到“己所不欲，勿施于人”“四海之内皆兄弟”的处世之道，再到“计利当计天下利”“穷则独善其身，达则兼济天下”的价值判断。在原产地证作业中，我们既要维护本国的利益，也要站在人类命运共同体的新视角，寻求人类的共同利益和共同价值的新内涵，拓展新的合作空间。

原产地证又称原产地证书、原产地证明书，简称产地证，是证明货物的原产地（即货物的生产地或制造地）的一种证明文件。

在当代国际贸易活动中，原产地证书是进口国（地区）政府用以确定进口产品原产国家（地区）的主要文件依据。确定进口产品原产地的目的是进行进口限制、数量限制、关税区别待遇以及贸易统计等。办理原产地证书已成为我国出口贸易活动中的一项重要内容。

原产地证书

单元一 原产地证书的作用

原产地证书是进口国（地区）对进口货物确定关税待遇，进行贸易统计，实行数量限制和控制从特定国家（地区）进口的主要依据。

国际贸易中，货物的原产地也就是货物的原产国（地区）。可以形象地说，原产地证书是货物进入国际贸易领域的“经济国籍”和“护照”。出具原产地证书已成为国际贸易中的一个重要环节。

单元二 原产地证书的种类

一、优惠原产地证书

优惠原产地证书是根据相关国家的优惠原产地规则和有关要求，由出口受惠国官方机构出具的，具有法律效力的受惠国的出口产品在给惠国享受在最惠国税率基础上进一步减免进口关税的官方凭证，包括互惠原产地证书（如《亚太贸易协定》原产地证书、中国－东盟自贸区优惠原产地证书、中国－巴基斯坦自贸区优惠原产地证书，以及各类区域性经济集团互惠原产地证书等）和单向优惠原产地证书（如普惠制原产地证书、CEPA原产地证书等）。

二、非优惠原产地证书

非优惠原产地证书是证明货物原产于某一特定国家或地区，享受进口国正常关税（最惠国）待遇的证明文件，它的适用范围是：征收关税、贸易统计、保障措施、歧视性数量限制、反倾销和反补贴、原产地标记、政府采购等方面。

三、专用原产地证书

专用原产地证书是专门针对一些特殊行业的特殊产品，比如农产品、葡萄酒、烟草、奶酪制品、毛坯钻石等，根据进出口监管的特殊需要而产生的原产地证书。这些特殊行业的特殊产品应符合一定的原产地规则才能合法进出口，如“输欧盟农产品原产地证书”“托考伊葡萄酒原产地名称证书”“皇帝牌葡萄酒真实性证书”“奶酪品质证书”“烟草真实性证书”等。签证依据为我国政府与外国政府签订的双方的协议规定。

单元三 原产地规则

各国为了适应国际贸易的需要，并为执行本国关税及非关税方面的国别歧视性贸易措施，必须对进出口商品的原产地进行认定。为此，各国以本国立法形式制定出其鉴别货物“国籍”的标准，这就是原产地规则。世界贸易组织《原产地规则协议》将原产地规则定义为：一国（地区）为确定货物的原产地而实施的普遍适用的法律、法规和行政决定。原产地规则的内容一般包括原产地标准和书面证明。

单元四 各类原产地证书的签发要点

一、非优惠原产地证书（C/O）

非优惠原产地证书（Certificate of Origin，C/O），又称一般原产地证书或普通原产地证书，是证明货物原产于某一特定国家或地区，享受进口国正常关税（最惠国）待遇的证明文件，是用以证明有关出口货物和制造地的一种证明文件，是货物在国际贸易行为中的“原籍”证书。在特定情况下进口国（地区）据此对进口货物给予不同的关税待遇。

1. 非优惠原产地证书的适用范围

征收关税、贸易统计、歧视性数量限制、反倾销和反补贴、原产地标记、政府采购等方面。

2. 非优惠原产地证书的作用

在国际贸易中，世界各国和地区根据各自的对外贸易政策，普遍实行进口贸易管制，对进口商品实施差别关税和数量限制，并由海关执行统计。进口国方要求出口国方出具货物的原产地证明，已成为国际惯例，因此非优惠原产地证书是进行国际贸易的一项重要证明文件，归纳起来，具有以下几方面的作用：

（1）是确定产品关税待遇，提高市场竞争力的重要工具。

（2）证明商品内在品质，提高商品竞争力。

（3）各国海关都承担对进出口货物进行统计的职责，原产地证书则是海关对进口货物进行统计的重要依据。

（4）是实施进口数量控制、反倾销、反补贴等外贸管理措施的依据。

（5）是控制从特定国家（地区）进口货物，确定准予放行与否的依据。

3. 非优惠原产地证书的签发机构

非优惠原产地证书可以分为两种，一种是由中国国际贸易促进委员会（CCPIT）签发，另外一种是由中国海关总署签发。其中CCPIT是可以代表中国国际商会的机构，所以国外进口商要求出口方出具由中国国际商会签发的非优惠原产地证书时，可以去贸促会加盖“CCPIT代表中国国际商会”的章。

4. 非优惠原产地证书的申请与签发

申请人应当于货物出运前向申请人所在地、货物生产地或者出境口岸的签证机构申请办理原产地证书签证。申请人在初次申请办理原产地证书时，向所在地签证机构提供下列材料：

（1）填制真实准确的“中华人民共和国非优惠原产地证书申请企业备案表”。

（2）“原产地证书申报员授权书”及申报人员相关信息。

（3）原产地标记样式。

（4）“中华人民共和国非优惠原产地证书申请书”。

（5）按规定填制的“中华人民共和国非优惠原产地证书”。

（6）出口货物商业发票。

（7）申请签证的货物属于异地生产的，应当提交货源地签证机构出具的异地货物原产地调查结果。

（8）对含有两个以上国家（地区）参与生产或者签证机构需核实原产地真实性的货物，申请人应当提交“产品成本明细单”。

以电子方式申请原产地证书的，还应当提交“原产地证书电子签证申请表”和“原产地证书电子签证保证书”。

签证机构应当在受理签证申请之日起2个工作日内完成审核，审核合格予以签证（调查核实所需时间不计入在内）。一批货物一般只能申领一份原产地证书，申请人对于同一批货物不得重复申请原产地证书。原产地证书为正本一份、副本三份。其中正本和两份副本交申请人，另一份副本及随附资料由签证机构存档3年。原产地证书自签发之日起有效期为1年。更改、重发证书的有效期同原发证书。

5. 原产地调查

签证机构根据需要可以对申请原产地证书的货物实行签证调查，并填写“原产地调查记录”。应进口国家（地区）有关机构的请求，签证机构应当对出口货物的原产地情况进行核查，并在收到查询函后3个月内将核查情况反馈进口国家（地区）有关机构。被调查人应当配合调查工作，及时提供有关资料。此外，国家对出口货物原产地标记实施管理。

二、普惠制原产地证书（FORM A）

普惠制原产地证书是具有法律效力的、对我国出口产品在给惠国税率基础上进一步减免进口关税的官方凭证。

目前，全世界一共有41个给惠国，除美国外，其余40国给予我国普惠制待遇，包括欧盟27国（比利时、丹麦、德国、法国、爱尔兰、意大利、卢森堡、荷兰、希腊、葡萄牙、西班牙、奥地利、芬兰、瑞典、波兰、捷克、斯洛伐克、拉脱维亚、爱沙尼亚、立陶宛、匈牙利、马耳他、塞浦路斯、斯洛文尼亚、保加利亚、罗马尼亚、克罗地亚）、英国、挪威、瑞士、新西兰、列支敦士登、土耳其、俄罗斯、白俄罗斯、乌克兰、哈萨克斯坦、日本、加拿大和澳大利亚。“普遍优惠制原产地证明（申报与证明联合）格式A”[Generalized System of Preferences Certificate of Origin (Combined Declaration and Certificate) FORM A]简称FORM A证书，是受惠国的原产品出口到给惠国时享受普惠制减免关税待遇的官方凭证，适用于一切有资格享受普惠制待遇的产品。现在所有给惠国都接受FORM A证书，它相当于一种有价证券，因而，联合国贸易和发展会议优惠问题特别委员会规定，其正本必须印有绿色纽索图案底纹，以便识别伪造与涂改，尺寸为297毫米×210毫米，使用文种为英文或法文。签证机构必须是受惠国政府指定的，其名称、地址、印鉴都要在给惠国注册登记，在联合国贸发会秘书处备案。

在我国，普惠制原产地证书的签证工作由海关部门负责统一管理，设在各地的直属海关部门是我国政府授权的唯一的普惠制原产地证书（FORM A）的签发机构。

1. 普惠制原产地规则

原产地规则是普惠制的核心组成部分，规定了受惠国出口到给惠国的产品享受普惠待遇的必备条件。原产地规则是衡量受惠国出口产品是否取得了原产地资格，能否享受优惠关税待遇的标准。它既确保了发展中国家的产品利用普惠制扩大出口，又防止了非受惠国的产品利用普惠制谋取利益、扰乱普惠制目标的实现，干扰正常国际贸易活动。

各国给惠方案中的原产地规则虽然各有不同特色，但都包括三个基本内容：原产地标准、直运规则、书面证明。

（1）原产地标准。这是对原产品概念所下的定义。在对原产品进行确认时，可分为以下两种情况：

1）完全原产产品。完全原产产品是指完全使用受惠国的原料、零部件生产或制造的产品，完全原产产品的定义非常严格，规定详细具体，凡是有一点进口或来源不明的原料、零部件的产品，都不能作为完全原产产品。

2）含有进口成分但经过充分加工、制造有了实质性改变的产品。含有进口成分的产品是全部或部分使用进口原料和零部件（包括来源地区不明的原料和零部件）制成的产品。按照原产地标准的规定，这些产品只有在经过了充分的加工、制造，有了实质性改变之后，才被认为符合原产地标准，具有了原产产品资格，可以享受普惠制待遇。为了判断含有进口成分的产品是否经过了充分的加工制造，是否有了实质性的变化，各给惠国分别使用“加工标准”和“百分比标准”进行判断。

（2）直运规则。根据给惠国的规定，受惠国的进口商品不但要原产于受惠国，还要求直接运往给惠国，以确保运抵给惠国的产品就是出口受惠国发出的原产产品，而未在途中经过第三国时受到任何再加工或改造。

直运原则是原产地规则的三项主要内容之一，直运原则尽管与产品生产加工的原产地无直接关系，但却是保证原产产品资格的一个重要条件。

（3）书面证明。凡受惠国要求享有普惠制待遇的出口商品，必须持有能证明其原产地资格的原产地证明书和符合直运规则的证明文件，提交给惠国海关当局审查通过。有关直运规则的文件要求也如上述，而最重要的书面文件是普惠制原产地证书。FORM A证书由出口商的声明和官方机构的证明两部分组成，共同构成了原产地证书的整体质量，具有其信誉与权威性。原产地证书是取得普惠制待遇的关键文件证明，而取得普惠制待遇后，通过减免关税、促进销售，能给出口商、进口商及有关方面带来可观的经济效益。在这个意义上，原产地证书相当于有价证券，有着重要的经济价值。

2. 普惠制原产地证书"原产地标准"的填制

（1）货物完全获得或生产，不含任何非原产成分的，出口到所有给惠国，填写"P"。

（2）含非原产成分的货物，但符合原产地标准，输往下列国家时，填写如下：

1）欧盟、挪威、土耳其：填写"W"，其后填写出口货物的四位数税则号，如"W96.18"；属于给惠国成分的进口原料部分可视作本国原料，故如果完全采用给惠国成分和本国成分，则该货物的原产地标准填写"P"。

2）加拿大：非原产成分的价值未超过货物出厂价的40%，填写"F"。

3）俄罗斯、白俄罗斯、乌克兰、哈萨克斯坦：非原产成分不得超过货物离岸价的50%，填写"Y"，并标注非原产成分价值占该货物离岸价格的百分比，如"Y48%"。由一个或多个受惠国制造或加工，并最终在一个受惠国完成的货物，填写"PK"。

4）澳大利亚、新西兰：本国原料和劳务不低于货物出厂成本的50%，此栏可以留空。

3. 普惠制原产地证书的申请与签发

从受惠国进口的货物在进口国海关报关时，要取得给惠国海关的关税减免的优惠待遇，货物进口商必须向海关提交出口受惠国官方当局或授权机构签发的普惠制原产地证书FORM A、货物的直运提单等有关资料，方可享受普惠制待遇，申领普惠制原产地证书注册和申请要求如下：

（1）申请办理普惠制原产地证书的单位：

1）有进出口经营权的国内企业。

2）中外合资、中外合作和外商独资企业。

3）国外企业、商社常驻中国代表机构。

4）对外承接来料加工、来图来样加工、来件装配和补偿贸易业务的企业。

5）经营旅游商品的销售部门。

6）参加国际经济文化交流活动需出售展品、样品等的有关单位。

凡申请办理普惠制原产地证书的单位，必须预先在当地海关办理注册登记手续。申请单位的印章和证书手签人员必须在注册的同时进行登记，手签人员应是申请单位的法人代表并应保持相对稳定，如有变动，应及时申报。

（2）申请普惠制原产地证书。申请签证时，须向当地商检机构提交“普惠制产地证书申请书”，填制正确清楚的普惠制产地证书和出口商品的商业发票副本，含有进口成分的产品，还必须提交“含进口成分受惠商品成本明细单”，以及海关认为有必要提供的其他有关单证，并如实解答海关提出的有关问题。对首次申请签证的单位，海关将派员到生产现场作例行调查。对非首次申请签证的单位，海关对申报内容有疑问，或认为有必要时，也可派员对产品的生产企业进行抽查。

4. 一些特殊情况的申请

（1）申请办理“证书补发”。若未能及时在货物出运前或出运时申请证书，申请人可申请补发证书。补发证书申请日期和签证日期应为实际申请和签证日期。原产地签证管理系统在证书第4栏自动标注“ISSUED RETROSPECTIVELY”字样。

（2）申请办理“重发证书”。申请人原证书被盗、遗失或损毁的，可在证书有效期内向原签证机构申请重发证书。申请重发证书时，申请人应详细填写更改/重发申请书。证书申请日期和签证日期应为实际申请和签证日期。除申请日期及签证日期外，证书其他各栏目应与原证书保持一致。原产地签证管理系统在重发证书第4栏自动标注“DUPLICATE”及“THIS CERTIFICATE IS IN REPLACEMENT OF CERTIFICATE OF ORIGIN NO. ___ DATED ___ WHICH IS CANCELLED”字样。

（3）申请更改证书。申请人证书内容需更改的，可在证书有效期内向原签证机构申请更改证书。申请人应退回原证书，详细填写并提交更改/重发申请书。除申请更改的栏目、申请日期和签证日期为更改内容和实际日期外，更改证书其他各栏目应与原证书保持一致。签证人员签发更改证书后，收回并作废原证书。

（4）证书的有效期。输往欧盟成员国、土耳其的，证书有效期为签发之日起10个月；输往俄罗斯、乌克兰、白俄罗斯、哈萨克斯坦的，证书有效期为签发之日起1年；输往加拿大的，证书有效期为进口之日起2年，其他无具体规定。

三、区域性优惠原产地证书

（一）中国-东盟自由贸易区优惠原产地证书（FORM E）

中国-东盟自由贸易区优惠原产地证书简称FORM E证书。自2004年1月1日起，凡出口到东盟的农产品凭借海关部门签发的FORM E证书可以享受关税优惠待遇。

2005年7月20日起，7 000多种正常产品开始全面降税。中国和东盟其中六个成员国（文莱、印度尼西亚、马来西亚、菲律宾、新加坡和泰国）到2005年7月，40%税目的关税降到0～5%；2007年1月，60%税目的关税降到0～5%；2010年1月1日将关税最终削减为零。老挝、缅甸至2009年1月、柬埔寨至2012年1月，50%税目的关税降到0～5%；2013年40%税目的关税降到零。越南至2010年，50%税目的关税降到0～5%。2015年老挝、缅甸、柬埔寨、越南将关税降为零。现有的中国-东盟自贸区零关税已覆盖双方90%～95%税目的产品，货物贸易自由化水平很高。

中国自2009年开始即保持东盟第一大贸易伙伴地位。根据东盟方统计，2019年双边货物贸易额5 079亿美元（占东盟贸易总额的18%），相比2010年的2 355亿美元增长1倍多，约为2005年货物贸易协议生效时的4倍。

可以签发FORM E证书的国家有文莱、柬埔寨、印度尼西亚、老挝、马来西亚、缅甸、菲律宾、新加坡、泰国、越南。

2019年8月20日，《中华人民共和国与东南亚国家联盟关于修订〈中国-东盟全面经济合作框架协议〉及项下部分协议的议定书》正式生效，新版中国-东盟原产地证书（FORM E）也于同日开签。

新版FORM E证书对原产地规则和原产地证书格式进行了大幅调整，升级变化主要体现在：就我国而言，如果需要授权其他代理商代表其出口，我国制造商可以直接申请原产地证书；FORM E证书不再受20项的数量限制，无须拆分发票号即可申报杂项多的货物；对原产地规则进一步细化，将证书第8栏原产地标准的选项变成了5个。

1.《中国-东盟全面经济合作框架协议》项下原产货物，应符合下列条件之一

（1）在中国或者一个东盟成员国完全获得或者生产的。

（2）在中国或者一个东盟成员国完全使用符合本办法规定的原产材料生产的。

（3）在中国或者一个东盟成员国非完全获得或者生产的：

1）属于适用范围，并且符合相应的税则归类改变、区域价值成分、制造加工工序或者其他规定的。

2）不属于适用范围，但是满足以下条件之一：

①用规定公式计算的区域价值成分不少于货物离岸价格的40%。

②《中华人民共和国进出口税则》第25、26、28、29（29.01、29.02除外）、31（31.05除外）、39（39.01、39.02、39.03、39.07、39.08除外）、42～49、57～59、61、62、64、66～71、73～83、86、88、91～97章项下货物，非原产材料制造或者加工后，发生了4位级税则归类改变。

东盟成员国原产货物，最后生产工序在该东盟成员国境内完成并且自该成员国直接运输至我国境内的，可以适用《中国-东盟全面经济合作框架协议》的协定税率。

2. FORM E证书“原产地标准”的填制

1）完全获得的，填写“WO”。

2）在一方境内由取得原产资格的材料生产的，填写“PE”。

3）由非原产材料生产：

①符合区域价值成分标准的，即单一国家成分或中国–东盟自贸区累计成分大于等于产品离岸价40%的，应填写增值的百分比，例如“40%”（同时第9栏需加注货物FOB值）。

②符合税则归类改变标准的，填写“CTH”。

4）符合特定产品规则的：

①列入特定原产地规则清单，但采用完全获得原产地规则的，填写“WO”。

②列入特定原产地规则清单，但采用区域价值成分原产地规则的，填写“PSR”（同时第9栏需加注货物FOB值）。

③列入特定原产地规则清单，但采用除以上两种原产地规则外的，填写“PSR”。

3. FORM E证书的申请与签发

（1）受惠产品的制造商或出口商，应要求相关签证机构对产品的原产地资格进行出口前核查。

（2）在办理出口受惠产品签证手续时，出口商或其授权代表应提交申请签发FORM E证书，并随附有关证明产品原产地资格的证明文件。

（3）海关部门根据出口商的申请，并经过出口前检查后，根据《中国–东盟自由贸易区原产地规则》签发原产地证书。

（4）证书的正本和第二副本应由出口商提供给进口商以供其在进口国海关通关使用。第一副本应由出口成员国签发机构存档。第三副本应由出口商留存。当进口国海关对收到的FORM E证书产生怀疑时，将FORM E证书第二副本退给签证机构作为核查的需要。

（5）在特殊情况下，因无意的失误或其他合理的原因造成未在产品出口时或出口后立刻签发原产地证书，签证机构可在产品出运后1年的期限内补发原产地证书。

（6）在原产地证书被盗窃、丢失或损毁时，出口商可以向签证机构申请签发原产地证书正本和第二副本的重本证书。重本证书应在原证书签发之日起1年内及出口商向签证机构提供原证书第三副本的情况下签发。

4. FORM E证书的提交

（1）在办理进口产品通关时，进口商应向进口国海关当局提交FORM E证书正本和第二副本。一般要求FORM E证书必须在出口国有关签证机构签发之日起4个月内向进口国海关当局提交；当受惠产品经过非东盟成员国一国或多国的国境时，上述期限可延长至6个月。

（2）对于经过非成员国境内运输的货物，除了需要向进口成员国海关提交出口成员国签证机构签发的FORM E证书之外，还需要提交在出口成员国签发的联运提单、货物的原始商业发票以及有关证明文件。

（3）经中国香港、澳门地区转口至各成员国的货物，无联运提单的，在获得海关部门签发的 FORM E 证书后，申请人需持上述证书及有关单证，向香港、澳门中国检验有限公司申请办理“未再加工证明”。

（二）中国-智利自由贸易区优惠原产地证书（FORM F）

中国-智利自由贸易区优惠原产地证书简称 FORM F 证书。2006 年 10 月 1 日起，中国与拉美国家签署的第一个自由贸易协定——《中国-智利自由贸易协定》开始正式实施后，中国近 6 000 种输往智利的产品可凭海关部门签发的 FORM F 证书享受零关税优惠。2019 年 3 月 1 日起，《中国-智利自由贸易协定》修订版正式生效，中方在 3 年内对智方逐步取消部分木制品关税，智方对中方立即取消纺织服装、家电、蔗糖等产品关税。

1. 《中国-智利自由贸易区原产地规则》中与我国企业有关的规定

（1）对原产货物的定义，规定能享受优惠待遇的产品包括：完全获得产品；完全在自贸区内仅用已获得原产资格的材料生产的原产品；含有非原产成分的原产品。

（2）对完全获得的原产品的定义。

（3）区域价值成分的计算方法。

（4）关于产品特定原产地规则的规定。

（5）关于“累积规则”的规定。

（6）关于“微小含量”的规定。

（7）关于“直接运输”的规定等。

2. FORM F 证书“原产地标准”的填制

（1）货物根据《中华人民共和国-智利共和国政府关于修订〈自由贸易协定〉及〈自由贸易协定关于服务贸易的补充协定〉的议定书》（以下简称《议定书》）第二章四条（完全获得货物）或附件 2-A（产品原产地特定规则）的规定，在一缔约方境内完全获得或生产的，填写“WO”。

（2）货物在一缔约方境内仅使用符合《议定书》第二章（原产地规则）所规定的原产材料生产的，填写“WP”。

（3）货物在一缔约方境内使用了非原产材料生产，其区域价值成分不少于 40%，且满足《议定书》第二章（原产地规则）及附件 2-A（产品特定原产地规则）其他相关规定的，填写“RVC”。

（4）货物在一缔约方境内使用了符合《议定书》附件 2-A（产品特定原产地规则）的非原产材料生产，且满足第二章（原产地规则）相关要求的，填写“PSR”。

3. FORM F 证书的申请与签发

海关部门根据出口商的申请，并经过出口前检查后，根据《中国-智利自由贸易区原产地规则》在货物出口前或出口后30日内签发FORM F证书。FORM F证书必须以英文填具并署名，可包括一项或多项同一批次进口的货物。

4. FORM F证书的提交

（1）享受优惠关税待遇的原产货物，在进口时应当向进口方海关提交FORM F证书的正本。

（2）如果符合原产地标准的货物在进口到一缔约方境内时无法提供本协定规定的FORM F证书，进口方海关可以视情况对该货物征收适用的普通关税或保证金。在这种情况下，进口商可以在货物进口之日起，在关税征收1年内或保证金收取3个月内，申请退还由于该货物未能享受优惠关税待遇而多付的关税或保证金，但需提交：关于货物符合原产资格的进口声明；在出口前或出口后30日内签发的FORM F证书正本；以及进口方海关要求提供的与货物进口相关的其他文件。

（3）原产地证书自出口方签发之日起1年内有效，FORM F证书的正本必须在上述期限内向进口方海关提交。

（4）《中国-智利自由贸易协定》规定优惠关税待遇货物应当是在缔约双方之间直接运输的货物。

当原产货物经非缔约方转运时，不论是否换装运输工具，该货物进入非缔约方停留时间最长不超过3个月。入关时应当向进口方海关提交非缔约方海关文件或任何能满足进口方海关要求的其他文件加以证明。

（5）经中国香港、澳门地区转口至巴基斯坦的货物，无联运提单的，在获得海关部门签发的FORM F证明书后，申请人需持上述证书及有关单证，向香港、澳门中国检验有限公司申请办理“未再加工证明”。

（三）中国-巴基斯坦自由贸易区优惠原产地证书（FORM P）

中国-巴基斯坦自由贸易区优惠原产地证书简称FORM P证书。2006年1月1日起，双方先期实施降税的3 000多个税目产品，分类实施零关税和优惠关税。原产于中国的486个8位零关税税目产品的关税在2年内分3次逐步下降，2008年1月1日全部降为零。2020年1月1日起，《中国-巴基斯坦自由贸易协定》第二阶段的关税减让措施开始实施，中巴两国相互实施零关税产品的税目数比例从此前的35%逐步增加至75%，货物贸易自由化水平进一步提高。

1. 《中国-巴基斯坦自由贸易区原产地规则》中与我国企业有关的规定

（1）原产地标准，规定能享受优惠待遇的产品分为完全获得产品和非完全获得的原产品。

（2）对完全获得的原产品的定义。

（3）对非完全获得的原产品中的大多数普通产品规定的百分比标准，即非原产成分不超过产品离岸价的60%，并对某些术语做了定义。

（4）关于原产地累计的规定。

（5）特定产品的原产地标准。

（6）最小的操作和加工，规定了不能赋予产品原产资格的加工种类。

（7）关于直接运输的规定。

（8）关于产地证明的规定。

2. FORM P证书“原产地标准”的填制

（1）货物根据《中国-巴基斯坦自由贸易协定》（以下简称《协定》）原产地规则，在出口方境内完全获得或生产的，填写“P”。

（2）货物采用了非原产于中国、巴基斯坦或无法确定原产地的原材料生产，符合《协定》第十五条（非完全获得或生产的产品）规定，原产于缔约一方的成分在货物中不少于40%，且最后生产加工工序在出口方完成的，填写单一国家成分百分比，例如“40%”。

（3）货物采用了非原产于中国、巴基斯坦或无法确定原产地的原材料生产，符合《协定》第十六条（累积规则）规定，中国巴基斯坦累积成分在货物中不少于40%，且最后生产加工工序在出口方完成的，填写累积成分百分比，例如“40%”。

（4）货物符合《协定》原产地规则产品特定原产地标准的，填写“PSR”。（注：目前《协定》尚无产品特定原产地规则。）

3. FORM P证书的申请与签发

（1）符合享受优惠待遇条件的货物，其出口商应向政府机构提出货物出口前原产地预调查的申请。

（2）出口商或其代理人在办理享受优惠待遇货物出口手续时，应提交FORM P证书的申请，并随附相关证明文件，证明待出口货物符合FORM P证书签发要求。

（3）海关部门根据出口商的申请，并经过出口前检查后，根据《中国-巴基斯坦自由贸易区原产地规则》在货物出口前、出口时或出口后15日内签发原产地证书。

（4）在特殊情况下，如由于非主观故意的差错、疏忽或其他合理原因没有在货物出口前、出口时或出口后立即签发FORM P证书，原产地证书可以在货物装运之日起1年内补发。

（5）如FORM P证书被盗、遗失或损毁，出口商可以向原政府签证机构申请签发原证正本及第二副本的经证实的真实复制本，复制本可依据签证机构存档的有关出口文件签发。该复制本应注明原证正本的签发日期。

FORM P证书的经证实的真实复制本应在出口商向原签证机构提供了原证第二副本的情况下，并在其正本签发之日起1年之内方可补发。

4. FORM P 证书的提交

（1）进口商应在向进口成员国的海关申报货物进口时，主动向海关申明要求享受优惠待遇，并在有关货物进境报关时向海关提交 FORM P 证书的正本。FORM P 证书应在出口成员国政府机构签证之日起 6 个月之内向进口成员国的海关提交；如货物按照《中国-巴基斯坦自由贸易区原产地规则》中的规定经过一个或多个非成员国境内，FORM P 证书提交期限延长至 8 个月。

（2）对于经过非成员国境内运输的货物，除了需要向进口成员国海关提交出口成员国签证机构签发的 FORM P 证书之外，还需要提交在出口成员国签发的联运提单、货物的原始商业发票以及有关证明文件。

（3）经我国香港、澳门地区转口至巴基斯坦的货物，无联运提单的，在获得海关部门签发的 FORM P 证书后，申请人需持上述证书及有关单证，向香港、澳门中国检验有限公司申请办理“未再加工证明”。

（四）《亚洲-太平洋贸易协定》优惠原产地证书（FORM B）

《亚洲-太平洋贸易协定》优惠原产地证书（简称 FORM B 证书）是我国参加的第一个优惠贸易安排，也是我国目前唯一涵盖东亚、南亚地区并在实施的优惠贸易协定。作为《亚洲-太平洋贸易协定》第四轮关税减让成果文件，《〈亚洲-太平洋贸易协定〉第二修正案》于 2018 年 7 月 1 日正式生效实施。据此，中国、印度、韩国、斯里兰卡、孟加拉国和老挝六个成员国对共计 10 312 个税目的产品削减关税，平均降税幅度为 33%。

1. 《亚洲-太平洋贸易协定》原产地规则中与我国企业有关的规定

（1）规定能享受关税减让优惠待遇的产品分为完全获得产品和非完全获得的原产品。

（2）对完全获得的原产品的定义。

（3）对非完全获得的原产品的标准，规定：在一出口参加国境内最终制得或加工的产品，其来自非参加国或不明原产地的原材料、零件或制品的总价值不超过该产品 FOB 价的 55%，按照协定项下部门 / 行业协议框架进行贸易的产品，可制定适用的特殊标准。

（4）关于原产地累计的规定：在运用原产地累积规则的情况下，累积的原产成分的价值不得少于产品离岸价的 60%。

（5）关于直接运输的规定。

（6）关于如何确定包装材料原产资格的规定。

（7）关于原产地证明的规定。

2. FORM B 证书“原产地标准”的填制

（1）货物根据《亚洲-太平洋贸易协定》（以下简称《协定》）原产地规则第二条（完

全生产或获得的产品），在一出口成员国完全获得或生产的，填写字母“A”。

（2）货物在一出口成员国境内最终制得或加工，其使用的来自非成员国或不明原产地的原材料、零件或制品的总价值不超过该产品FOB价的55%，符合《协定》原产地规则第三条（非完全生产或获得的产品）的，填写字母“B”并注明原产于非成员国或原产地不明的材料、部件或产品的总价值占出口产品FOB价的百分比，例如“B40%”。

（3）货物在一出口成员国境内最终制得或加工，最终产品中成员国成分合计不低于其FOB价的60%，符合《协定》原产地规则第四条（原产地累积标准）的，填写“C”并注明原产于成员国领土内的累积成分的总价值与出口产品FOB价的百分比，例如“C60%”。

（4）货物满足《协定》项下部门协议原产地规则的，填写字母“E”+原产地标准，例如“ECTH”。

《协定》原产地规则清单内的非完全原产产品，依次适用清单表格第三列原产地标准及原产地规则第三条（一）的规定，若产品不能满足清单表格第三列原产地标准，再适用第三条（一）的规定。

3. FORM B证书的签发

只要根据《亚洲-太平洋贸易协定》项下原产地规则，待出口产品可视为该出口成员国原产，出口成员国的签证机构即应在出口时或者装运后3个工作日内，以手工或者电子形式签发FORM B证书。FORM B证书自签发之日起1年内有效。

如果FORM B证书被盗、遗失或毁坏，出口商可以向原签证机构申请经证实的原证书正本的真实复制本。经证实的FORM B证书真实复制本应在其正本的有效期内签发。

4. FORM B证书的提交

有关产品申报进口时，应向海关当局提交FORM B证书正本，以享受优惠待遇；FORM B证书应在其有效期内向进口国海关当局提交；如果因不可抗力或者出口商无法控制的其他合理原因致使不能按期提交FORM B证书，有关进口国海关当局仍应接受逾期提交的FORM B证书。

对于经过非成员国境内运输的货物，除了需要向进口成员国海关提交出口成员国签证机构签发的FORM B证书之外，还需要提交在出口成员国签发的联运提单、货物的原始商业发票以及有关证明文件。

单元五　原产地企业备案及证书申办流程

自2019年10月15日起，在全国范围内推广对外贸易经营者备案和原产地企业备案“两证合一”改革工作。“两证合一”采取商务部门负责备案、采集和推送信息，海关、贸促机构接收导入备案信息的业务流程模式，实现对外贸易经营者备案和原产地企业备案“一次受理、一次备案、一次发证”。办理对外贸易经营者备案的企业同时完成了原产地企业备案。商务部对外贸易经营者备案登记应用与海关总署、中国国际贸易促进委员会（以下简称贸促会）原产地管理系统对接，实现部门间系统互联互通、数据交换和信息共享，在“总对总”层面实行备案信息自动推送、导入、转换。企业在办理对外贸易经营者新备案或变更备案后，可根据进出口货物原产地管理相关规定，直接向海关、贸促会及其地方机构申请原产地证书，不再进行原产地企业备案。

“两证合一”前已申领原产地证书的企业，证书申领方式和流程保持不变；“两证合一”前已办理对外贸易经营者备案、且未进行原产地企业备案的企业，可直接申领原产地证书；不办理对外贸易经营者备案的生产型企业，可向海关或贸促会备案并申领原产地证书。

一、企业备案流程

1. 登录申请网站

登录“互联网＋海关”一体化网上办事平台（http://online.customs.gov.cn），单击“税费业务”模块，单击“原产地企业备案”。（注：如果企业没有电子口岸卡或没有注册“互联网＋海关”，需在“互联网＋海关”注册后，凭注册账号、密码登录。）

2. 填写申请信息

进入原产地综合服务平台（ocr.customs.gov.cn:8080）后，单击“备案申请”，填写备案信息、提交营业执照、企业公章印模、对外贸易经营者备案登记表或进出口经营权证明文件、企业中英文签证章印模原件扫描件等电子资料。

3. 接收审核回执

提交的备案信息、电子资料经审核无误的，系统提示审核成功，并将备案号反馈给企业。提交的备案信息、电子资料经审核有误的，系统会将错误信息反馈给企业，企业需根据情况进行修改后重新提交。

4. 特别说明

自 2019 年 10 月 15 日起，在各地商务部门办理对外贸易经营者备案的企业，可同时完成原产地企业备案并自动获得原产地证书申领资质，无须再重复通过该渠道进行备案。

企业备案流程如图 5-1 所示。

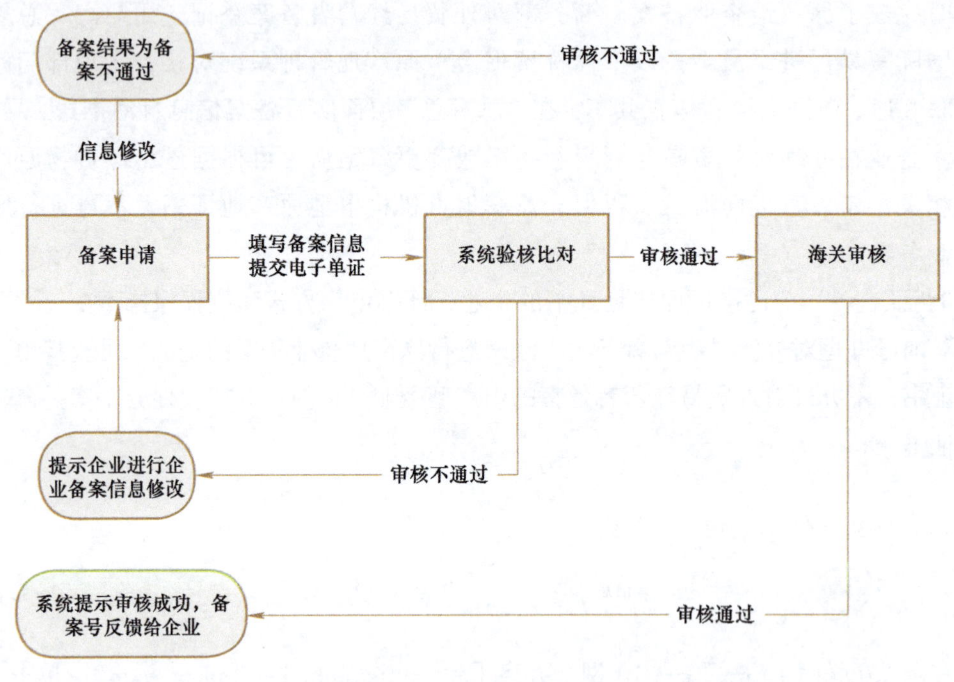

图 5-1 企业备案流程

二、原产地证书申办流程

1. 登录申请网站

登录“互联网 + 海关”一体化网上办事平台（http://online.customs.gov.cn），单击“税费业务”模块，在“原产地管理”项下单击“更多”，在新弹出的窗口中单击“原产地证书签发”。

2. 填写申请信息

进入国际贸易单一窗口标准版后，单击打开“新建证书”菜单，选择要申请的原产地证书，录入“基本信息”和“货物信息”后，单击“申报”按钮。其中，带有黄色底纹的字段为必填项，不填写无法完成申报。

3. 接收审核回执

单击“证书查询”界面查看单据状态，查看海关审核回执。提交的申请信息经审核无误的，系统提示审核成功；提交的申请信息经审核有误的，系统会将错误信息反馈给企业，企业需根据情况进行修改后重新提交。

4. 打印

在“查询结果列表”中勾选一条记录，单击界面中“打印”按钮。可选择打印申请书、打印发票、打印认证凭条。

5. 自助打印

企业可通过国际贸易“单一窗口”（https://www.singlewindow.cn）自行打印海关审核通过的版式化原产地证书。具体流程如图 5-2 所示。

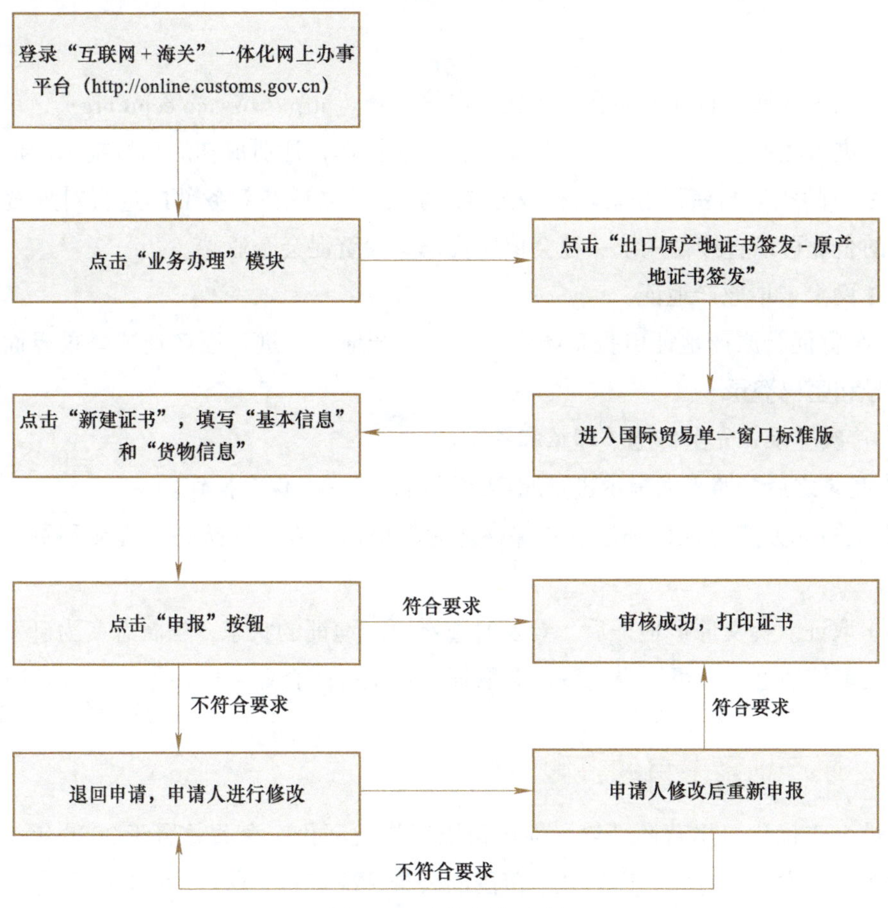

图 5-2　自助打印流程

三、“两证合一”实施后贸促会原产地证书申办流程

1. 企业注册基本条件

（1）在中华人民共和国境内合法注册成立。

（2）具备进出口经营资质。

2. 企业注册应提交至贸促会的材料

（1）完整准确填写的“申请原产地证书注册登记表”。

（2）合法有效的企业法人营业执照复印件（经过年审），并加盖公章。

（3）“对外贸易经营者出口备案登记表”或“中华人民共和国外商投资企业批准证书”或“中华人民共和国台港澳侨投资企业批准证书”或“保税区企业开展国际贸易批准文件”复印件，并加盖公章。

（4）“中华人民共和国海关报关企业报关注册登记证书”或“中华人民共和国海关进出口货物收发货人报关注册登记证书”复印件，并加盖公章。

（5）原产地证自助打印企业承诺书及申请核准信息表，并加盖公章。

3. 用户注册、获取账号信息

（1）网上注册。打开贸促会原产地证申报系统（http://www.co.ccpit.org），单击“原产地证”进入注册登录界面，按照步骤进行注册操作，注册成功后请按提示激活，使用注册时填写的账号与密码登录。2019年10月15日之后在商务部门进行对外贸易经营者备案的企业可以直接输入统一社会信用代码登录贸促会企业端。

（2）网上申请原产地证。

1）在贸促会原产地证申报系统中单击“原产地证”进入原产地证登录界面，输入登录账号和密码登录。

2）首次登录，先上传电子印章和签字。

3）登录之后按照界面提示进行原产地证信息录入、保存操作。

4）填写完原产地证详细信息并保存之后，单击“发送”按钮，提交到贸促会，等待审核。

（3）取证。提交原产地证后，要及时查看原产地证的状态，当状态变为已发证，标志贸促会审核通过，即可到当地贸促会取证，自主打印企业可以在本单位打印证书。

四、原产地证书自助打印

为进一步优化口岸营商环境，促进跨境贸易便利化，海关总署于2020年5月7日对外发布了扩大自助打印原产地证书范围的公告，决定自2020年5月11日起，输印度尼西亚和新加坡的《中华人民共和国与东南亚国家联盟全面经济合作框架协议》项下原产地证书以及输印度的《亚洲－太平洋贸易协定》项下原产地证书可进行自助打印。

1. 原产地证书自助打印的方式

原产地证书申请人或其代理人（以下简称申请人）通过国际贸易“单一窗口”（https://www.singlewindow.cn）或“互联网＋海关”一体化网上办事平台（http://online.customs.gov.cn），用A4纸自行打印海关审核通过的原产地证。

2. 原产地证书可进行自助打印的范围

扩大范围后，如下原产地证可进行自助打印：

（1）中国–东盟自贸区优惠原产地证书（输印度尼西亚、新加坡）。

（2）《亚洲–太平洋贸易协定》优惠原产地证书（输韩国、印度）。

（3）中国–澳大利亚自贸区优惠原产地证书。

（4）中国–新西兰自贸区优惠原产地证书。

（5）中国–巴基斯坦自贸区优惠原产地证书。

（6）中国–智利自贸区优惠原产地证书。

（7）中国–瑞士自贸区优惠原产地证书。

（8）中国–冰岛自贸区优惠原产地证书。

（9）中国–格鲁吉亚自贸区优惠原产地证书。

（10）中国–新加坡自贸区优惠原产地证书。

（11）中国–韩国自贸区优惠原产地证书。

（12）海峡两岸经济合作框架协议原产地证书。

（13）非优惠原产地证书。

（14）烟草真实性证书。

（15）转口证明书。

（16）加工装配证书。

3. 自助打印证书的法律效力

自助打印的证书含有海关原产地证书签证印章和签证人员签名，与用空白单证套打后签发的证书具有同等效力。

参考文献

[1] 中国报关协会．关务基础知识 [M]．北京：中国海关出版社，2020．

[2] 中国报关协会．关务基本技能 [M]．北京：中国海关出版社，2020．

[3] 中国海关报关专业教材编写组．中国海关报关专业教材 [M]．北京：中国海关出版社，2020．

[4] 海关总署关税征管司．进出口税则商品及品目注释 [M]．北京：中国海关出版社，2017．

[5] 海关总署．海关总署关于修改部分规章的决定：海关总署第 238 号令 [A/OL]. (2018-04-28)[2020-12-21]. http://www.customs.gov.cn/customs/302249/302266/302268/1809518/index.html

[6] 海关总署．海关总署关于修改部分规章的决定：海关总署第 240 号令 [A/OL]. (2018-05-29)[2020-12-21]. http://www.customs.gov.cn/customs/302249/302266/302267/1880777/index.html

[7] 海关总署．海关总署关于修改部分规章的决定：海关总署第 243 号令 [A/OL]. (2018-11-23)[2020-12-21]. http://www.customs.gov.cn/customs/302249/302266/302268/2113149/index.html.